U0862223

科学版精品课程立体化教材·管理学系列

物流管理学

（第二版）

主　编　霍　红　牟维哲
副主编　段延梅

科学出版社
北　京

内 容 简 介

本书作为黑龙江省级精品课程的教学成果，主要特色体现在内容的充实性和结构的完整性上。内容设计不仅注重知识的基础性，还注重新理论和新技术的导入，以保持教材内容的先进性。根据教材内容范围的不同，本书的总体结构体系设计遵循“先共性后异性”的原则，共分为四篇：第一篇——物流基础篇，介绍物流管理的基本知识；第二篇——物流运作篇，介绍物流管理的基本环节；第三篇——物流领域篇，介绍企业物流、社会物流等不同领域物流的特殊性；第四篇——物流前沿篇，介绍物流管理的前沿动态。

本书既可以作为普通高等院校物流管理、工商管理、市场营销等管理学类专业本科生的教材，也可以供高职高专、成人高等教育、自学考试学生以及物流管理人员、物资供销人员和相关专业人员自学、提高之用。

图书在版编目（CIP）数据

物流管理学/霍红，牟维哲主编．—2版．—北京：科学出版社，2013

科学版精品课程立体化教材·管理学系列

ISBN 978-7-03-039098-1

Ⅰ.①物… Ⅱ.①霍…②牟… Ⅲ.①物流－物资管理－高等学校－教材 Ⅳ.①F252

中国版本图书馆CIP数据核字（2013）第265102号

责任编辑：张 凯 / 责任校对：黄江霞
责任印制：李 彤 / 封面设计：蓝正设计

科学出版社出版
北京东黄城根北街16号
邮政编码：100717
http://www.sciencep.com
北京中科印刷有限公司 印刷
科学出版社发行 各地新华书店经销

*

2009年 3月第 一 版 开本：787×1092 1/16
2014年 1月第 二 版 印张：15
2023年 7月第十次印刷 字数：355 000

定价：45.00 元

（如有印装质量问题，我社负责调换）

前　言

本书自2009年出版以来，以其理论性、实用性、适用性和学科的交叉性，深受广大读者的厚爱。为了适应时代的进步和商品学学科的发展，以及扩充和完善商品学的知识体系，本书做了改版。在改版过程中，既注重理论，又侧重于从物流的实际应用性入手，不仅删减了部分不适应时代的内容，而且扩充了当今社会更先进和更前沿的物流管理学相关知识，希望能更好地满足读者需要。

本次改版的主要内容包括以下几方面：

第一章，物流导论。原来的第一章内容中关于物流概述及基础知识的介绍较少，本章中增加了物流的基础知识和现代物流的最新发展趋势。

第二章，物流系统与物流系统分析。在本章三节中分别加入了系统、系统工程和系统分析的概念。

第三章，运输管理。在本章中补充了对各种运输方式的介绍，增加了对各种运输方式的产生及发展的介绍。

第四章，配送管理。在本章中增加了对配送基本知识的介绍。

第五章，仓储管理。在本章中对仓储作业流程这部分知识进行了更新，增加了库存控制管理方法以及储存合理化的知识介绍。

第八章，企业物流。在本章中主要对销售物流部分内容进行了更新。

第十二章，信息化物流。在本章中增加了目前最新的物联网技术的介绍。

其余部分主要是对旧版中的一些数据进行了调整，引入了目前最新的数据。

本书由霍红、牟维哲任主编，其中第一至四章由牟维哲编写，第五、六章由段延梅编写，第七至十章由牟维哲编写，第十一、十二章由刘莉编写。参加前期资料搜集与整理的有段铁剑、王微双、王婷婷等。

由于学识所限、时间仓促以及现代物流发展的日新月异，本书疏漏与不完善之处在所难免，恳请广大读者批评指正，以便我们不断完善，为中国物流事业的发展做出贡献。

编者

2013年12月

目　录

第三篇 物流领域篇

第四篇 物流前沿篇

第一篇

物流基础篇

物流导论

➤ 导引案例

“物流”并非新事物，物流活动自古就有。例如，哥伦布开辟了从大西洋到美洲的航路，加速了东西方国家之间商品(如黄金、瓷器和茶叶等)的交流；苏伊士运河的开凿提供了从欧洲至印度洋和西太平洋最近的航线，成为世界最繁忙的国际商贸航线之一；中国古语“兵马未动，粮草先行”说明了战备物资的流动保障对战役成功的重要影响；等等。从古至今，物资的合理流动始终受到世界各国军事和经济上的高度重视，“物流”随着时代的变迁仅仅发生着内容和形式的变化。

资料来源：http://wenku.baidu.com/view/c60d96e85ef7ba0d4a733ba0.html

第一节　物流概述

一、物流的产生与发展

专家大都认为“物流”一词最早出现在美国。在20世纪初，一些发达的资本主义国家出现生产过剩与需求相对不足的经济危机。市场竞争的加剧使人们开始关注分销(distribution)工作，萌发了物流的概念。1915年，美国的阿奇·萧在《市场分销中的若干问题》一书中，首次提出了“physical distribution(PD)”的概念，有人将它理解成“实体分销”，也有人将它理解成“物流”。第二次世界大战期间，美国军队围绕战争期间军需物资的供应建立了现代军事后勤(logistics)，即指战略物资的生产、采购、运输、仓储、配送等全过程的管理，形成了一门“后勤管理”(logistics management)学科。第二次世界大战后，“后勤管理”理论在很多经济活动中被引用，现在欧美很多国家定义物流概念时更多地使用“logistics”而不是“physical distribution”。

从物流的发展过程来看，物流大体上经历了三个不同的阶段，即物流初级阶段、物流开发阶段和物流现代化阶段。物流初级阶段，一般认为是 20 世纪 50 年代前后；物流开发阶段的标志是经济学界和实业界对物流的重要性有了较为深刻的认识，并推动了整个经济社会的物流开发。物流开发阶段时间的划分大体上在 20 世纪 60～70 年代；中东战争引起石油危机以后物流的发展开始进入物流现代化阶段。

物流在中国也有了一定的发展，但是物流概念引入中国大体也经历了三个阶段：

第一阶段，20 世纪 80 年代初到 90 年代初。中国的物流理论一方面是从欧美市场营销理论引入的，另一方面是从日本市场营销理论引入的。只是这个时期中国的经济体制正处于转轨时期，真正意义上的现代物流尚未形成，因此引入传统物流的概念更适合中国的国情。

第二阶段，20 世纪 90 年代中期到 90 年代末期。这一阶段，随着对外开放力度的加大以及"三资"企业的生产和制造活动本地化，一批传统储运企业开始向开展综合物流业务的现代物流企业转型。

第三阶段，20 世纪末至今。世界经济一体化进程的推进和中国社会主义市场经济体制建设的进程加快，使得现代物流开始在中国进入全面发展的新阶段。

二、物流的概念

(一)流通活动

首先，分销物流学是在分销领域当中来讨论物流的。分销领域也就是流通领域，是指将企业的产品从企业转移到用户手中的过程。流通的功能，一是通过购销等商品交易活动创造物资的所有权效用；二是通过运输创造物资的空间效用；三是通过储存创造物资的时间效用，将商品转移到用户手中。如图 1-1 所示，流通活动包括购、销、运输、储存、包装、装卸、加工和信息。其中，购、销和商流信息活动属于商流活动，而运输、储存、包装、装卸、加工和物流信息活动属于物流活动，商流信息活动和物流信息活动共同构成流通信息流活动。这样，流通活动就是由商流活动、物流活动和信息流活动共同构成的，物流活动是流通活动的一部分。

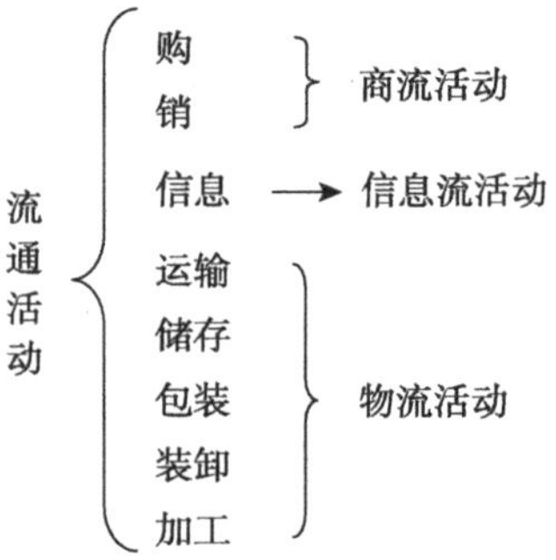

图 1-1 流通活动

(二)物流的定义

所谓物流，是指物资有形或无形地从供应者向需求者进行的物资物质实体的流动。具体的物流活动包括包装、装卸、运输、储存、流通加工和信息等诸项活动。通过物流活动，可以创造物资的空间效用、时间效用，流通加工活动还可能创造物资的形质效用。

这个定义中，明显地包含了几个要点：

(1)"有形"、"物资物质实体"，强调实体流动。

(2)“从供应者向需求者”，强调的是分销领域，也即流通领域。

(3)“有形或无形”，有形是指物质实体，无形是指信息。

(4)“流动”，而不是“流通”。

(5)“具体的物流活动”包括包装、装卸、运输、储存、流通加工和信息等诸项活动。

(6)物流的功能包括“可以创造物资的空间效用、时间效用”和“形质效用”。

由这个定义可以看出，实际上物流应当具有一个非常普遍和广泛的含义。它既包括了物资的运动状态(运输)，也包括了物资的静止状态(储存)，还包括了物资的静动状态(包装、装卸、流通加工)。所谓静动状态，就是从宏观上看，它是静的；而从微观上看，它又是动的。所以物资无论处在运动状态，还是静止状态，还是静动状态，都是处在物流状态。也就是说，只要是物资存在，它就必然处在物流状态。根据物质不灭定律，社会中的物质只可能转化形态，而不可能消灭。因此，物流也只可能变换形态，而不可能消灭。因此也可以说，物流是普遍的、绝对的。

这个定义中，明显地包含了几个特点：

(1)突出了流通，即把物流看成是流通的一部分。因为，它强调了“从供应者向需求者”，强调了“流通加工”等。

(2)突出了专业物流活动，强调了运输、储存、包装、装卸、流通加工、信息等几项专业活动。

(3)突出了物流的功能，即“空间效用”、“时间效用”、“形质效用”。这也正是分销物流学的几个特点。

(三)商流的定义

分销物流活动既然是流通活动的组成部分，除物流以外，还有商流和信息流，那么我们当然也要同时关注一下商流和信息流的概念与作用。只有把它们结合起来看，才能够更好地理解物流、商流和信息流各自的含义、特点、功能及相互关系，从而也才能够对物流的概念和功能有更深刻的理解。

所谓商流，是物资在由供应者向需求者转移时物资社会实体的流动，主要表现为物资与其等价物的交换运动和物资所有权的转移运动。具体的商流活动包括买卖交易活动及商情信息活动。商流活动可以创造物资的所有权效用。

这个定义中，也包含了几个要点：

(1)“物资社会实体”，强调物资价值实体的流动。

(2)“从供应者向需求者”，强调的是分销领域，也即流通领域。

(3)“从供应者向需求者转移时物资社会实体的流动”，强调物资物质实体流动，即与物流的伴随关系。

(4)“流动”，而不是“流通”。

(5)商流主要表现为等价交换和所有权的转移，“具体的商流活动包括买卖交易活动及商情信息活动”。

(6)商流的功能包括“可以创造物资的所有权效用”。

这个定义中，明显地包含了几个特点：

(1)突出了流通，即把商流看成是流通的一部分。

(2)突出了与物流活动的伴随关系。

(3)突出了商流的功能——“所有权效用”。

(四)信息流

信息流也是流通的组成部分，它和商流、物流共同构成了流通的“三流”。因此，为了完整起见，我们也来关注一下信息流。

流通领域的信息流又称流通信息流。流通信息，是指伴随流通活动而产生并且为流通活动服务的信息，包括由文字、语言、图表、信号等表示的各种文件、票据和情报资料等。流通信息流，是指流通信息的产生、制作、加工、储存和传递等。

流通信息流由两大类构成：一类是商流信息流，另一类是物流信息流。

商流信息流是在商流活动中产生，并为商流活动服务的商流信息的产生、制作、加工、储存和传递。例如，商品的销售价格、市场行情、购销洽谈、订货合同、供需情况、销售货款、交易支付、促销活动等都是商流信息。这些信息的产生、制作、加工、储存和传递等，就是商流信息流。

物流信息流是在物流活动中产生，并为物流活动服务的物流信息的产生、制作、加工、储存和传递。例如，运输方式、运输市场行情、运输价格、交通地理、交通基础设施、仓储设施、库存信息、仓储价格、搬运费用、装卸能力、货主和客户信息等都是物流信息。这些信息的产生、制作、加工、储存和传递等，就是物流信息流。

就像一切经济信息一样，流通信息对于流通具有非常重要的作用，这些作用主要表现在：

(1)反映作用。所有的流通活动，既包括商流活动，也包括物流活动，都是通过信息来描述的。活动的时间、空间、方式、流量、流速、效果等，都是由信息来描述和反映的。人们主要通过信息来了解具体的商流活动和物流活动。信息描述是否准确、真实，决定了人们对于活动的认识和掌握程度，从而也影响人们对于活动的决策结果。

(2)服务作用。所有流通活动的进行，都需要了解市场行情、环境条件、资源分布、工作程序、约束条件等。这些信息为流通活动的进行起到了服务的作用。没有这些信息的支持，流通活动就不能够顺利有效地进行。

(3)指导作用。流通活动的进行，需要有科学管理方法、技术、标准、指标以及有关的方针政策、规章制度作指导，这样流通活动才能够按照正确、科学的轨道运行。这些信息对流通活动起着很重要的指导作用。

(4)控制作用。有些信息能够对流通活动起控制作用，它们大多是一些控制信息。例如，库存控制中的库存警戒点、经济订货批量(economic order quantity，EOQ)，以及商流活动中的订货合同、各种法律法令、规章制度、领导的指令等，都是一些控制信息，它们都对流通活动的运行起着控制作用。

商场如战场，在激烈竞争的市场经济中，信息迅速准确地反映和传递，能够使决策者及时果断地做出决策，从而能够灵敏地掌握市场变化、抓住机遇、避免风险，保障流通活动高效率顺利地进行，在竞争中取得胜利。

(五)物流和商流的联系与区别

在分别讨论了物流和商流的概念之后，我们再把它们放到流通领域中来看看它们之间的联系与区别，从而认识它们在流通中的地位和作用。

物流和商流之间的联系主要表现在：

(1)它们都属于流通领域，是商品流通的两种不同形式，在功能上互相补充。通常是先发生商流后发生物流，在商流完成以后再进行物流。

(2)它们都是从供应者到需求者的流动，具有相同的出发点和归宿。

物流和商流之间的区别主要表现在：

(1)流动的实体不同。物流是物资的物质实体的流动，商流是物资的社会实体的流动。

(2)功能不同。物流创造物资的空间效用、时间效用、形质效用，而商流创造物资的所有权效用。

(3)物流和商流又是相互独立的，其发生的先后和路径都可能互不相同。在特殊情况下，没有物流的商流和没有商流的物流都是可能存在的。

总之，物流和商流既相互区别又相互联系，既分工又合作，既独立又统一，二者和谐地共处于流通过程之中，互补地共同完成流通的功能。

三、物流的基本环节

从物流的定义中可以看到，完整的物流活动通常包含运输、储存、装卸搬运、包装、配送、流通加工、物流信息处理七个基本环节。

1. 运输

运输是指用设备和工具将物品从一地点向另一地点运送的物流活动。其中包括集货、分配、搬运、中转、装入、卸下、分散等一系列操作。

2. 储存

储存是指保护、管理、储藏物品，其具有时间调整和价格调整的功能。它的重要设施是仓库，在商品入库信息的基础上进行在库管理。

3. 装卸搬运

装卸是指在指定地点将物品以人力或机械装入运输设备或从运输设备卸下。装卸是一种以垂直方向移动为主的物流作业。搬运是指在同一场所内，对物品进行的以水平方向移动为主的物流作业。

4. 包装

包装是指在流通过程中，为保护产品、方便储运、促进销售，按一定技术方法而采用的容器、材料及辅助物等的总体名称。有时也指为了达到上述目的而采用容器、材料及辅助物的过程中施加一定技术方法等的操作活动。

5. 配送

配送是指在经济合理区域范围内，根据用户要求，对物品进行挑选、加工、包装、分割、组配等作业，并按时送达指定地点的物流活动。

6. 流通加工

流通加工是指物品在从生产地到使用地的过程中，根据需要施加包装、分割、计量、分拣、组装、价格贴付、商品检验等简单作业的总称。

7. 物流信息处理

物流信息处理是指对反映物流各种活动内容的知识、资料、图像、数据、文件等信息进行有效处理的活动。

第二节　物流的分类

在社会经济的各个领域中物流活动无处不在，物流活动具有普遍性、客观性，但是，在不同的领域和活动中，物流的表现形态、基本结构、技术特征和运作方式等有诸多差异，构建有效的物流系统，提高物流管理水平，首先必须明确物流的不同类型，了解不同类型的物流的特点。

按照物流系统的作用属性及空间范围，可以对物流进行多种角度的分类。

一、按物流研究范围的大小分类

按物流研究范围的大小，物流可分为宏观物流、中观物流和微观物流。

1. 宏观物流

宏观物流也称社会物流，是指社会再生产总体的物流活动，物流的业务活动以社会为范围，面向社会。它从经济社会整体上认识和研究物流。如果从空间位置来讲，宏观物流一般是指大的空间范围。

2. 中观物流

中观物流是区域性社会再生产过程中的区域性物流，它从区域上的经济社会来认识和研究物流。从空间位置来看，一般是较大的空间。例如，国家经济区的物流称为特定经济区物流，国家城市经济社会的物流称为城市物流。

3. 微观物流

微观物流也称企业物流，是指消费者、生产企业所从事的物流活动，物流活动以企业为范围，面向企业。微观物流带有局部性。一个生产企业物流的某一具体职能、实务、物质资料的物流问题等，都属于微观物流。微观物流的最大特点是具体性、实务性和局部性。

二、按物流业务活动的性质分类

1. 供应物流

供应物流是指企业(包括生产企业和流通企业)的物质资料从生产者或中间商的供应开始，到购进来投入生产前的物流活动。它是为确保生产企业正常运转，而不断发生的原材料、零件或其他物品的采购、供应等物流活动。

2. 生产物流

生产物流是指物质资料从投入生产的第一道工序开始，到半成品、成品或可出售制品入库整个生产过程中的物流活动，也包括流通过程中带有生产性的劳务所产生的物流活动，如包装、流通加工等物流活动。它是制造产品的生产企业所特有的活动，若生产中断，生产物流随之中断。生产物流的发展经历了人工物流—机械化物流—自动化物流—集成化物流—智能化物流五个阶段。

3. 销售物流

销售物流是指从企业成品库、流通仓库，或工厂分发销售过程中所产生的物流活动，包括生产厂商直接销售和流通企业销售。

4. 回收物流

回收物流是针对在生产、供应和销售过程中产生的各种边角余料、废料、残损品的处理等发生的物流活动。对回收物料的处理如果不当，会造成资源浪费或环境污染。

5. 废弃物流

废弃物流是指将经济活动中失去原有使用价值的物品，根据实际需要进行收集、分类、加工、包装、搬运、储存等，并分别送到专门处理场所时所形成的物品实体流动。废弃物流仅从环境保护的角度出发，不管对象物有没有价值或利用价值，而将其妥善处理，以免造成环境污染。

第三节　物流活动的作用

物流是增值性经济活动，同时物流又是增加成本、增加环境负担的经济活动。对物流双重性的认识是研究物流管理的一个基本点。因此，物流管理的基本任务是在尽量降低物流占用成本、尽量减轻物流造成的环境负担的基础上，使物流活动能够增值。

一、物流创造时间价值

时间价值指的是“物”从供给者到需求者之间本来就存在一段时间差，由于改变这一时间差而创造的价值，称做“时间价值”。时间价值通过物流获得的形式有以下几种。

1. 缩短时间创造价值

缩短物流时间可获得多方面的好处，如减少物流损失、降低物流消耗、增加物的周转、节约资金等。从全社会物流的总体来看，加快物流速度、缩短物流时间，是物流必须遵循的一条经济规律。

2. 弥补时间差创造价值

经济社会中，需求和供给之间普遍存在着时间差。例如，粮食集中产出，但人们的消费是一年 365 天，天天有需求，因而，供给和需求之间出现时间差。类似情况不胜枚举。供给与需求之间存在时间差，可以说是一种普遍的客观存在，正是有了这个时间差，商品才能取得自身最高价值，才能获得十分理想的效益。但是商品本身是不会自动弥补这个时间差的，如果没有有效的方法，集中生产出的粮食除了当地少量消耗外，就会损坏掉、腐烂掉，而在非产出时间，人们就会找不到粮食吃。物流便是以科学的系统方法弥补，有时是改变这种时间差，以实现其“时间价值”。

3. 延长时间差创造价值

物流总体和不少具体物流遵循“加快物流速度、缩短物流时间”这一规律，以尽量缩小时间间隔来创造价值，尤其是针对物流总体，该规律主要是从这一总体地位出发的。

但是，在某些具体物流中也存在人为地、能动地延长物流时间来创造价值。例如，秋季集中产出的粮食、棉花等农作物，通过物流的储存、储备活动，有意识地延长物流的时间，以均衡人们的需求；配合待机销售的囤积性营销活动的物流便是通过有意识地延长物流时间、有意识地增加时间差来创造价值。

二、物流创造场所价值

场所价值指的是“物”从供给者到需求者之间有一段空间差，供给者和需求者之间往往处于不同的场所，由于改变“物”的不同场所存在位置所创造的价值。

物流创造场所价值是由现代社会产业结构、社会分工所决定的，主要原因是供给和需求之间存在空间差，商品在不同地理位置有不同的价值，通过物流将商品由低价值区转到高价值区，便可获得价值差，即“场所价值”。其有以下几种具体形式。

1. 从集中生产场所流入分散需求场所创造价值

现代化大生产的特点之一，往往是通过集中的、大规模的生产以提高生产效率，降低成本。在一个小范围集中生产的产品可以覆盖大面积的需求地区，有时甚至可覆盖一个国家乃至若干国家。通过物流将产品从集中生产的低价位区转移到分散于各处的高价位区有时可以获得很高的利益。物流的“场所价值”也依此决定。

2. 从分散生产场所流入集中需求场所创造价值

与上面相反的情况在现代社会中也不少见。例如，粮食是在一亩(1 亩＝0.067 公顷)地一亩地上分散生产出来的，而一个大城市的需求却相对大规模集中。又如，一个大汽车厂的零配件生产也分布得非常广，但却集中在一个大厂中装配，这也形成了分散生产和集中需求，物流便依此取得了场所价值。

3. 从低价值生产地流入高价值需求地创造场所价值

现代社会中供应与需求的空间差比比皆是，十分普遍，除了大生产所决定之外，有不少是自然地理和社会发展因素决定的。例如，农村生产粮食、蔬菜而异地于城市消费，南方生产荔枝而异地于各地消费，北方生产高粱而异地于各地消费等。现代人每日消费的物品几乎都是在相距一定距离甚至十分遥远的地方生产的。这么复杂交错的供给与需求的空间差都是靠物流来弥补的，物流也从中取得了利益。

在经济全球化的浪潮中，国际分工和全球供应链(supply chain)的构筑，其一个基本选择是在成本最低的地区进行生产，通过有效的物流系统和全球供应链，在价值最高的地区销售，信息技术和现代物流技术为此创造了条件，使物流得以创造价值，得以增值。

三、物流创造加工价值

"物"通过加工而增加附加价值，取得新的使用价值，这是生产过程的职能。在加工过程中，由于物化劳动和活劳动的不断注入，增加了"物"的成本，同时更增加了它的价值。

在流通过程中，可以通过流通加工的特殊生产形式，使处于流通过程中的"物"通过特定方式的加工而增加附加值，这就是物流创造加工价值的活动。

物流创造加工价值是有局限性的。它不能取代正常的生产活动，而只能是生产过程在流通领域的一种完善和补充。但是，物流过程的增值功能往往通过流通加工得到很大的体现，所以，根据物流对象的特性，按照用户的要求进行这一加工活动，可以对整个物流系统完善起到重大作用。尤其在网络经济时代，物流作为对用户的服务方式，依托信息传递的及时和准确，得以有效组织这种加工活动，因此，它的增值作用也是不可忽视的。

四、物流占用成本

无论是国民经济领域还是企业经济领域，物流都是构成成本的主要领域，有时在成本构成中占到首位。目前，我国物流成本占国内生产总值(GDP)的比重为18%。即使是发达国家或地区，物流成本仍然占据重要的角色。

五、物流增加环境负担

物流对环境有比较大的负面影响，这个负面影响随着物流量的增大而增大，随着物流合理化而降低。物流管理的责任，就是在保证物流满足国民经济和企业经济发展的前提下，尽量减轻环境负担。

第四节　现代物流的发展趋势

1. 物流的全球化趋势

为了实现资源和产品在国际范围内高效流动和交换，促进区域经济的发展和全球资源的合理配置，物流运作必须向全球化的方向发展。

这种新兴起的为国际贸易和跨国经营服务的全球化物流，要求有全球化的网络与之相适应。因此，企业内和企业间构筑机动性强、反应速度快的全球化物流网络体系将是物流全球化发展的关键。

与国内的物流系统相比，全球化物流具有国际性、复杂性和风险性等特点。

2. 物流的网络化、信息化趋势

现代物流在信息系统的支撑下，借助于存储和运输等系统的参与以及各种现代物流技术，共同完成一个纵横交错、四通八代的物流网络。物流覆盖面不断扩大，规模经济效益日益明显，社会物流成本不断下降。

物流网络化是物流信息化的必然，是电子商务(electronic commerce，EC)环境下物流活动的主要特征之一。

当今世界互联网等全球网络资源的可用性及网络技术的普及为物流网络化提供了良好的外部环境。

3. 物流运作系统化趋势

大规模的系统性的生产作业要求物流作为生产销售供应链条上的一个系统环节，将生产、销售、配送、运输、物流信息处理等分散的跨越各部门的活动有机结合起来，作为一个系统来管理，使物流活动各个作业环节统筹协调、整体规划、有效运行，促使生产、采购与市场保持同步，形成以服务客户为主的综合能力，节约流通费用，提高流通效率，实现整个系统的最优化。

4. 仓储、运输的现代化与综合化趋势

仓储现代化要求实现高度机械化、自动化和标准化，以及组织起高效的人、机、物的系统；运输现代化则要求建立起铁路、公路、水路、航空与管道的综合运输体系。二者匹配是现代物流的必备条件。

作为现代物流特征之一的物流社会化必然要求仓储、运输系统的综合，以适应流通规模的扩大和对物流服务的各种要求。

这种趋势体现在现实当中就是第三方物流成为现代物流业的主流。

5. 协作物流

协作物流，从企业内部来讲，它是对信息、运输、存货管理、仓储、物料供应、搬运、包装、实物配送等分散的物流作业领域的综合协调管理；从供应链战略管理的角度出发，现代物流管理指挥着跨企业组织的物流作业，实现供应链的协调。

协作物流通过综合供应者到消费者的供应链运作，使物流、信息流和资金流的流动达到最优化，并追求全面、系统的综合效果，成为当前国际上提高对客户需求反应能力十分有效的手段，是现代物流发展的新趋势。

6. 服务化物流、绿色物流和逆向物流将是现代物流发展的主题

服务化物流源于人们收入的提高和消费的多样化、全方位化的发展趋势。

绿色物流注重生态环境，减少物流活动对环境造成的危害，促进经济和消费生活的健康发展，是当今经济可持续发展的一个重要组成部分。

逆向物流在于抑制传统直线型的物流对环境造成危害的同时，设计和建立起一个闭环的、循环的物流系统，使传统物流末段的废旧物质能回流到正常的物流过程中来，是一种全新的物流形态。服务化物流、绿色物流和逆向物流共同代表了现代物流发展的主题。

本章小结

本章的内容主要包括物流的产生与发展、物流的概念以及相关概念。此外，本章还介绍了物流的基本分类方式，主要有按物流业务活动的性质进行划分得到的供应物流、生产物流、销售物流、回收物流和废弃物流，以及按物流研究范围进行划分得到的宏观物流、中观物流和微观物流，并对这几种

物流分类进行了阐述。最后阐述了物流活动的作用和现代物流的发展趋势。

本章思考题

1. 简述物流的概念以及对此概念的理解。
2. 简述物流的基本环节。
3. 简述物流活动的作用。
4. 简述现代物流的发展趋势。

第二章

物流系统与物流系统分析

➤ 导引案例

国美电器在高速的发展中，始终把现代化的物流系统当作企业的核心竞争力来建设与规划，在短短20年的实践中，国美电器以最快的速度在全国300多个大中城市成功打造了一个科技化、人才化、现代化的家电流通体系。

最初国美物流系统是比较原始的前仓后店式，这种方式造成库存分散，仓储与车队不能很好地整合，资源严重浪费。

1998年，国美在中国家电零售行业率先成立了以高度信息化为平台的物流系统，取消门店库房，过渡到集中配送模式，从而实现了车队、仓储资源的优化配置，提高了物流系统的运作效率。2005年10月，国美为了实现服务差异化以及更快速地响应市场与顾客需求，加强对物流体系的建设，在总部成立了专业化的物流机构。

国美物流中心的工作目标是在维持合理物流成本的基础上，通过提高系统运作效率，增强对终端的快速反应，切实提高顾客服务水平。经过充分的整合，国美物流中心下设项目部、运营管理部、检查培训部三大部门。目前，全国由49个分部物流中心，200多个二、三级市场外设库构成的庞大健全的物流网络，可高效迅捷地为全国800个销售网点及国美的日均20多万名顾客提供周到细致的服务。总部物流中心是全国物流系统的指挥中心，全国各分部物流中心是操作中心，通过总部与分部的无缝连接，形成组织严密、反应迅捷的家电物流体系。

目前国美在全国200多个大中城市的仓储面积达70万平方米，运输车辆在最高峰时可达18 000多辆。物流从业人员有两万人，其中物流专业管理人员有200多人。在信息管理上，国美采取国际最先进的ERP(enterprise resource planning，企业资源计划)系统，进行物流信息的快速传递，可实现门店销售信息与物流中心实时对接，日最大处理订单可达15万件。在以后的发展中，国美将继续引进物流新技术，加速推进家电物流现代化建设，把国美物流体系成功打造为社会化、专业化的家电业物流平台。

资料来源：http://www1.gome.com.cn/red/circulation/index.jsp

第一节 物流系统

一、系统

（一）系统案例分析

系统普遍存在于我们的周围。例如，大学的一个班就是一个系统。一个班由几十个人组成，每个人都是互相区别的个体，但是他们又是互相联系的，在一起学习，一起开展活动，一起生活，以一个整体出现在学校大家庭中，整个班有一个共同的目的，就是学习知识，培养能力，成为具有高等专业技术的人才。在一个班中，有班长、组长、组员等各种职务层次关系，相互间存在一种管理与被管理、服从与被服从的关系，大家各占其位、各行其责、相互协调、相互合作，形成一个有序、有效的行动整体，这个整体就是一个系统，一个从事学习而培养人的班级行动系统。每个人、每个职务岗位都是这个系统的一个“单元”。

一个班可以根据不同的关系分成几个组、几个寝室，每个组、每个寝室可以看做班这个系统的一个子系统。子系统(组、寝室)还可以再往下细分成更小的子系统，最后一直分到各个人这个最基本的单元时为止。班这个系统往上又可以再与同系的别的班合成一个更大的系统，这就是系这个大一点的系统。系还可以合成学院这个更大的系统。各个学院再往上合成大学这个更大的系统。站在班这个系统的立场上看，系是班这个系统的外部环境，学院、大学以及更大的省市、国家则是班这个系统更大的外部环境。因此，系统是一个往下可以再分、往上可以再合的等级层次结构体，系统所处的更大的系统，则是系统的环境。

（二）系统的概念和特征

1. 系统的概念

所谓系统，是由两个以上既互相区别又互相联系的单元结合起来为完成特定功能的有机结合体。每个单元可以称为一个子系统，每个子系统又可以分成更小的子系统。系统本身又处在更大的系统之中，这个更大的系统就是系统所处的环境。

2. 系统的特征

系统具有以下四个特征：

(1)整体性。系统是由两个以上的单元结合起来的有机结合体，是一个有序、有效率的行动整体。系统追求整体效率最大化，整体的功能可能大于各个子系统的分功能之和。

(2)相关性。任何一个系统都是由各个单元按一定的相互关系联结起来的一个等级层次结构。这些相互关系主要表现在：各单元之间的关系；各层次之间的等级层次关系；单元和系统之间的关系；单元、系统和环境之间的关系。系统相关性是系统建立并且稳定运行的基础和条件。由于任何原因而造成这种相互关系的破坏，都会损坏系统的成立和稳定、有效的运行。就像一座金字塔一样，每一块石头按一定的关系堆砌起来，每块石头在自己的位置上发挥着自己的作用，构成了整个金字塔坚如磐石的稳定结构。如果缺少某一块石头，或者把某块石头胡乱移到别的位置，金字塔就会不稳，甚至倒塌。

(3)目的性。任何一个系统都有一个特定的功能，完成这个特定功能就是整个系统的目的。任何系统部是为完成系统功能、达到系统目的而建立和运行的，系统的目的、功能决定系统的结构，系统的目的不同、功能不同，系统的结构也不同。要根据系统的目的、功能来建立合适的系统。

(4)环境适应性。任何系统都必然处在一个更大的系统之中，这个更大的系统就是系统的环境。系统的环境是系统所处的外部条件。环境和系统之间必然存在物质、能源、人员和信息的交换，系统要生存、运行，就离不开这些物质、能源、人员和信息。因此，环境是系统无论情愿或不情愿都必须接受的外部条件，系统必须适应环境才能生存。当然，系统也不会只是完全消极地适应环境，系统也可以通过自己的努力去能动地改造环境，为自己未来的生存与发展创造一个更好的环境。

（三）系统的分类

系统普遍存在于社会的各个领域和各个方面。按不同特征可以将系统分成各种不同的种类。

按系统的形成方式分，可以将系统分成自然系统和人工系统。自然系统是由自然力形成的系统，如山川、河流、天地等，都是自然系统。而人工系统则是由人工造成的系统，如铁路、桥梁、城市、企业以及所有的管理系统，都是人工系统。人工系统可以转化为自然系统。例如，有些人工系统建成以后长久不变，久而久之，也就变成了自然系统，如都江堰最开始是由李冰率领将士和百姓建造的，由于几千年来一直保持原样，现在供人们观赏，它已经成为一个自然系统。其他如城市、桥梁、铁路等系统也都是这样。

按系统实体的性质分，可以将系统分成实体系统和概念系统。实体系统是由物质实体构成的系统，如山川、河流、铁路、桥梁、企业、学校、物资管理、交通管理等都是实体系统。而概念系统则是由无形的信息、概念构成的系统，如我国的法律体系、企业的规章制度、各种管理信息系统（management information system，MIS）、人名地名、物资编码等都是概念系统。

按系统的运行性质分，可以将系统分成静态系统和动态系统。静态系统是指不随时间而发展变化的系统，如山川、河流以及已经建好的铁路、桥梁等都是静态系统。而动态系统则是随时间而发展变化的系统。由于任何事物都是随时间而发展变化的，所以世界上一般的系统都是动态系统。例如，企业、学校、城市以及所有的管理系统等都是动态系统。由于动是绝对的，静是相对的，所以动态系统是绝对的，静态系统则是相对的。例如，已经建成的企业、学校、铁路、桥梁等，从相对意义上看，从总体和宏观上看，它是不变的，是静态系统；但从微观上看，从局部看，从发展变化上看，它每天都是有变化的，因此它又是动态系统。因此，研究的视角不同，系统的运行性质也不同，系统的类型也就不同。

按系统与环境的关系分，可以将系统分成开环系统和闭环系统。开环系统是指要与外界环境发生能量、信息、物质、人员交换的系统。一般的系统都是开环系统，它们都要和环境进行能量、信息、物质和人员的交换，如学校、工厂、交通、管理等都是开环系统。但是也有些系统长期处于封闭状态，几乎不和外界发生往来，不和环境发生能量、信息、物质、人员的交换，这样的系统就是闭环系统，如现在还存在的一些与世隔绝的原始人部落、未开发的原始森林、太空天体和海底资源等都是闭环系统。在科学技术领域，也存在一些闭环系统，如电子线路中的再生电路、无线电技术上的自激振荡等都是闭环系统。

按系统实体的种类分，可以将系统分成很多具体的系统。这些都是我们各个行业、各个部门、各个单位所面临的大量的、实际的、具体的系统，如电力系统、机械系统、气象系统、生物系统、物资系统、管理系统、信息系统等。

二、物流系统的概念

将多个既互相区别又互相联系的单元结合起来，以物资为工作对象，以完成物资物质实体流动为目的的有机结合体，称为物流系统。通常最基本的物流系统由包装、装卸、运输、储存、加工及信息处理等子系统中的一个或几个有机地结合而成；每个子系统又可以往下分成更小的子系统；物流系统本身又处在更大的系统之中。

对于上述概念可做以下理解：

第一，“多个既互相区别又互相联系的单元”，即有多个单元，它们既互相区别又互相联系。这是构成系统的基本和必要条件。这里所谓的单元，可以是单位组织、空间、职能、功能，还可以是时间，或者是其他因素。

第二，“以物资为工作对象，以完成物资物质实体流动为目的”，这是对物流系统功能或目的的阐述。任何系统都有一个特定的功能或者目的，这是构成系统的又一个条件。物流系统区别于一般系统的特点，就是它是以物资为工作对象，以完成物资物质实体流动为目的的系统。

第三，“有机结合体”是一般系统的基本特征和基本条件，物流系统也具有这个基本特征和基本条件。

第四，“最基本的物流系统由包装、装卸、运输、储存、加工及信息处理等子系统中的一个或几个有机地结合而成”，这是对物流系统子系统构成的描述。子系统可以按照空间、时间、功能、职能或其他因素进行划分。包装、装卸、运输、储存、加工及信息处理这些子系统是必须要有的，这是物流系统最基本的条件。

第五，“每个子系统又可以往下分成更小的子系统”，说明物流系统的子系统可以往下再分，构成一个等级层次结构。这也是一般系统的基本特征和条件。这种划分，可以按空间、时间、功能分，也可以按其他因素分，分到最基本单元为止。这样形成一个由既相互区别又相互联系的多个单元构成的等级层次结构，它就是一个系统。

第六，“物流系统本身又处在更大的系统之中”，也就说明物流系统往上可以再合，可以和同等级的其他系统再结合成一个更大的系统。这也是一般系统的基本特征和条件。物流系统也具有这样的特征和条件。物流系统处在这个更大的系统之中，这个更大的系统又是这个物流系统的环境。物流系统必须适应这个环境才能够生存和发展。

三、物流系统的特点

物流系统具有一般系统所共有的特点，即整体性、相关性、目的性、环境适应性，同时还具有规模庞大、结构复杂、目标众多等大系统所具有的特征。具体来说可以体现在以下几个方面。

1. 物流系统是一个“人机系统”

在物流系统的一系列活动中，人是系统的主体。物流系统是由人和形成劳动手段的设备、工具所组成的。它表现为物流劳动者运用运输设备、装卸搬运机械、仓库、港口、车站等设施，作用于物资的一系列生产活动。因此，在研究物流系统各个方面的问题时，需要把人和物有机地结合起来加以考察和分析。

2. 物流系统是一个大跨度系统

物流系统通常采用存储的方式解决产需之间的时间矛盾，其时间跨度往往也很大。物流系统的跨度越大，其管理方面的难度越大，对信息的依赖程度也越高。

3. 物流系统是一个可分系统

由物流系统的定义可以看出，物流系统可以划分为以下几个子系统：物资的包装系统、物资的装卸系统、物资的运输系统、物资的储存系统、物资的流通加工系统、物资的回收再利用系统、物资的情报系统以及物流的管理系统等。

同时，物流各子系统又可进一步分成下一层次的系统，如运输系统可以进一步分为水运系统、空运系统、铁路运输系统、公路运输系统及管道运输系统。物流子系统的组成是由物流管理目标和管理分工自成体系的。因此，物流子系统不仅具有多层次性，而且具有多目标性。对物流系统的分析，既要研究物流系统运行的全过程，也要对物流系统的某一环节(或称之为子系统)加以分析。

4. 物流系统是一个动态系统

物流系统一般联系多个生产企业和用户，由于系统所处的环境，如需求、供应、渠道、价格经常发生变化，因此，系统内部的要素及系统的运行也经常随之而发生变化。物流系统因受到社会生产和社会需求的广泛制约，所以其必须是具有适应环境能力的动态系统。为适应经常变化的社会环境，物流系统必须是灵活、可变的。当社会环境发生较大的变化时，物流系统甚至需要进行重新设计。

5. 物流系统是一个复杂系统

在物流系统的定义中指出，物流系统的运行对象为“物资”，而这种“物资”可以是全部社会物资资源。社会资源的多样化带来了物流系统的复杂化。物资资源品种成千上万，从事物流活动的人员队伍庞大，物流系统内的物资占用大量的流动资金，物流网点遍及城乡各地。这些人力、物力、财力资源的组织和合理利用，是一个非常复杂的问题。

在物流活动的全过程中，伴随出现大量的物流信息，物流系统要通过这些信息把各个子系统有机地联系起来。收集、处理物流信息，并使之指导物流活动，也是该系统的一项复杂工作。

6. 物流系统是一个多目标系统

物流系统的总目标是实现其经济效益。但物流系统要素间存在非常严重的"悖反"现象，这常称之为"二律悖反"或"效益悖反"现象，因此，要同时实现物流时间最短、服务质量最佳、物流成本最低这几个目标几乎是不可能的。例如，在储存子系统中，为保证供应，可以提高储存物资的数量，然而为了加速资金周转、减少资金占用，人们又会提出降低库存的要求。这些相互矛盾的问题在物流系统中广泛存在，而物流系统又恰恰要在这些矛盾中运行，并尽可能满足人们的要求。显然，物流系统要建立多目标函数，并在多目标中求得物流的最佳效果。

四、物流系统要素

（一）物流系统的流动要素

1. 流体

流体是指物流中的"物"，即物资实体。流体具有自然属性和社会属性。自然属性是指其物理、化学和生物属性。在物流过程中需要对流体进行检验、养护，根据物资实体的自然属性合理安排运输、保管、装卸等物流作业，使其自然属性不受损坏。社会属性是指流体所体现的价值属性，以及生产者、采购者、物流作业者与销售者之间的各种关系。由于物流的目的是实现流体从供应者向需求者的流动，为实现此目的，尽管有一部分流体要不断地储存在仓库中，但这也是一种流动形式，这是流体的时间上的移动，所有的流体终究要通过运输等方式实现空间上的移动。因此，总的来说，流体是处于不断流动状态中的。

2. 载体

载体是指承载"物"的设备以及这些设备据以运作的设施。物流载体可分为两类：一类载体是指基础设施，如铁路、公路、水路、港口、车站、机场等，它们大多是固定的；另一类载体是指设备，即以第一类载体为基础，直接承载并运送流体的设备，如车辆、船舶、飞机、装卸搬运设备等，它们大多是可以移动的。

3. 流向

流向是指流体从起点到终点的流动方向。物流的流向有四种：第一，自然流向，是指由产销关系所决定的商品的流向，这表明一种客观需要，即商品要从产地流向销地；第二，计划流向，是指根据流体经营者的商品经营计划而形成的商品流向，即商品从供应地流向需求地；第三，市场流向，是指根据市场供求规律由市场确定的商品流向；第四，实际流向，是指在物流过程中实际发生的流向。

4. 流量

流量是指通过载体的流体在一定流向上的数量表现。流量与流向是不可分割的，每一种流向都有一种流量与之相对应，因此，流量的分类可以参照流向的分类也分为四种，即自然流量、计划流量、市场流量和实际流量。

但是，对流量的分类也有特殊性，根据流量本身的特点，可以将流量具体分为以下两类：第一类是实际流量，即实际发生的物流流量。实际流量又可进一步分为以下五种，即：①按照流体统计的流量；②按照载体统计的流量；③按照流向统计的流量；④按照发运人统计的流量；⑤按照承运人统计的流量。第二类是理论流量，是指从物流系统合理化角度来看应该发生的物流流量，其也可按照与实际流量相对应的五个方面来分类。

5. 流程

流程是指通过载体的流体在一定流向上行驶路径的数量表现。流程的分类与上述流向的分类基本类似，可以分为自然流程、计划流程、市场流程和实际流程。另外，还可以像流量的分类那样，将物流流程分为理论流程和实际流程。理论流程往往是可行路径中的最短路径，路径越长，物流运输成本越高，如果要降低运输成本，一般应设法缩短运输里程。实际流程又可按照五种口径来统计：一是按照流体统计；二是按照载体统计；三是按照流向统计；四是按照发运人统计；五是按照承运人统计。

6. 流速

流速是指通过载体的流体在一定流程上的速度表现。流速与流向、流量、流程一起构成了物流向量的四个数量特征，是衡量物流效率和效益的重要指标。一般来说，流速快，意味着物流时间的节约，也就意味着物流成本的减少和物流价值的提高。

（二）物流系统的功能要素

1. 运输功能要素

运输环节实现物的空间位置的转移，具有创造物流的空间价值或场所价值的功能；另外，通过使产品快速流动，运输还能创造产品的时间价值。因此，运输是物流系统中最重要的功能要素之一。

2. 储存保管功能要素

储存保管功能主要是指在一定场所对物品进行储存并对其数量、质量进行管理控制的综合活动，包括接货、入库、拣货、出库、安全保存、库存管理等活动。

3. 包装功能要素

包装是物流过程的起点，具有保护商品、方便物流操作的功能。包装包括产品的出厂包装，生产过程中在制品、半成品的包装，以及在物流过程中换装、分装、再包装等活动。对包装活动的管理，既要考虑包装对产品的保护作用、促进销售的作用及提高装运率的作用，还要考虑包装费用的合理化、包装和拆装的便利性以及包装废弃物的回收处理等因素。

4. 装卸搬运功能要素

装卸搬运是实现输送、保管、包装、流通加工等物流活动之间有效衔接的活动。在所有物流活动中，装卸活动发生得最频繁，是消耗人力、占用设备但却不产生价值增值的物流环节。频繁的装卸搬运活动也使产品损坏的概率增加。对装卸搬运活动的管理，主要是确定最恰当的装卸搬运方式，力求减少装卸搬运次数，减小移动距离，合理配置及使用装卸搬运工具，以实现节约能源和动力、降低产品破损率、提高作业效率的目的。

5. 流通加工功能要素

流通加工是指在流通阶段进行的商品的简单加工、组装、再包装、分割、贴标签等。其作用是完善商品的使用功能，提高商品附加价值。流通加工活动不仅存在于社会流通过程中，也存在于企业内部的流通过程中，所以，流通加工实际上是在物流过程中进行的辅助加工活动。

6. 配送功能要素

配送是直接面向最终用户提供的物流服务功能，是综合了前几项功能要素的小范围的物流系统，它以订单处理、配货、拣货、送货等形式完成社会物流，并最终实现资源配置的目的。

7. 物流信息功能要素

物流信息是指与物流活动相关的信息，是反映物流各项活动内容的知识、资料、图像、数据、文件的总称。物流信息主要产生于上述各项功能活动本身，还有一部分信息产生于商品交易活动和市场活动。对现代物流活动的管理和决策是建立在对信息准确而全面把握的基础上的，物流作业效率的提高同样也离不开物流信息的支持，如运输工具的选择、运输路线的优化、订单处理、库存决策等。另外，供应链的整合和效率的提高也都需要详细而准确的物流信息。

（三）物流系统的支撑要素

物流系统的支撑要素主要包括体制、制度，法律、规章，行政命令，以及标准化系统等。由于物流系统处于复杂的社会经济系统中，物流系统的建立需要有许多支撑手段，要确定物流系统的地位以及协调与其他系统的关系，这些要素必不可少。

1. 体制、制度

物流系统的这一支撑要素决定物流系统的结构、组织、领导、管理方式，国家对其控制、指挥、管理的方式，以及系统的地位、范畴，是物流系统的重要保障。有了这个支撑条件，物流系统才能确立在国民经济中的地位。

2. 法律、规章

在实际运行过程中，物流活动不可避免地涉及企业或人的权益问题。法律、规章一方面限制和规范物流系统的活动，使之与更大系统协调；另一方面给予其保障，合同的执行、权益的划分、责任的确定都需要依靠法律、规章维系。

3. 行政命令

物流系统一般关系到国家军事、经济命脉，所以行政命令等手段也常常是物流系统正常运转的重要支持要素。

4. 标准化系统

实施标准化保证物流环节协调运行，是物流系统与其他系统在技术上实现无缝连接的重要支撑条件。

五、物流系统模式

物流系统根据功能性质可以分成各种各样的物流子系统。但是不管是什么样的物流系统，都有共同的模式。仿照系统的输入—转换—输出模式，物流系统的模式描述如图2-1所示。

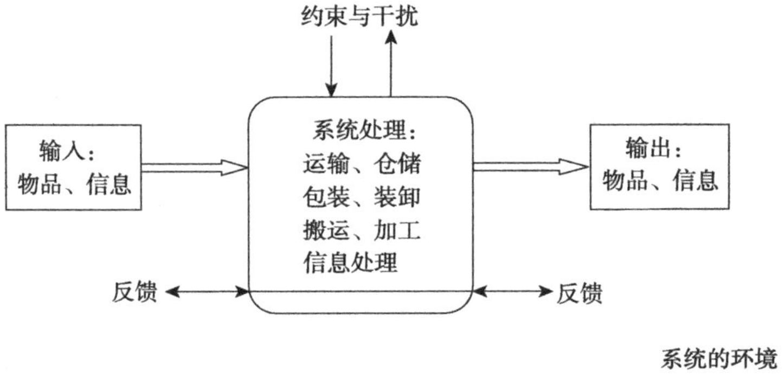

图 2-1 物流系统模式

按上述系统模式，物流系统可看做是由物流系统的环境、输入、输出、约束、干扰、反馈、处理等几方面构成的。

1. 物流系统的环境

物流系统的环境是指物流系统所处的更大的系统，它是物流系统模式中不可缺少的组成部分，是物流系统转换处理面对的外部条件。物流系统与其环境之间的相互作用具体表现为物流系统的输入、输出、约束和干扰。现代物流不同于传统物流的关键在于，物流系统所处的环境发生了变化，主要表现为消费者行为的个性化和多样化、生产经营的零库存、物流装备的自动化和物流管理的信息化等。这些变化导致物流系统呈现出多品种化、零星化、高频率化、快速交货等趋势。

2. 物流系统的输入和输出

物流系统的输入是外部环境对物流系统的直接输入，包括物品和信息，这是物流系统处理的对象。物流系统的输出是物流系统对环境的直接输出，也是物品和信息。但是输出的物品或信息经过了物流系统的处理，对输入的物品/信息赋予了空间效用、时间效用、形质效用，即是体现物流服务的物品/信息，不同于输入的物品/信息。它是物流系统处理的结果。

3. 物流系统的约束、干扰和反馈

约束是环境对物流系统的间接输入，包括人力、物力、信息、能源以及政治、经济、文化、地理、气候等软、硬件条件。它们是物流系统处理的条件，是系统情愿或不情愿都必须接受的外部条件，是对系统的约束条件。系统的干扰是一种偶然的约束，也是一种间接的、强迫性的输入。反馈主要是信息的反馈，存在于输入过程和输出过程中，在约束或干扰中也有。信息反馈一般都是系统和环境之间的信息反馈，在图 2-1 中用双向细线箭头表示。

4. 物流系统处理

物流系统处理是指将物流系统输入的物品、信息转化成系统输出的物品、信息的过程。其基本原理就是通过运输、仓储、包装、装卸、搬运、加工或信息处理等各种物流作业对输入的物品、信息赋予空间效用、时间效用或形质效用，使之变成顾客所需的物品、信息，并且对环境进行输出。

另一种更为简单的物流系统模式将约束、干扰均认为是对系统的输入，因此，物流系统的输入包括人力、物力、资金、固定设施、信息等；物流系统的输出是指经过各环节物流活动后对外界环境的输入，包括取得的效益、提供的服务、顾客满意度等，还包括物流活动对自然环境造成的污染。

六、物流系统化

1. 物流系统化的概念

所谓物流系统化，就是把物流诸环节联系起来，视为一个物流大系统，进行整体设计和管理，以最佳的结构、最好的配合，充分发挥其系统功能的效率，实现整体物流的合理化。

2. 物流系统化的特点

(1)生产、流通企业以物流系统化为总目标进行物流革新，重新构造微观物流系统。由物流系统化的本质含义可知，物流系统化并不是要将全国的物流构成一个总的系统，也不是按照区域规划将区域内、区域间的物流构成一个总的系统，这些都不属于物流系统化的研究范畴。物流系统化是作为微观物流组织者的生产、流通企业进行物流系统革新的总目标，是指将生产、流通企业的包装、装卸、运输、储存、配送、流通加工、物流信息这些以前分开管理的物流活动作为一个总体系统来构造、组织和管理。

(2)物流系统化构造的是子系统相互协调、共同发挥总功能的物流系统，而不是所有子系统的简单拼凑。只是将包装、装卸、运输、储存、配送、流通加工、物流信息一一罗列完整，并不能称为物流系统化，物流系统化也并不是让人们去一一研究每个子系统如何更合理，这是因为只把这些物流子系统的功能简单地并列在一起并不能说明并列在一起的这些功能与没并列之间有什么不同，也不能说明并列在一起的总功能会有什么改进。物流系统化谋求的是物流子系统的协调，是在物流系统目标之下的子系统的协调，因而着重研究的不是各子系统本身，而是各子系统之间的联系、影响、制约关系，是各子系统的功能与总体系统目标之间的关系。当然它是以各子系统的研究为基础的，但只是孤立地研究包装、装卸、运输、储存、配送、流通加工、物流信息，仅提出各子系统优化的理论与方法是无论如何也不能说成是物流系统化的。

(3)物流系统化以硬件为基础，以软件为主体。物流系统化所说的把包装、装卸、运输、储存、配送、流通加工、物流信息作为一个系统来构造、组织和管理，并不是说企业所实现的物流系统是一个囊括包装、装卸、运输、储存、配送、流通加工、物流信息所有装备的硬件集合体，企业作为物流的组织者实施的物流系统化，应该是根据本企业物流特性，结合可利用的自有及社会物流设施、物流服务，通过物流系统分析和效益费用分析，发现目前物流系统的问题，提出改进物流系统的方案，重新构造出适合于本企业物流特性、以最低的物流总成本完成要求的物流服务的物流系统。

第二节 物流系统工程

一、系统工程的概念

所谓系统工程，是为了创造或改造系统，使之最有效地达到系统的目标，运用各种科学知识，根据系统的思考方法，把它作为系统而进行开发、设计、制造或运行的综合性工程体系。

这个定义包含了系统工程的三个要点：

(1)它的工作对象是系统。

(2)它需要综合运用各种知识。

(3)它采用一整套综合性的工程体系。

但是它沿用的仍然是一种工程方法，仍然是一门工程学，在这一点上和传统工程没有本质的区别，因此把它叫做"系统工程"。

二、物流系统工程的概念

所谓物流系统工程，就是综合运用各种知识，设计制造或改造运行物流系统的综合性的工程体系。

物流系统工程可解决物流系统的最优控制、最优设计和最优管理问题，同样可解决物流系统的规划、计划、预测、分析和评价问题，它是系统观点、数学方法、计算机技术和其他科学技术相互渗透与交叉综合而成的综合性学科。对这个概念可理解如下：

(1)"综合运用各种知识"，是系统工程不同于传统工程的地方。传统工程涉及的知识领域比较少、比较专、比较窄，而系统工程涉及的知识领域比较多、比较宽，这是因为系统工程一般是一个人机工程，需要处理人的因素，所以不但需要自然科学知识，而且需要社会科学、管理学、经济学、哲学、心理学、法律学等知识，也就是要综合运用各种知识。

(2)"设计制造或改造运行物流系统"，这里包括两层意思：一是物流系统工程工作的对象是物流系统；二是工作的内容是设计、制造、改造、运行，这些都是传统的工程方法。

(3)“综合性的工程体系”，强调了综合性，即传统工程手段的综合；强调了工程体系，这是物流系统工程的工程学性质。

三、物流系统工程的基本思想方法

物流系统工程的基本思想方法，也就是一般系统工程的基本思想方法。对于一般的物流系统工程，可以运用 7 个步骤的思想方法，即摆明问题、指标设计、系统综合、系统分析、系统优化、择优决策、计划实施。即对于任何一个物流系统工程问题，总是先弄清问题，查清原因；然后确定目标，看问题要解决到什么程度；为达到这些目标，再搜集各种可行方案；然后对这些可行方案进行分析，分别进行调试、完善、优化；最后在优化后的可行方案中挑选最优的方案付诸实施，制订实施计划、步骤、方针政策。

对于比较复杂的大型物流系统，则可以用三维结构的思想方法，把整个系统工程分成时间维、逻辑维和知识维。即把整个工程过程分成 7 个时间阶段，即规划阶段、拟订方案阶段、分析阶段、实验阶段、调试阶段、运行阶段、更新阶段。每个阶段都实行上述的 7 个步骤，每个阶段的每个步骤都综合运用相应的知识，这样一个一个阶段、一个一个步骤进行，直到最后完成。

四、物流系统工程的主要内容

物流系统工程的主要内容包括物流系统的构成要素分析、物流系统的分析与建模、物流系统的需求预测、物流系统的规划、物流系统的仿真、物流系统的评价、物流系统的决策等。

1．物流系统的构成要素分析

物流系统的构成要素分析主要包括物流系统流动要素、功能要素、信息要素的分析及要素集成的分析。

2．物流系统的分析与建模

物流系统分析包括物流系统目的的分析、物流系统结构的分析；物流系统建模涉及物流系统模型的类型、模型建立的原则、常用方法、步骤等。

3．物流系统的需求预测

物流系统需求预测主要涉及物流系统需求的特征及物流需求预测的特殊性、物流系统预测的定性方法与定量方法等。

4．物流系统的规划

物流系统规划的内容很多，根据系统层次的不同可包括区域物流系统的规划、企业物流网络的规划、设施选址规划、运输系统规划等。

5．物流系统的仿真

仿真是解决动态的、离散的随机事件的重要方法，物流系统仿真研究包括离散事件的系统仿真、物流流程仿真、物流布局仿真等。

6．物流系统的评价

物流系统评价主要涉及物流系统评价的指标体系、单项评价法、综合评价法、模糊综合评价法等。

7. 物流系统的决策

物流系统决策主要涉及系统决策的基本方法、物流战略决策、第三方物流决策、库存控制与决策等。

五、物流系统工程的常用技术

物流系统工程常用的技术有模型化技术、最优化技术、分解协调技术、仿真技术和网络技术。

1. 模型化技术

实体系统经过变换而得到的对系统的描述、模仿或抽象的一个映像称为模型。模型化就是通过说明系统结构和行为的数学方程、图像或物理形式表达系统实体的一种科学方法。采用模型化技术，经过恰当的抽象、加工、逻辑整理，能够把复杂物流系统变成可以准确分析和处理的结构形式，有利于得到准确的结论。它是物流系统研究、设计、管理中广泛运用的技术，也是其他研究方法的基础。

模型分为实体模型、图式模型和数学模型。数学模型是能够描述物流系统变量之间的相互作用和因果关系的模型。在物流系统领域的实践和研究分析中经常使用的模型主要有库存模型、运输模型、投入产出模型、选址(厂、库)模型等。模型建立的方法有直接分析法、数据分析法和系统分析法。

2. 最优化技术

最优化是在一定的约束条件下，找出使目标函数为最大或最小的解。求解最优化问题的方法称为最优化技术。物流系统中的参数大部分属于不可控因素，而且相互制约、互为条件，要使物流系统在外界环境的约束条件下，正确处理众多因素之间的关系，除非采用系统最优化技术，否则是难以得到满意结果的。

系统最优化主要是通过建立数学模型来处理系统问题，如物资调运的最短路径、最大流量、最小输送费用或最小物流费用及物流网点合理选择、库存优化策略等模型。在建立数学模型时，要先根据系统的性质确定目标函数及其相应的约束条件。然后，根据目标函数和约束条件特点，选择最优化方法。在模型复杂而难以求解时，常常采用启发式方法或模拟方法求得近优解。

3. 分解协调技术

鉴于上述内容，可以得知物流系统是包含多个子系统的复杂大系统。在分析研究时，可以先分别对各个子系统进行局部优化，再根据物流系统整体利益原则，不断协调各子系统间的相互关系，以得到费用低、效率高、服务好的最优目标。除协调各子系统之间的关系外，还要考虑如何处理好物流系统与外部环境的协调、适应关系，从更高的层次上把握系统的整体利益。复杂的物流系统一般可以按照目标关联或模型关联进行分解。例如，某企业物流系统降低总库存水平的目标可以分解为采购部门、各生产车间、销售部门的库存控制子目标，也可分解为原材料、在制品、成品的库存控制子目标。模型分解则是指将系统难以求解的数学模型分解为低阶、低维、方便求解的子系统数学模型。子系统的协调要解决用什么观点处理各子系统的相互关系、协调变量的选取、协调控制结构方案等问题。

4. 仿真技术

仿真技术亦称模拟技术，是指用系统模型结合实际的或模拟的环境和条件，进行研究、分析或试验的技术方法。物流系统一般比较复杂，有时难以用数学分析的方法研究其运行状态。因此，采用计算机模拟技术可以解决常规解析方法难以解决的问题。例如，物流费用问题很难用数学分析的方法研究，即使能构造数学模型，但由于涉及面广，且各种因素随着时间的推移而变化，要找出最优解是不易的，而采用计算机模拟技术解决这个问题就比较方便。

5. 网络技术

网络技术是现代化管理方法中的重要组成部分，包括以时间控制为主的计划评审法和以成本控制为主的关键路线法。网络技术是以数理统计为基础，以网络分析为主要内容，以计算机为手段的现代计划化的管理方法。

现代物流过程涉及范围广，影响因素多，且随机变动，参与单位和人员成千上万，采用网络技术可以进行统筹安排、合理规划，使生产—流通—消费之间物流平衡。对于关系复杂、多目标的物流系统研究，网络技术也是重要的基础理论。而且，网络技术与仿真技术结合形成的网络模拟方法也广泛运用在复杂物流系统的设计与研究中。

第三节　物流系统分析

一、系统分析的概念

“系统分析”(system analysis)一词最早是在20世纪30年代提出的，当时以管理问题为主要应用对象。以后的几十年，无论是研究大系统问题，还是建立复杂的新系统，都广泛应用了系统分析的方法。

系统分析是一种采用系统方法，对所研究的问题提出各种可行方案或策略，并进行定性与定量相结合的分析、全面评价和协调，帮助决策者提高对所研究问题认识的清晰程度，以辅助决策者选择行动方案的一种决策辅助技术。可见，系统分析与系统工程一样，是辅助领导者实现科学决策的一种重要工具。

二、物流系统分析的概念

物流系统分析，指的是在物流网络或者供应链中有序地、有计划地对一个或多个部门进行观察以决定每个部门和整体系统如何有效地运转。物流系统分析可以是一种简单的过程，如在码头进货处对单独的搬运系统或运输系统进行分析研究；也可能是一个复杂的观察分析过程，如在全国或全球范围内，从完全重组一个企业物流系统的角度出发分析其与长期供应商、顾客之间的关系，通过观察获取有关的统计数据，并运用于物流网络的模型中进行计算和仿真分析，其最终目的是为了重组全部的物流系统，实现以最低成本获得最优价值的目的。

三、物流系统分析的要素

物流系统分析的影响因素很多，但是根据兰德系统分析代表人之一希奇的思想，进行物流系统分析时，务必要把握以下5个要点：

(1)明确期望达到的目的和目标。

(2)确定达到预期目的和目标所需要的设备、技术条件和相应的资源条件。

(3)计算和估计达到各种可行方案所需要的资源、费用和生产的效益。

(4)建立各种替代方案所需要的模型，模型中要标明目的、技术条件、环境条件、资源条件，同时还要标明时间、费用、元素之间的关系。

(5)为选择最优化方案建立一定的判别准则。

在此基础上，人们总结出物流系统分析的5个基本要素，即目的、可行方案、模型、费用和效益、评价基准。其中，目的是决策的出发点，为了顺利进行分析，首先需要各种有关信息，物流系统分析人员的首要任务也就是要充分了解建立物流系统的目的和要求，同时明确系统的构成和范围；选择一种最合理可行的方案是物流系统分析研究和解决的问题；模型是对实体物流系统抽象的描述；费用和效益是分析和比较选择方案的重要标志；评价基准是物流系统分析中确定各种替代方案优先顺序的标准。

四、物流系统分析的准则

1. 物流系统内部与外部环境相结合

一个企业的物流系统，不仅受到企业内部各种因素，如企业生产规模、产品技术特征、职工文化技术水平、管理制度与管理组织等的作用，而且还受到社会经济动向及市场状况等环境因素的影响。所以，在进行物流系统分析时要综合考虑物流系统所处的环境，将系统的内部环境和外部环境结合起来进行分析。

2. 局部效益与整体效益相结合

在分析物流系统时常常会发现，物流子系统的效益与物流系统整体的效益并不总是一致的。有时从物流子系统的局部效益来看是经济的，但从物流系统的整体效益来看并不理想，这种方案是不可取的；反之，如果从物流子系统的局部效益看是不经济的，但物流系统的整体效益是好的，这种方案则是可取的。

3. 当前利益与长远利益相结合

在进行分析与设计时，既要考虑当前利益，又要考虑长远利益，如果所采用的方案对当前和长远都有利，这样当然最为理想。但如果方案对当前不利，而对长远有利，此时要通过全面分析后再作结论。一般来说，只有兼顾当前利益和长远利益的物流系统才是好的物流系统。

4. 定量分析与定性分析相结合

物流系统分析不仅要进行定量分析，而且要进行定性分析。物流系统分析总是遵循“定性—定量—定性”这一循环往复的过程，不了解物流系统各个方面的性质，就不可能建立起探讨物流系统定量关系的数学模型，只有将定性与定量两者结合起来综合分析，才能达到优化的目标。

五、物流系统分析的方法

物流系统分析的方法主要包括数学规划法、统筹法、系统优化法和系统仿真。

1. 数学规划法

数学规划法又称运筹学的方法，是一种对系统进行统筹规划，寻求最优方案的数学方法。其具体理论与方法包括线性规划、动态规划、整数规划、排队论和库存论等。这些理论和方法都是用来解决物流系统中物流设施选址、物流作业的资源配置、货物配载、物料储存的时间与数量等问题的。

2. 统筹法

统筹法又称网络计划技术，是指运用网络来统筹安排，合理规划系统的各个环节。它用网络图来描述活动流程的线路，把事件作为结点，在保证关键线路的前提下安排其他活动，调整相互关系，以保证按期完成整个计划。该项技术可用于物流作业的合理安排。

3. 系统优化法

系统优化法是在一定约束条件下，求使目标函数最优的解的方法。物流系统包括许多参数，这些参数相互制约，互为条件，同时受外界环境的影响。系统优化研究，就是在不可控参数变化时，根据系统的目标来确定可控参数的值，以使系统达到最优状态。

4. 系统仿真

系统仿真的方法就是利用模型对实际系统进行仿真实验研究。

上述不同的方法各有特点，在实际中都得到了广泛的应用，其中系统仿真技术近年来应用最为普遍。

本章小结

本章主要介绍了物流系统、物流系统工程以及物流系统分析的相关概念。物流系统是由多个子系统构成的复杂系统，物流的各项功能活动若要顺利进行，就要对该物流系统进行详细的研究分析，运用系统论的观点，从整体出发，不可顾此而失彼。

本章思考题

1. 如何理解物流系统的概念？
2. 请具体阐述物流系统的特点。
3. 物流系统的要素有哪几方面？
4. 请阐述物流系统化的概念。
5. 物流系统工程的概念是什么？如何深入理解？
6. 请阐述物流系统分析的概念、要素及准则。

第二篇

物流运作篇

第三章 运输管理

➤ 导引案例

天天物流成立于1985年，总部位于苏州，营业范围覆盖物流方案咨询与设计、国内公路运输、仓储管理、智能化配送系统、国际货运代理等物流环节，现已在上海、广州、北京、深圳、成都、西安、青岛等地设立了仓储中心和办事处。苏州本部拥有员工近210人，自备箱式货车、配送车80余部和各种装卸机械，货架式和平面式仓库面积达15 000平方米。与明基电通、美国国家半导体、格兰富水泵等多家知名企业建立有长期稳定的业务联系。通过二十多年的发展，天天物流凭借雄厚的经济实力和出色的全程服务在运输行业中脱颖而出，并逐渐发展成集方案策划、班线运输、仓储配送于一体的网络物流中心。

为了形成标准化作业流程，提高工作效率，增强服务质量，提升管理水平，降低成本，公司管理层决定引进运输管理信息系统。通过历时半年的系统功能考察和客户反馈考察，最终从多家供应商中选择了科箭的Power TMS运输管理系统。科箭Power TMS运输管理系统可以设置多重组织架构，目前天天物流设置了两层架构，即总部与办事处。办事处可以单独承接业务，并且在系统中操作。办事处之间业务相互独立，总部可以查看办事处的所有业务。另外，发往办事处所在区域的货不管来自哪个办事处，该办事处都能看得见，从而实现了各个运输网络互通和信息共享。

资料来源：http://www.soo56.com/news/459432011-12-2_0.htm

第一节 运输基本知识

一、运输的概念及其地位

（一）运输的概念

运输是指人和物的载运和输送，即以各种运载工具，沿着相应的地理媒介和输送路线，将人和物等运输对象从一地送到另一地的位移过程。运输是社会物质生产过程中的必要条件之一。

（二）运输的地位

运输的地位体现在四个方面：

(1)运输是物流的主要功能要素之一。运输承担了改变空间状态的主要任务，运输是改变空间状态的主要手段，运输再配以搬运、配送等活动，就能圆满完成改变空间状态的全部任务。

(2)运输是社会物质生产的必要条件之一。运输是国民经济的基础和先行官。马克思将运输称之为"第四个物质生产部门"是将运输看成生产过程的继续。虽然运输的这种生产活动和一般生产活动不同，它不创造新的物质产品，而只变动其所在的空间位置，但这一变动则使生产能继续下去，使社会再生产不断推进，所以将其看成一种物质生产部门。

(3)运输可以创造"场所效用"。运输可以将"物"运到场所效用最高的地方，发挥更大的效用，实现资源的优化配置。从这个意义来讲，也相当于通过运输提高了物的使用价值，因此，运输也具有增值的作用。

(4)运输是"第三个利润源"的主要源泉。

第一，物流货物运输是运动中的活动，它和静止的保管不同，要靠大量的动力消耗才能实现这一活动，而运输又承担大跨度空间转移的任务，所以活动的时间长、距离长、消耗也大。消耗的绝对数量大，其节约的潜力也就大。

第二，从运费来看，运费在全部物流费用中占最高的比例，一般综合分析计算社会物流费用，运输费在其中占接近50%的比例，有些产品运费高于产品的生产费。所以节约的潜力是大的。

第三，由于运输总里程数大，运输总量巨大，通过体制改革和运输合理化可大大缩短运输吨公里数，从而获得比较大的节约。

二、运输的功能与作用

运输主要提供两大功能，即货物转移和货物储存。由于运输的主要目的是以最短的时间、最低的成本将货物转移到规定地点，因此，运输的主要功能就是通过使货物在价值链中实现位移，从而产生空间效用和时间效用；此外，运输的另一大功能就是对货物在运输期间进行临时储存，也就是说将运输工具作为临时的储存设施，而且这种储存是免费储存、自然储存。总之，运输是把物流系统连接在一起的纽带，是物流过程不可缺少的组成部分。快速有效的物流系统必须具备良好的运输条件，没有运输就没有物流。对于物流中心而言，运输管理是决定其核心竞争能力的关键要素，运输管理的有效性直接决定了物流中心运作水平的高低。

三、运输合理化

（一）不合理运输

不合理运输是在现有条件下可以达到其运输水平而未达到，从而造成了运力浪费、运输时间增加、运费超支等问题的运输形式。我国现存的不合理运输形式主要有以下几种：

(1)空驶。即空车无载货行驶，空载运输是不合理运输的最严重形式。造成空驶的原因有：①能利用社会化的运输体系而不利用，却依靠自备车送货提货，造成单程空驶的不合理运输现象。②工作失误或计划不周，造成货源不实，车辆空去空回，形成双程空驶的不合理运输形式。③车辆过分专用，无法搭运回程货，造成单程回空周转。

(2)对流运输。亦称“相向运输”或“交错运输”，是指同一种货物在同一线路上或平行线路上进行相对方向的运送，而与对方运程的全部或一部分发生重叠交错的运输。

(3)迂回运输。迂回运输是舍近取远的一种运输形式。换而言之，就是可以选取短距离运输而不选，却选择路程较长的路线进行运输的一种不合理形式。

(4)重复运输。重复运输一般是本来可以直接将货物运到目的地，但却在未达目的地时就将货卸下，再重复装运送达目的地。这是重复运输的一种形式，另一种形式是，同品种货物在同一地点一面运进，同时又运出。重复运输的最大弊端是增加了非必要的中间环节，就延缓了流通速度，增加了费用，增大了货损。

(5)过远运输。过远运输是指调运物资舍近求远。

(6)倒流运输。倒流运输是指货物从销售地或中转地向产地或起运地回流的一种运输现象。其不合理程度要甚于对流运输，其原因在于，来回两程的运输都是不必要的，形成了双程的浪费。

(7)运力选择不当。未发挥各种运输工具优势，而不正确地利用运输工具造成的不合理现象，称为运力选择不当。常见的有以下几种形式：①弃水走陆；②铁路、大型船舶的过近运输；③运输工具承载能力选择不当。

(8)托运方式选择不当。在运输决策中，可以选择最好的托运方式而未选择，造成运力浪费及费用支出加大的一种不合理运输，称为托运方式选择不当。例如，应选择整车而未选择，反而采取零担托运，应当直达运输而选择了中转运输，应当中转运输而选择了直达运输等，都属于这一类型的不合理运输。

(9)超限运输。超限运输超过了规定的货物的长度、宽度、高度或重量，容易引起货损、车辆损坏以及公路路面和公路设施的损坏，还会造成严重的事故。

（二）运输合理化的概念

运输合理化就是按照货物流通规律，组织货物运输，力求用最少的劳动消耗得到最高的经济效益。也就是说，在有利于生产、市场供应，有利于节约流通费用、运力以及劳动力的前提下，使货物经最短里程、最少环节，用最快的时间，以最小的损耗和最低的成本，把货物从出发地运到客户要求的地点。运输合理化是物流中心进行运输管理的最基本要求，合理化的运输路线可以节省运力、缩短运输时间，最终表现为节约运输成本和提高运输质量，增强物流中心的竞争优势。

运输合理化的影响因素很多，起决定性作用的有五方面的因素，称做合理运输的五要素，即运输距离、运输环节、运输工具、运输时间和运输费用。

（三）运输合理化的有效措施

运输合理化是实现物流合理化的关键一步，因为物流合理化在很大程度上取决于运输的合理化。运输合理化的有效措施有以下几个方面。

1. 提高运输工具实载率

提高实载率的意义在于：充分利用运输工具的额定能力，减少车船空驶和不满载行驶的时间，减少浪费，从而实现运输的合理化。

2. 采取减少动力投入、增加运输能力的有效措施

这种合理化的要点是：少投入、多产出，走高效益之路。运输的投入主要是能耗和基础设施的建设，在设施建设已定型和完成的情况下，尽量减少能源投入是少投入的核心。

国内外在这方面的有效措施有：①在机车能力允许的情况下，加挂车皮。②水运拖排和拖带法。③顶推法。这是我国内河货运采取的一种有效方法，将内河船舶编成一定队形，由机动船顶推前进。其优点是航行阻力小，顶推量大，速度较快，运输成本很低。④汽车列车。汽车列车的原理和船舶拖带、火车加挂车皮基本相同。汽车列车和单车相比，可以采用甩挂的办法，提高效率、降低油耗。⑤选择大吨位汽车。在运量比较大的路线上，采用大吨位汽车进行运输与小吨位汽车相比能够有相当大的节约。

3. 发展直达运输

直达运输是追求运输合理化的重要形式，其对合理化的追求要点是减少中转过载换载，提高运输速度，省去装卸费用，降低中转货损。直达的优势尤其在一次运输批量和用户一次需求量达到一整车时表现最为突出。

4. 配载运输

配载运输是充分利用运输工具的载重量和容积，合理安放装载的货物及合理安排载运方法，以实现合理化的一种运输方式。配载运输同时也是提高运输工具实载率的一种有效形式。

5. 发展特殊运输技术和运输工具

依靠科技进步是运输合理化的重要途径。例如，专用散装及罐车解决了粉状和液状物运输损耗大、安全性差等问题；袋鼠式车皮、大型半挂车解决了大型设备整体运输问题。

6. 通过流通加工，使运输合理化

有些产品因为本身形态及特性问题，运输的合理化很难实现，如果进行适当加工，就能够有效解决合理运输问题。

另外，还要充分发挥各种运输工具的作用，形成社会化的运输体系，提高各种运输

工具的功效。

随着科学技术的不断发展，物流的运输活动发生了很大的变化，形成了新的发展趋势，包括：①运输地位的变化。新经济中的现代物流业逐渐使运输从物流的主导地位变成现代物流的支撑因素。②运输结构的变化。未来运输的空间距离将被拉大，承担大量运输的远洋海运和承担多品种、少批量、多批次的长距离空中快运两类运输形式的比重将有比较大的增加。③不同运输方式的一体化。无论在基础平台建设方面还是在运行方面，都会出现一体化的趋势。

第二节 现代运输方式

现代运输的主要方式包括公路运输、铁路运输、水路运输、航空运输、管道运输。本节我们将分别对这几种运输方式的产生及发展、设施设备、优缺点、适用范围等内容进行分析。

一、公路运输

在物流供应链中，公路运输是最主要的货运方式。它是指利用一定的载运工具(人力车、畜力车、拖拉机、汽车等)沿公路(一般土路、有路面铺装的道路、高速公路)实现旅客或货物空间位移的过程。由于汽车已成为现代公路运输的主要载运工具，因此，现代公路运输即是指汽车运输。

公路运输是19世纪末随着现代汽车的诞生而产生的。初期其主要承担短途运输业务。第一次世界大战结束后，基于汽车工业的发展和公路里程的增加，公路运输走向发展的阶段，不仅是短途的主力，而且进入长途运输领域。第二次世界大战结束后，公路运输发展迅速。欧洲许多国家和美国、日本等国已建成比较发达的公路网，汽车工业又提供了雄厚的物质基础，促使公路运输在运输业中跃至主导地位。

公路运输主要承担近距离、小批量的货运和水运，铁路运输难以到达地区的长途、大批量货运，以及铁路运输、水运优势难以发挥的短途运输。由于公路运输具有灵活性，近年来，在有铁路、水运条件的地区，长途大批量运输也开始采用公路运输。

公路运输的主要优点是灵活性强，投资较低，建设期短，易于因地制宜，对收、到站设施要求不高，可采取“门到门”运输形式，即从发站者门口直到收货者门口，而不需转运或反复装卸搬运。公路运输也可作为其他运输方式的衔接手段。公路运输的经济半径一般在200千米以内。

公路运输的主要缺点是载运量小，从客运角度，小到三四人，大到数十人，从货运角度，普通的可载运3～5吨，即使使用全拖车，也不过数十吨，无法与铁路或轮船的庞大容量相比；安全性差，公路运输由于车种复杂，路况不良，以及驾驶人员的疏忽等因素，交通事故较多，安全性较差。

公路运输业务分为两部分，即整车运输和零担运输。满载运输按照整车收费，不考虑货运量，费率随运距不同而变化。非满载运输则按照货物的运量和运距两个因素来收费。整车满载运输方式的运输成本相对较低，但是，通常运输不能持续地进行，因此存在着闲置时间和空驶距离，增加了整车运输的成本。所以要求承运人做好运输规划，以便在满足客户需求的同时，缩短汽车的闲置时间和空驶时间。

二、铁路运输

铁路运输是使用铁路列车运送货物和旅客的一种运输方式。其主要承担长距离、大批量的货运，在没有水运条件的地区，几乎所有大批量货物都依靠铁路进行运输，铁路运输是在干线运输中起主力作用的运输形式。

1825 年，英国在斯托克顿和达灵顿之间修建了一条长 32 千米、运送煤炭和旅客的铁路，用蒸汽机车牵引列车，创造了运送 550 名旅客、时速达 24 千米的记录，这就是世界第一条公用铁路。在这以前，虽然也曾有过马拉车在轨道上行驶或把蒸汽机装在车辆上以驱动车辆在道路上行驶，但这些都不足以称为铁路运输方式。斯托克顿—达灵顿铁路的正式开业运营标志着近代铁路运输业的开端。

铁路现在依然是世界上载客量最高的交通工具，拥有无法被取代的地位。

铁路运输的优点是运量大、运价低廉且运距长；行驶具有自动控制性；有效使用土地；污染性较低；不太受自然条件限制。

铁路运输的缺点是货损较高，铁路运输可能因为列车行驶时的震动或货物装卸不当，造成所承载货物的损坏，而且运输过程需要经多次中转，也容易导致货物损坏、遗失，铁路运输的货损比例远高于公路运输，所以一些货主不敢将高价值的货物交由铁路承运；营运缺乏弹性，只能在固定线路上实现运输，需要以其他运输手段配合和衔接，公路运输灵活，可以随货源或客源所在地而变更营运路线，但铁路不行，所以容易产生空车回送现象，从而造成营运成本的增加，与公路运输相比，铁路运输经济里程一般在 200 千米以上。

铁路运输在轨道、机车、车厢、调车等方面要花费高额的固定成本。此外还包括两项巨大的、与行程有关的成本，即劳动力和燃料。它们与车厢的数量无关，而只随运距和运输时间变化。

三、水路运输

水路运输是使用船舶运送货物和旅客的一种运输方式。其主要承担大批量、长距离的运输，水路运输也是在干线运输中起主力作用的运输形式。在内河及沿海地区，水运也常作为小型运输工具使用，担任补充及衔接大批量干线运输的任务。

水路运输既是一种古老的运输方式，也是一种现代化的运输方式。在出现铁路、航空以前，水路运输同以人力、畜力为动力的陆上运输方式相比，无论运输能力、运输成本还是方便程度等各个方面都处于优越地位。因此，资本主义国家早期的工业大多沿通航水道的两岸设厂，形成沿着江、河布局的所谓“工业走廊”。在历史上，水运的发展对工业的布局带来了很大的影响。此外，水路运输中的海洋运输还具有其独特的地位，由于地理因素的关系(大陆被海洋分隔)，海洋运输是沟通与联系各个国家和地区的主要运输方式，尤其是在大力发展对外贸易过程中，它的主导作用几乎是无可代替的。

从古老的独木舟、竹木筏、蓬帆船，到现代化、高度自动化的远洋旅游船和集装箱船，期间经历了几千年漫长的历史。人类真正开始使用机械开动船舶是在1807年美国人罗伯特·富尔顿把锅炉、蒸汽机和明轮装到内河船“克莱蒙特号”上，并在纽约与奥尔巴尼之间的哈得逊河上进行了有实用价值的航行。1838年出现了装在船舶尾部的螺旋桨推进装置。1890年发明了内燃机，而后越来越多的船都利用内燃机(主要是低速柴油机)作为主要动力设备。再以后又出现了汽轮机动力装置和核动力装置等。

随着科学技术的进步，船舶为保证自身的安全和能进行正常的营运生产，如今它所具有的设备装置也越来越臻于完善。除了机舱部门逐渐自动化、电气化之外，栖装设备也在不断改进中，如锚设备、舵设备、系泊设备、救生设备等。此外，通信导航设备也日益精确有效，一般船上都装有磁罗经、电罗经、计程仪、探测仪、雷达等，较新式的船上还都配备了无线电测向仪、双曲线定位仪以及卫星导航装置。可以认为，现代化的大型船舶犹如一座海上的浮动城市，各种先进的设备基本上能保证它在世界各大洋上正常航行。

水路运输的主要优点是单位运输成本低，水运(尤其是海运)是最低廉的运输方式；运输量大，船舶货舱的比例比其他运输工具都大；能源消耗低；续航能力大。

水路运输的缺点是运输速度慢；受港口、水位、季节、气候影响较大，因而一年中运输中断的时间较长；往往需要地面运输系统的配合才能完成客货运输过程。

水路运输有以下四种形式：①沿海运输。其是使用船舶通过大陆附近沿海航道运送客货的一种方式。②近海运输。其是使用船舶通过大陆邻近国家海上航道运送客货的一种运输形式。③远洋运输。其是使用船舶跨大洋的长途运输形式。④内河运输。其是使用船舶在陆地内的江、河、湖、川等水道进行运输的一种方式。四种水路运输方式的不同也导致了使用的载驳船的大小不一样。

四、航空运输

航空运输是使用飞机或其他航空器进行运输的一种方式。航空运输是最快的运输方式，但固定成本和可变成本加在一起使其成为最昂贵的运输方式，短途运输尤其如此。因此，航空运输适合运载的货物主要有两类：一类是价值高、运费承担能力很强的货物，如贵重设备的零部件、高档产品等；另一类是紧急需要的物资，如救灾抢险物资等。

航空运输始于1871年。当时普法战争中的法国人用气球把政府官员和物资、邮件等运出被普军围困的巴黎。1918年5月5日，飞机运输首次出现，航线为纽约—华盛顿—芝加哥。20世纪30年代有了民用运输机，各种技术性能不断改进，航空工业的发展促进了航空运输的发展。第二次世界大战结束后，在世界范围内逐渐建立了航线网，以各国主要城市为起讫点的世界航线网遍及各大洲。20世纪60年代后期，航空运输进入了现代化的世界航空运输时代。目前，世界航空运输业已经发展成为一个规模庞大的行业。

航空运输的主要优点是速度快，这是航空运输的最大优势，而且距离越长，航空运输所能节约的时间越多，快速的特点也越显著；不受地形限制，机动性大，飞机在空中飞行，受陆地地形因素限制很少，受航线条件限制的程度也远比汽车运输、铁路运输和水运小得多；舒适、安全；适用范围广泛、用途广，飞机尤其是直升机，不但可供客货运输，而且可以用于邮政、农业、渔业、林业、救济、工程、警务、气象、旅游观光和军事；基本建设周期短、投资少。要发展航空运输，从设备条件上讲，只要添置飞机和修建机场就可基本满足。这与修建铁路和公路相比，建设周期短、占地少、投资省、收效快。

航空运输的主要缺点是航空运输具有国际性，航空事业属于环球多国籍的运输行业，具有跨国服务的特性，故需考虑国际化服务与合作；航空运输载运量小、成本高，由于受飞机机舱容积制约，航空运输载运量小，运载成本和运价比地面运输高；受气象条件限制，航空运输工具在空中飞行，受气象条件限制较大，飞机的航期和安全常受影响；航空运输造成的噪声污染比较严重。

由于航空运输具有快速、机动的特点，可以为旅客节省大量时间，为货主加速资金周转，所以，在客运和进出口贸易中，尤其是在运输贵重物品、精密仪器、鲜活物资等方面，航空运输起着越来越大的作用。在火车、汽车都达不到的地区也可依靠航空运输，因而其具有重要意义。

五、管道运输

管道运输是利用管道输送气体、液体和粉状固体的一种运输方式。其运输形式是靠物体在管道内顺着压力方向循序移动实现的，同其他运输方式的重要区别在于，管道设备是静止不动的。

现代管道运输始于19世纪中叶，1865年，美国宾夕法尼亚州建成第一条原油输送管道。然而它的进一步发展则是从20世纪开始的。随着第二次世界大战后石油工业的发展，管道的建设进入了一个新的阶段，各产油国竞相开始兴建大量石油及油气管道。

20世纪60年代开始，输油管道的发展趋于采用大管径、长距离的管道，并逐渐建成成品油输送的管网系统。同时，开始了用管道输送煤浆的尝试。全球的管道运输承担着很大比例的能源物资运输，包括原油、成品油、天然气、油田伴生气、煤浆等。其完成的运量常常大大高于人们的想象(如在美国接近于汽车运输的运量)。

近年来管道运输也被进一步研究用于解决散状物料、成件货物、集装物料的运输，以及发展容器式管道输送系统。

管道运输的主要优点是，由于采用密封设备，在运输过程中可避免散失、丢失等损失，也不存在其他运输设备本身在运输过程中消耗动力所形成的无效运输问题；另外，运输量大，适合于大且连续不断运送的物资，如运送原油、提炼的石油制品及天然气，但应当注意的是，管道运输并不适合于汽油的运送，而用汽车运送汽油效果会更好一些；永久性占用土地少，易选取捷径缩短运距；可长期稳定运行，便于管理；耗能低，运输费用低；沿途无噪声，漏失污染少。

管道运输的缺点是不如其他运输方式灵活，承运的货物比较单一，货源减少时不能改变路线，只适于定点、量大、单向的流体运输。

管道运输必不可少的一项成本支出是搭建管道及相关设备的费用以及与管道直径关系不大的相关基础设施的建设费用。管道运输的价格构成通常包括两个部分：一是与托运人的最大运量相关的固定部分；二是与实际运量相关的部分。这种价格结构促使托运人使用管道运输来运送需求量可预测的那部分货物，而采用其他方式来运送需求量变动的货物。

第三节 运输管理

一、运输管理的相关方

运输管理的相关方也就是物流运输的参与者，是指货主和承担运输任务的人员，他们是运输活动的主体。

(1)货主。货主是货物的所有者，包括托运人和收货人。托运人和收货人的共同目的是要在规定的时间内以最低的成本将货物安全地从起始地转移到指定的地点，包括对收发货时间、转移时间、收发地点、有无丢失损坏和有关信息等方面的要求。

(2)承运人。承运人是受托运人(或收货人)的委托，按托运人的意愿以最低的成本完成托运人委托的运输任务，同时获得运输收入。他们可能是运输企业或个体运输业者。承运人根据托运人的要求或在不影响托运人要求的前提下，合理地组织运输和配送，包括选择运输方式、运输路线，进行配货配载等，以降低运输成本，尽可能多地获得利润。

(3)货运代理人。货运代理人是根据货主的要求，并代表货主的利益而揽取货物运输业务的人，其自身不是承运人。货运代理人通常把来自多个货主手中的小批量货物整合成大批量装载，然后交付承运人进行运输。送达目的地后，再把该大批量装载拆分为原来较小的装载量，送往收货人手中。货运代理人的主要优势在于大批量装载可以实现较低的费率，中间的价格差就是货运代理人的利润。货运代理人属于非作业的中间商，也被称为无车船承运人。

(4)运输经纪人。运输经纪人是替托运人、收货人和承运人协调运输安排的中间商，协调的内容包括装运装载、费率谈判、结账和跟踪管理等。运输经纪人也属于非作业的中间商。

二、运输成本管理

运输成本在物流总成本中所占比例非常大。在国际上，一般把物流成本分为运输成本、保管成本和管理成本三部分。2012 年 12 月 21 日，中国物流与采购联合会科技信息部公布了 2012 年 1～11 月我国物流运行情况分析：

社会物流总额增势稳中有升。1～11 月社会物流总额为 163.4 万亿元，按可比价格计算，同比增长 9.7%，增幅比 1～10 月提高 0.1 个百分点。在社会物流总额中，工业品物流总额为 149.4 万亿元，按可比价格计算，同比增长 10%，增幅与 1～10 月持平。在外部需求改善和国家稳定外贸措施的共同作用下，进口货物物流增长保持稳定，1～11 月进口货物物流总额为 10.5 万亿元，按可比价格计算，同比增长 6.6%。单位与居民物品物流总额以及再生资源物流总额，按可比价格计算，同比分别增长 19.8%和

13.4%，继续保持快速增长。从物流实物量来看，公路运输增长较快，增速继续回升。1～11月公路货运量和货物周转量同比分别增长14.4%和16.7%，增幅比1～10月分别提高0.3个和0.4个百分点。铁路运输继续下滑。1～11月铁路货运量和货物周转量同比分别下降1%和1.1%。铁路运输下滑，从货类来看，主要是大宗生产资料货运量下滑，1～11月煤炭货运量同比下降2.2%，冶炼货运量同比下降2.1%，矿建货运量同比下降4.9%。而与居民生产生活相关的大宗物品货运量保持增长，1～11月粮食货运量同比增长4.6%。港口、集装箱吞吐量增速加快。1～11月规模以上港口完成货物吞吐量89.1亿吨，同比增长6.9%，增幅比1～10月提高0.2个百分点。1～11月完成集装箱吞吐量同比增长8.3%，增幅比1～10月提高0.2个百分点。

社会物流总费用依然较高。1～11月，社会物流总费用为8万亿元，同比增长11.9%，增幅比1～10月提高0.4个百分点，显示出经济运行中的物流成本依然较高。在社会物流总费用中，管理费用仍保持较快增长；受运输增长拉动，运输费用增速加快；保管费用中利息费用增长较为突出。1～11月，管理费用为1万亿元，同比增长13.6%，增幅比1～10月提高0.5个百分点，明显快于社会物流总费用增长水平。运输费用为4.1万亿元，同比增长11.2%，增幅比1～10月提高0.4个百分点。其中，受燃油价格、用工成本高、道路运量增速持续回升影响，1～11月道路运输费用同比增长13%，增幅比1～10月提高0.2个百分点。保管费用为2.9万亿元，同比增长12.3%，增幅比1～10月提高0.2个百分点。其中突出的是利息费用增长13.9%，增幅比1～10月提高0.6个百分点，反映出当前经济运行中资金使用成本压力依然较大。可以看出，降低运输成本对降低社会物流总成本有非常重要的意义。

降低物流运输成本的方法及措施主要有以下几个方面。

（一）通过简化运输系统，减少中间环节，降低运输成本

(1)进行合理的运输网络优化。虽然现有的公路网、铁路网及海运线不可能改变，但可以在现有运输资源上进行合理的运输网络优化，以降低运输成本。

(2)减少不必要的运输环节。围绕运输业务活动，还要进行装卸、搬运、包装等工作，这些环节都要付出大量劳动，浪费大量成本。因此，在调运物资时，对有条件直运的，尽可能组织直达、直拨运输，使物资不进入中转仓库，越过一切不必要的环节，由产地直运销地或用户，避免二次运输。

(3)直达运输。直达运输是指在组织货物运输过程中，越过存储中转环节或铁路、交通中转环节把货物从产地或起运地直接运到销地或用户。对于某些体大笨重的生产性物资，一般采取由生产厂矿直接供应消费单位(生产消费)，实行直达运输，如煤炭、钢材等。而在商业部门，则根据不同的商品，采取不同的运输方法。有些商品规格简单，可以由生产工厂直接运到三级批发商、大型商店或超市，越过二级批发商环节；也有些商品规格、花色比较复杂，可由生产工厂供应到批发商，再由批发商配送到零售商或用户。至于外贸部门，多采取直达运输，对出口商品实行由产地直达口岸的办法。

(4)“四就”直拨运输。“四就”直拨运输是指就厂直拨、就车站(码头)直拨、就库直拨、就车(船)过载。也就是各商店、物资批发企业在组织货物调运过程中，对当地生产

或由外地调运的货物，不运进批发仓库，而是采取直拨的办法，把货物直接分拨给市内基层批发、零售商店或用户，减少一道中间环节的运输方式。

（二）提高装载效率，降低运输成本

提高装载效率，是组织合理运输、提高运输效率和降低运输成本的重要内容。一方面，这是最大限度地利用车辆载重吨位；另一方面，其是充分使用车辆装载容积。其主要做法有：①组织轻重配装。把实重货物和轻泡货物组装在一起，可充分利用车船装载容积，提高运输工具的使用效率，降低运输成本。②实行解体运输。对一些体大笨重、不易装卸又容易碰撞致损的货物，可进行拆卸装车，分别包装，以缩小所占空间，提高运输装载效率，降低单位运输成本。③运用高效的堆码方法。根据车船的货位情况和不同货物的包装形状，采取各种有效的堆码方法可提高运输效率。当然，推进物品包装的标准化，逐步实行单元化、托盘化，是提高车船装载技术的重要条件。

（三）合理选择运输手段，降低运输成本

(1)拼装整车运输。拼装整车运输也称“零担拼整车中转分运”。它主要适用于件杂货运输。即物流企业在组织货运时，由同一发货人将不同品种发往同一到站、同一收货人的零担托运货物，由物流企业自己组配在一个车皮内，以整车运输的方式托运到目的地；或把同一方向不同到站的零担货物，集中组配在一个车皮内运到一个合适的车站，然后再中转分运。

(2)实施托盘化运输。托盘化运输是指利用托盘作为单元装载运输的一种方法，其关键在于全程托盘化，也即一贯托盘化运输。所谓一贯托盘化就是把保管—发货—运输—进货—保管形成一个有序整体，以托盘为基本用具，不改变货物状态，始终用机械搬运装卸来处理货物。一贯托盘化的效果为：交易单位标准化，运输工具有效地返回，减少装卸场地，用机械装卸进行重体力劳动，减少装卸中的货物损伤，缩短运输时间等。实现一贯托盘化的前提是托盘通用化、标准化。

(3)实施集装箱运输。安全、快捷、低价本身就是集装箱运输相对于传统运输方式的主要特点。采用集装箱方式运输带来的每吨货物装卸费用下降是生产力发展的必然趋势，也是集装箱运输市场能得以迅速扩展的根本性原因。集装箱运输也是运输单元化的一种形式，集装箱主要适用于大宗货物的长途运输。

（四）合理选择运输方式，降低运输成本

(1)选择合适的运输工具。在运输中要根据不同货物的特点，分别利用铁路、水路或汽车运输，选择最佳的运输路线。应该走水运的不要走铁路，应该用火车的不要用汽车。同时，积极改进车辆的装载技术和装载方法，提高装载量，运输更多的货物，提高运输生产效率。

(2)实行联合运输。联合运输，即一种由卡车承担末端输送的复合一贯制运输，联合运输是复合一贯制运输的主要形式。具体形式有卡车—铁路—卡车、卡车—船舶—卡车、卡车—飞机—卡车、卡车—船舶—铁路—船舶—卡车、卡车—船舶—卡车—飞机—

卡车等。在联合运输时，发货单位只需在起始地一次办理好运输手续，收货方在指定到达站即可提取货物，具有手续简便、全程负责的优点。

(3)开展国际多式联运。国际多式联运是一种高效的运输组织方式，它充分发挥了各种运输方式的优点，将各种运输方式组成连贯运输，达到简化货运环节，加速货物周转，减少货损货差，降低运输成本，实现合理运输的目的，具有传统单一的运输方式无可比拟的优越性。

在多式联运过程中，一切运输事宜由多式联运经营人统一负责办理。对货主来说，只办理一次托运，签订一个合同，支付一笔全程单一运费，取得一份联运单据，这样可以节约大量的手续费及中转费用等。

多式联运是直达、连贯的运输，各个运输环节配合密切，衔接紧凑，中转迅速而及时，中途停留时间短。此外，多式联运以集装箱为主体，这样既减少了货损货差，还可以防止污染和被盗，能够较好地保证货物安全、迅速、准确、及时地运到目的地。

（五）开展集运

集运最基本的形式是将一个市场区域内到达不同客户的小批量运输结合起来，发生在运入或运出市场区域内。集运的难点是每天要有足够的数量，为了抵消数量的不足，通常使用三种集运方法：①集运的货物可以被送到一个中间的散件货点，在那里各批货物被分开，再运到各自的目的地。②公司可选择货物集运，在某几个特定日期，按计划将货物分别送至目的市场。③公司可利用第三方物流公司来取得小规模运量的集聚而达到共同运输的目的。

（六）优化运输路线

不合理运输的存在，造成了运力浪费，增加了不必要的运输成本。而优化运输路线可减少不合理运输，降低运输成本。优化运输路线的方法有以下几种：

(1)线性规划法。线性规划法是在运价已知、路程已知的条件下，对 m 个商品产地和 n 个商品销售地的商品运输建立运输模型，利用单纯形法求解满足条件的运输路线。

(2)图表分析作业法。图表分析作业法分为图表分析法和图上作业法两种。这两种方法都是先在图上标注出货物运出地、运入地、调运量及两地距离，然后根据就近原则，在图上指定商品调运方案，并不断判优、调整，使运输总路程最短，最后将结果填入商品调运平衡表。

(3)表上作业法。表上作业法是已知各地单位运价和各产销地供需量，在表上求解使总运费最低的调运方案。初始调运方案可根据最小费用(运价)法编制，然后进行判优、调整，直到找到总运费最低的方案。

(4)节约里程法。根据巡回送货总里程小于为每个客户单独送货总里程原理进行。首先计算各目的地相互间的最短距离，其次计算各目的地的节约里程，并按照里程大小排序，进而组合成配送路线，最后进行调整得出最优调运方案。

（七）减少运输事故损失

在运输途中，有可能发生货物丢失、变质，甚至出现意外事故，而这些都会造成运输成本不必要的增加，因此对运输事故的关注十分必要。

(1)日常防范。在运输管理中，要做好事故防范工作。例如，避免司机疲劳驾驶，定期修理运输工具等。

(2)购买保险。由于运输事故的客观性，因此，购买保险是风险转移的最佳途径。可以购买的运输保险有水上货物运输保险、陆上货物运输保险、航空货物运输保险和特种货物运输保险。一旦发生事故，可以得到保险公司的赔偿。

(3)积极理赔。

减少运输事故损失重在预防，所以应做好日常预防工作。如果事故发生了，也要积极理赔，以减少损失。

第一，向保险公司理赔。当保险的财物发生损失或者人身伤亡，可要求保险公司赔款或者支付保险金。向保险公司理赔的具体过程包括：事故发生后立即通知保险公司或其代理人；向保险公司提供运输货物的发票、提单、装箱单、修理单据等；等待保险公司对事故进行审核、赔偿；在等待期间要与保险公司保持联系，以避免漏赔事件发生。

第二，向承运人理赔。向承运人理赔的具体过程包括：向承运人要求货运事故赔偿的，一般应在收到货运记录次日起 180 天内提出索赔书《赔偿要求书》；提交货物运单、货物损失清单、价格证明文件，保价运输物品需附声明价格的物品清单，要求退还运费时还应附运杂费收据；对货物发生的损坏、丢失情况进行事故检查或鉴定，判明发生原因和损坏程度。铁路理赔一般在对方收到书面赔偿要求的次日起 30 日内(跨及两个铁路局以上运输货物的为 60 日)得到答复；公路和水路理赔一般在对方收到书面赔偿要求的次日起 60 日内得到答复。

(4)机动车辆的车辆损失险和第三者责任险。

第一，车辆损失险。其包括碰撞、倾覆、火灾、爆炸、雷击、暴风、龙卷风、洪水、破坏性地震、地陷、冰陷、崖崩、雷击、雹灾、泥石流、隧道坍塌、空中运行物体坠落、全车失窃在 3 个月以上、载运保险车辆的渡船遭受自然灾害或意外事故。

第二，第三者责任险。第三者责任险是指被保险人或其允许的驾驶人员在使用保险车辆过程中发生意外事故，致使第三者遭受人身伤亡或财产的直接损毁，被保险人依法应当支付的赔偿金额。

（八）降低运输成本的数理方法

在现有的公路网、铁路网、水运航道和航空路线中找到运输的最佳路线，尽可能地缩短运输时间和运输距离，从而使运输成本降低，并同时改善客户服务是现代运输路线选择的原则。解决这类运输线路规划问题最简单、最直接的方法就是最短路径法。

第四节 运输决策

一、现代运输方式的选择

（一）运输方式的定性选择

(1)单一运输方式的选择。单一运输方式，就是选择一种运输方式提供运输服务。可以根据五种基本运输方式的特点，结合自身运输需求进行恰当的选择。

(2)多式联运的选择。多式联运就是选择使用两种以上的运输方式联合起来提供运输服务。多式联运的主要特点是在不同运输方式间自由变换运输工具，以最合理、最有效的方式实现货物运输过程。例如，将卡车上的集装箱装上飞机，或铁路车厢被拖上船等。多式联运的组合方法有很多，但在实际中，这些组合并不都是实用的，一般只有铁路与公路联运、公路或铁路与水路联运得到了较为广泛的应用。

铁路与公路联运，即公铁联运，或称驮背运输，是指在铁路平板车上载运卡车拖车，通常运距比正常的卡车运输长。它综合了卡车运输的方便、灵活与铁路长距离运输经济的特点，运费通常比单纯的卡车运输要低。这样，卡车运输公司可以延伸其服务范围，而铁路部门也能够分享到某些一般只由卡车公司单独运输的业务，同时托运人也得以在合理价格下享受到长距离门到门服务的便捷。因此，驮背运输，即铁路与公路联运成为最受欢迎的多式联运方式。

公路或铁路与水路联运，也称鱼背运输，即将卡车拖车、火车车厢或集装箱转载到驳船或船舶上进行长途运输。这种使用水路进行长途运输的方式，是最便宜的运输方式之一，在国际多式联运中应用广泛。

此外，航空与公路联运应用也较广泛，即将航空货运与卡车运输结合起来，这种方式所提供的服务和灵活性可与公路直达运输相比拟。

两种以上运输方式的连接所具有的经济潜力，使得多式联运吸引了托运人和承运人。多式联运的发展对物流计划者具有很大的利益，这种发展增加了系统设计中的可选方案，从而可以降低物流成本、改善服务。

(3)运输中间商的选择。运输中间商，一种是运输承包公司，一种是运输代理人。运输承包公司是不具有运输工具或只具有少量短途运输工具，而以办理货运业务(或兼办客运业务)为主的专业运输业务企业。采用运输承包发运货物时，可以把有关货运工作委托给运输承包公司，由他们负责办理货物运输全过程中所发生的与运输有关的事务，并与掌握运输工具的运输企业发生托运与承运关系。特别是对于一些运输条件要求较高、货运业务手续较为繁杂，且面向千家万户的运输，更适合采用运输承包发运货物。例如，零担货物的集结运输，由于零担货物批数多、重量小、发散地分散、品种复杂、形状各异、包装不统一，由运输承包公司承包此项业务，不仅可以方便货主，提高运输服务质量，还可以通过运输承包公司的货物集结过程，化零为整，提高运输效率和运输过程的安全可靠性。

运输代理人主要应用于国际货物运输业务中。国际间货物运输业务的业务范围遍布国内外广大地区，不仅涉及面广、头绪多，而且情况复杂，任何一个运输经营人都不可能亲自处理每一项具体运输业务，这就需要把不少工作委托给代理人代办。运输代理人接受委托人的委托，代办各种运输业务并按提供的劳务收取一定的报酬，即代理费、佣金或手续费。代理人一般都经营运输多年、精通业务、经验比较丰富，且熟悉各种运输手续和规章制度，与交通运输部门以及贸易、银行、保险、海关等部门有着广泛的联系和密切的关系，从而具有有利条件为委托人代办各种运输事项。因此，委托代理人去完成一项运输业务，有时比自己亲自去处理更为有利。因为代理人熟悉当地情况，与各方面有着密切关系，比人生地疏的委托人自己去办可能更顺利，更好一些，虽然要花费一些酬金，但委托人从代理人提供的服务中可以得到补偿。因此，代理在运输业中的发展十分迅速。物流企业可以根据代理人的不同性质和范围进行选择。

(4)自用运输的选择。所谓自用运输，即使用自有的运输设备运输自有的、承租的或受托的货物的活动。例如，拥有或租用火车车皮、客车汽车、货用飞机及运输船舶运输自己的，或自己承租的，或自己受托的货物等，都是自用运输。拥有自用运输设备，可以具有更大的控制力和灵活性，能够随时适应顾客的需要，这种高度的反应能力可以使企业缩短交货时间，减少库存，减少缺料的可能性，而且可以不受商业运输公司服务水平和运价的限制，并有利于改善与顾客的关系。但是自用运输有一个很大的弊端，就是运输成本较高。主要原因就是回空问题，回空成本要计入运出或运入的单程货运成本内，这样货运成本实际是单程成本的两倍。因此，企业是选择运输中间商还是选择自用运输，一定要做好成本的比较工作，选择最佳的运输方式。

（二）运输方式的定量选择

上述是对各种运输方式服务选择的定性分析，除此之外，我们还需要作一定的定量分析，将指标量化，使所选择的运输方式的优劣可以一目了然。所谓的定量分析，就是对所选择的运输方式的各种指标(即影响因素)绩效进行评分，给出衡量值，然后物流管理运输部门根据各种指标的重要程度给出不同的权重，用权重乘以运输方式的绩效衡量值就得到运输方式在该评估因素中的等级，将个别因素等级累积起来就得到运输方式的总等级。如果绩效的衡量值和权重分值越高，表示绩效越好，评估指标越重要，那么总等级分值越高的运输方式越好。

在目前的物流环境中，由于各种新运输形式的出现，各种承运方式能提供的服务和能力也在不断增长，这就使选择运输方式比过去更加复杂，评估也变得更加困难。因此，必须慎重考虑许多因素，对其进行定性和定量分析，以求选择最佳的运输方式。

二、运输路线的选择

运输路线选择是在运输方式选择之后的又一重要运输决策，它主要是选择起点到终点的最短路，不同运输方式的路线选择也不同。最短路的度量单位可能是时间最短、距离最短或费用最小等。通常是将运输方式和路线选择结合在一起，因为路线选择的可能性在很大程度上取决于运输方式。路线选择问题可分为以下几类：①中间点相同，起讫点不同；②中间点不同，但起讫点相同；③多个起点，多个终点，没有中间点；④多个起点，多个终点，有中间点或转运点。

1. 中间点相同，起讫点不同

这种情况常用最短路算法，其步骤如下：

第一步，确定网络中已标号及未标号的点；

第二步，对每个标号的点，确定和它直接相连的未标号的点；

第三步，选择和已标号的点有最近距离的未标号的点进行标号；

第四步，若到达终点便停止，否则返回第二步，重新进行。

2. 中间点不同，起讫点相同

它主要考虑从设施点出发访问一定数量顾客后又回到原来的出发点的线路确定问题。通常应用在饮料递送、送牛奶、送包裹等问题中，也就是运筹学中常见的旅行商问题。其目标是通过确定回到出发点前服务顾客的次序，使总旅行距离最小。通常的数学模型为

$$\min Z = \sum_{i=1}^{m}\sum_{j=1}^{n} C_{ij}X_{ij} \tag{3-1}$$

$$\text{s.t.}\begin{cases}\sum_{i=1}^{m} X_{ij}=1, & j=1, 2, \cdots, n \\ \sum_{j=1}^{n} X_{ij}=1, & i=1, 2, \cdots, m \\ X_{ij}\in\{0, 1\}\end{cases} \tag{3-2}$$

其中，C_{ij}表示旅行商经过对应路段(i, j)所花的费用；决策变量X_{ij}表示如果路段(i, j)在线路上，其值为1，否则为0。

简单贪婪算法可以解决这类问题，其步骤如下：

第一步，选择距出发点最近的顾客位置；

第二步，在没有选择的位置中选距离当前已选择的位置最近的顾客位置；

第三步，如果所有位置都选了便停止，否则返回到第二步。

例如，某邮递员从站点 A 送信，服务三个顾客 B、C、D，从站点 A 到三个顾客的距离如表 3-1 所示。

表 3-1　站点至各顾客的距离

距离	A	B	C	D
A	0	21	25	26
B	21	0	18	19
C	25	18	0	24
D	26	19	24	0

确定最优的送信路线。

按上述方法求解，步骤如下：

第一步，B 距 A 最近；

第二步，C距B最近；

第三步，只剩D没选，D即为继C之后的顾客，然后返回A。

求出的配送顺序为A—B—C—D—A。

3. 多起点、多终点，没有中间点

这个问题主要是将多个供应点的供应分配到多个顾客需求点，常用在产品从工厂到仓库的配送、从仓库向顾客供应等问题中。这类经典的运筹学问题称为运输问题，求解运输问题常用伏格尔法或表上作业法。通常的运输问题可以描述为：设某物资有 m 个产地 A_1，A_2，…，A_m，供应 n 个销地 B_1，B_2，…，B_n，已知 A_i 的产量为 a_i $(i=1, 2, \cdots, m)$，B_j 的销量为 b_j $(j=1, 2, \cdots, n)$。由 A_i 到 B_j 的单位运价为 C_{ij}。X_{ij} 表示由产地 A_i 运到销地 B_j 的物资量 $(i=1, 2, \cdots, m; j=1, 2, \cdots, n)$。则运输问题的数学模型为

$$\min Z=\sum_{i=1}^{m}\sum_{j=1}^{n}C_{ij}X_{ij} \tag{3-3}$$

$$\text{s. t.}\begin{cases}\sum_{i=1}^{m}X_{ij}=b_j, & j=1, 2, \cdots, n\\ \sum_{j=1}^{n}X_{ij}=a_i, & i=1, 2, \cdots, m\\ X_{ij}\geqslant 0\end{cases} \tag{3-4}$$

4. 多起点、多终点，有中间点

这个问题是指最优分配多个供应点的供应到多个需求点，也可以灵活地在各中间点处分配，有些起点或终点也可能是中间点。这类问题又称为转运问题。解决此问题的第一步要将它转化为运输问题，然后，就可以用任何一种求解运输问题的算法来解决了。这一问题的解决方法可参见运筹学的相关资料。

本章小结

本章主要介绍了运输的相关理论，运输是构成物流活动的重要一环。运输成本占了整个物流成本的很大一部分。本章在介绍运输的概念、功能的基础上，着重介绍了现代五种主要的运输方式的产生及发展、优缺点和适用范围，并引入了运输成本管理的相关内容。通过学习要了解现代运输的几种常见方式，掌握每种运输方式的优缺点和适用范围，能够在进行运输活动时选择合理的运输方式和运输路线。

本章思考题

1. 运输的定义是什么？
2. 分析实现运输合理化的措施。
3. 分析现代运输的主要方式以及各自的优缺点和适用范围。
4. 简述运输管理的相关方。
5. 简述运输方式的选择过程。

配送管理

➤ 导引案例

沃尔玛公司是全美零售业务年销售收入居第一位的著名企业，目前，沃尔玛公司已经在美国本土建立了70个由高科技支持的物流配送中心，并拥有自己的送货车队和仓库，可同时供应700多家商店，向每家分店送货频率通常是每天一次。配送中心每周作业量达120万箱，每个月自理的货物金额在5000万美元左右。

沃尔玛公司在配送运作时，大宗商品通常经由铁路送达自己的配送中心，再由公司卡车送达商店。每店一周收到1～3卡车货物。60%的卡车在返回自己的配送中心途中又捎回从沿途供应商处购买的商品。

沃尔玛公司配送中心的配送作业全部实现了自动化，是当今公认最先进的配送中心，实现了高效率、低成本的目的。

资料来源：http://wenku.baidu.com/view/0730587102768e9951e7383a.html

第一节　配送概述

一、配送的概念及特点

配送是指对局域范围内的客户进行的多客户、多品种、按时联合送货活动。配送活动是指根据一定区域范围内各个客户所需要的各个品种要求，对配送中心的库存物品进行拣选、加工、包装、分割、组配、分装上车，并按一定路线循环依次送达各个用户的物流活动。对配送的深入认识，应当掌握以下几点：

(1)配送是“配”和“送”有机结合的形式。“配”是指配用户、配时间、配货品、配车辆、配路线；“送”是指送货运输。

(2)配送的实质是现代送货。配送和传统送货的区别在于：

第一，传统送货可以是一种偶然的行为，而配送却是一种体制行为，是一种现代物流形式。

第二，传统送货是完全被动的服务行为，而配送则是一种有组织、有计划、高效率、优质服务的行为。

第三，传统送货依靠自发意识，而配送依靠现代生产力和现代物流科技。

(3)配送以低成本、优质服务为宗旨。一辆车多用户、多品种、按时地联合配送，比多个用户各派一辆车分别直送要大大节约车辆、人力和费用，可以最大限度地降低成本。按时按量、品种配套齐全地送达用户并提供各种服务，可以适时适量地满足用户需要，提高服务水平。

(4)配送是一种先进的现代物流形式。它不但给供应者和需求者带来降低物流成本、享受优质服务的直接效益，而且还能为社会节省运输车次、缓解交通压力、减少运输污染、保护生态环境等做出贡献。配送不但能够保障供应，保障人们的生产和生活正常进行，而且还会使企业生产和人们生活产生革命性的变化，促进生产的发展和人们生活水平的提高。

二、配送的功能

配送的功能主要体现在以下五个方面。

1. 对物流系统进行完善和优化

大吨位、高效率运输力量的出现，使干线运输无论在铁路、海运抑或公路方面都达到了较高水平。长距离、大批量的运输实现了低成本化。但是，在所有的干线运输之后，往往都要辅以支线运输和小搬运，这种支线运输及小搬运成了物流过程的一个瓶颈。在这个环节有许多与干线运输不同的要求，如灵活性、适应性、服务性等。这些要求往往致使运力利用不合理、成本过高等问题难以解决。采用配送方式，从范围来讲将支线运输及小搬运统一起来，加之上述的各种特点，使输送过程得以优化和完善。

2. 对末端物流经济效益的提高

采用配送方式，可以通过增大经济批量实现经济进货，还可以通过将需求运输服务的多个客户集中在一起进行一次发货，实现经济发货，使末端物流经济效益提高。

3. 通过集中库存使企业实现低库存或零库存

生产企业实现了高水平的配送之后，尤其是采取准时配送方式之后，企业就可以完全依靠配送中心的准时配送而不需保持自己的库存。或者，企业只需保持少量保险储备而不必留有经常储备。这就可以实现其多年追求的“零库存”，将企业从库存的包袱中解脱出来，同时解放出大量储备资金，从而改善企业的财务状况。实行集中库存后，其库存总量远低于不实行集中库存时各企业分散库存的总量。同时增加了调节能力，也提高了社会经济效益。此外，采用集中库存可利用规模经济的优势，使单位存货成本下降。

4. 对物流事务的简化，方便客户

采用配送方式，有需求的客户只要向一处订购，或与一个进货单位联系就可订购到以往需要去许多地方才能订到的货物，只需组织对一个配送单位的接货便可代替现有的高频率接货，因而大大减轻了客户的工作量和负担，也节省了事务开支。

5. 对物流供应的保证

生产企业自己保持库存，维持生产，供应保证程度很难提高(受到库存费用的制约)。如果采取配送方式，配送中心可以比任何单位企业的储备量更大，因而对每个企业而言，中断供应、影响生产的风险便相对缩小，使客户免去货物短缺之忧。

三、配送的分类

根据不同的组织方式、对象特性和内容等，可以把配送作业划分为多种基本类型。

(一)按配送商品的种类和数量分类

1. 少品种或单品种、大批量配送

当客户所需的商品品种较少，或对某个品种的商品需求量较大、较稳定时，可实行此种配送形式。这种配送形式由于数量大，不必与其他商品配装，可使用整车运输。这种形式多由生产企业或专业性很强的配送中心直送客户。由于配送量大、品种单一或较少，可提高车辆利用率，而且配送中心内部的组织工作也较简单，故这种配送成本一般较低。

2. 多品种、少批量、多批次配送

在现代化生产发展过程中，客户的需求在不断变化，市场的供求状况也随之变化，这就促使生产企业的生产向多样化方向发展。生产的变化引起了企业对原材料需求方面的变化，在配送上也应按照客户的要求，随时改变配送品种、数量或增加配送次数。这样，一种多品种、少批量、多批次的配送形式就应运而生了。

多品种、少批量、多批次配送是按客户要求，将所需的各种商品配备齐全，凑整装车后由配送节点送达客户。这种配送作业水平要求高、使用设备较复杂、计划难度大，需要有高水平的组织工作保证和配合。这种配送方式是一种高水平、高技术的方式，符合现代“消费多样化”、“需求多样化”的新观念。

3. 设备成套、配套配送

其是为满足企业的生产需要，按其生产进度，将装配的各种零配件、部件、成套设备定时送达生产线进行组装的一种配送方式。这种配送方式完成了生产企业的大部分供应工作，使生产企业专门致力于生产，与多品种、少批量、多批次配送效果相同。

(二)按配送时间和数量分类

1. 定量配送

这种配送方式是指每次按固定的数量(包括商品的品种)在指定的时间范围内进行配送。它的计划性强，每次配送的品种、数量固定，备货工作简单。可以按托盘、集装箱及车辆的装载能力规定配送的定量，能有效利用托盘、集装箱等集装方式，配送效率较高，成本较低。由于时间不严格限定，可以将不同客户所需商品凑整车后配送，提高车辆利用率，客户每次接货都处理同等数量的货物，有利于人力、物力的准备。

2. 定时配送

这种配送方式是指按规定的间隔时间进行配送，如数天或数小时一次等，每次配送的品种和数量均可按计划执行，也可按事先商定的联络方式下达配送通知，按客户要求的品种、数量和时间进行配送。这种方式由于时间固定，所以易于安排工作计划，客户也易于安排接货。但是，由于备货的要求下达较晚，配货、配装难度较大，在要求配送数量变化较大时，也会使配送计划安排出现困难。

3. 定时定量配送

这种配送方式是指按规定时间和规定的商品品种及数量进行配送。它结合了定时配送和定量配送的特点，服务质量水准较高，组织工作难度很大，通常针对固定客户进行该项服务。

4. 定时定量定点配送

这种配送方式是指按照确定的周期、确定的商品品种和数量、确定的客户进行配送。这种配送形式一般事先由配送中心与客户签订协议，双方严格按协议执行。它有利于保证重点需要和降低企业库存，主要适用于重点企业和重点项目。

5. 定时定线配送

这种配送方式是指在规定的运行路线上制定到达时间表，按运行时间表进行配送，客户可按规定路线及规定时间接货。采用这种配送方式有利于安排车辆及驾驶人员，在配送客户较多的地区，配送工作组织相对容易。客户既可在一定路线、一定时间进行选择，又可有计划地安排接货力量，如连锁商店配送活动可以采用这种方式。

6. 即时配送

即时配送即随要随送，按照客户提出的时间和商品品种、数量的要求，随即进行配送。这种方式是以某天的任务为目标，在充分掌握了这一天需要的客户、需要量及种类的前提下，及时安排最优的配送路线并安排相应的配送车辆进行配送。它能做到每天的配送都实现最优安排，因而是水平较高的方式。其适合一些零星商品、临时需要的商品或急需商品的配送。

为了使即时配送方式能有计划指导，可以在初期按预测的结果制订计划，以便统筹安排一个时期的任务，并准备相应的力量。实际的配送实施计划则可在配送前一两天根据任务书做出来。

（三）按配送组织者分类

1. 商店配送

商店配送是指配送组织者是商业零售网点的配送。这些网点主要承担商品的零售，规模一般不大，但经营品种较齐全。除日常零售业务外，还可根据客户的要求将商店经营的品种配齐，或代客户外订和外购一部分本商店平时不经营的商品，然后和商店经营的品种一起配齐送给客户。这种配送组织者实力有限，往往只是小量、零星商品的配送。所配送的商品种类繁多，客户需求量不大，有些商品只是偶尔需要，很难与大配送中心建立计划配送关系，所以利用小零售网点从事此项工作。商业零售网点数量较多，配送距离较短，所以比较灵活机动，可承担生产企业非主要生产物资的配送以及对客户个人的配送。

商店配送有以下两种形式：

(1)兼营配送形式。商店在进行一般销售的同时兼行配送的职能。商店的备货可用于日常销售及配送，因此有较强的机动性，可以日常销售与配送相结合，作为互相补充的形式。这种形式在一定条件下可取得更多的销售额。

(2)专营配送形式。商店不进行销售而专门进行配送。一般在商店位置条件不好，不适于零售销售，而又有某方面经营优势及渠道优势时，可采取这种方式。

2. 配送中心配送

配送中心配送是指配送组织者是专职从事配送的配送中心的配送。这种配送中心专业性强，与客户有固定的配送关系，一般实行计划配送。需配送的商品通常有一定的库存量，一般情况下很少超越自己的经营范围。这种配送中心的设施及工艺流程是根据配送需要专门设计的，所以配送能力强、配送距离较远、配送品种多、配送数量大，可以承担企业主要物资的配送及实行补充性配送等，是配送的主要形式。

配送中心配送覆盖面较宽，是一种大规模的配送形式，必须有配套的大规模实施配送的设施，如配送中心建筑、车辆、路线等，一旦建成便很难改变，灵活机动性较差，投资较高。因此，这种配送形式有一定局限性。

3. 仓库配送

仓库配送是以一般仓库为节点进行配送的形式。可以是仓库完全改造成配送中心，也可以是以仓库原功能为主，在保持原功能的前提下增加一部分配送职能。由于不是按配送中心要求专门设计和建立的，所以，仓库配送规模较小、配送的专业化较差，但可以充分利用原仓库的储存设施及能力、收发货场地、交通运输线路等，所以是开展中等规模配送可选择的配送形式，也是不需要大量投资的一种形式。

4. 生产企业配送

这种配送的组织者是生产企业，尤其是进行多品种生产的生产企业。在运作时，直接由本企业进行配送而无须将产品发运到配送中心再进行配送。由于避免了一次物流中转，所以有其一定优势，在地方性较强的产品生产企业中应用较多，如就地生产、就地消费的食品、饮料、百货等；在生产资料方面，某些不适于中转的化工产品及地方建材也采取这种方式。

(四)按经营形式分类

1. 销售配送

销售配送是指配送企业是销售性企业，或销售企业进行的促销型配送。这种配送的对象往往不固定，客户也往往是不固定的，配送的经营状况也取决于市场状况，配送随机性较强而计划性较差。各种类型的商店配送多属于销售配送。

2. 供应配送

供应配送是指企业为了自己的供应需要所采取的配送形式，往往由企业或企业集团组建配送节点，集中组织大批量进货，然后向本企业配送或向本企业集团若干企业配送。这种配送形式在大型企业或企业集团、联合公司中采用较多，例如，商业中广泛采用的连锁商店就常常采用这种方式。供应配送在保证供应水平、提高供应能力、降低供应成本等方面都有重要意义。

3. 销售—供应一体化配送

销售—供应一体化配送是指销售企业在自己销售产品的同时，对于基本固定的客户和基本确定的配送产品执行有计划的供应，它既是销售者同时又成为客户的供应代理人。对某些客户来讲，这样可以减少自己的供应机构，而委托销售者代理。

采用这种配送方式，一方面，销售者能获得稳定的客户和销售渠道，有利于本身的稳定持续发展，扩大销售数量；另一方面，客户能获得稳定的供应，可以大大节约本身为组织供应所耗用的人力、物力和财力。

销售—供应一体化配送是配送经营中的重要形式，这种形式有利于形成稳定的供需关系，有利于采取先进的计划手段和技术手段，保持流通渠道的稳定畅通。

4. 代存代供配送

代存代供配送是指客户将属于自己的货物委托配送企业代存、代供，有时还委托代订，然后组织对本身的配送。这种配送在实施时不发生商品所有权的转移，配送企业只是客户的委托代理人，商品所有权在配送前后都属于客户所有，所发生的仅仅是商品物理位置的转移。配送企业从代存、代供中获取收益，而不能获得商品销售的经营性收益。

(五)按配送专业化程度分类

1. 综合配送

综合配送是指配送商品种类较多，不同专业领域的产品在同一个配送节点中组织对客户的配送。它可以减少客户为组织所需全部商品进货的负担，而只需通过和少数配送企业联系，便可解决多种需求的配送。因此，它是对客户服务较强的配送形式。

由于产品性能、形状差别很大，综合配送在组织时技术难度较大。因此，一般只是在形状相同或相近的不同类产品方面实行综合配送，差别过大的产品难以实现综合配送。

2. 专业配送

专业配送是指按产品形状不同适当划分专业领域的配送方式。专业配送并非越细分越好，实际上在同一形状而类别不同的产品方面也是有一定综合性的。专业配送可按专业的共同要求优化配送设施、优选配送机械及配送车辆、制定适应性强的工艺流程，从而大大提高配送各环节的工作效率。

第二节 配送的环节、流程与模式

一、配送的环节

从总体上看，配送是由备货、理货和送货三个基本环节组成的，其中每个环节又包含着若干项具体的、枝节性的活动。

（一）备货

备货即指准备货物的系列活动，它是配送的基础环节。严格来说，备货应当包括两项具体活动，即筹集货物和储存货物。

1. 筹集货物

在不同的经济体制下，筹集货物（或者说组织货源）是由不同的行为主体去完成的。若生产企业直接进行配送，那么，筹集货物的工作自然是由企业（生产者）自己去组织。在专业化流通体制下，筹集货物的工作则会出现两种情况：其一，由提供配送服务的配送企业直接承担，一般是通过向生产企业订货或购货完成此项工作；其二，选择商流、物流分开的模式进行配送，订货、购货等筹集货物的工作通常是由货主（如生产企业）自己去做，配送组织只负责进货和集货（集中货物）等工作，货物所有权属于事主（接受配送服务的需求者）。然而，不管具体做法怎样不同，就总体活动而言，筹集货物都是由订货（或购货）、进货、集货及相关的验货、结算等一系列活动组成的。

2. 储存货物

储存货物是购货、进货活动的延续。在配送活动中，货物储存有两种表现形态：一种是暂存形态；另一种是储备（包括保险储备和周转储备）形态。

（1）暂存形态的储存是指按照分拣、配货工序要求，在理货场地储存少量货物。这种形态的货物储存是为了适应“日配”、“即时配送”需要而设置的，其数量多少对下一个环节的工作方便与否会产生很大影响，但不会影响储存活动的总体效益。

（2）储备形态的储存是按照一定时期配送活动要求和根据货源的到货情况（到货周期）有计划地确定的，它是使配送持续运作的资源保证。如上所述，用于支持配送的货物储备有两种具体形态，即周转储备和保险储备。然而不管是哪一种形态的储备，相对来说，数量都比较多。据此，货物储备合理与否，会直接影响配送的整体效益。

以上所讲的备货是决定配送成败与否、规模大小的最基础的环节，也是决定配送效益高低的关键环节。如果备货不及时或不合理，成本较高，那么，就会大大降低配送的整体效益。

（二）理货

理货是配送的一项重要内容，也是配送区别于一般送货的重要标志。理货包括分拣、配货和包装等各项经济活动。

货物分拣是采用适当的方式和手段，从储存的货物中分出（或拣选）用户所需要的货物。货物分拣一般采取两种方式来操作，即摘取式和播种式。

摘取式分拣就像在果园中摘果子那样去拣选货物。具体做法是：作业人员拉着集货箱（或称分拣箱）在排列整齐的仓库货架间巡回走动，按照配送单上所列的品种、规格、数量等将客户所需要的货物拣出及装入集货箱内。在一般情况下，每次拣选只为一个客户配装；在特殊情况下，也可以为两个以上的客户配装。目前，推广和应用了自动化分拣技术，由于装配了自动化分拣设施等，大大提高了分拣作业的劳动效率。

播种式分拣类似于田野中的播种操作。具体做法是：将数量较多的同种货物集中运到发货场，然后，根据每个货位货物的发送量分别取出货物，并分别投放到每个代表用户的货位上，直至配货完毕。为了完好无损地运送货物和便于识别配备好的货物，有些经过分拣、配备好的货物尚需重新包装，并且要在包装物上贴上标签，记载货物的品种、数量、收货人的姓名、地址及运抵时间等。

（三）送货

送货是配送活动的核心，也是备货和理货工序的延伸。在物流运动中，送货的现象形态实际上就是货物的运输（或运送），因此，常常以运输代表送货。但是，组成配送活动的运输（有人称之为“配送运输”）与通常所讲的“干线运输”是有很大区别的：前者多表现为对用户的“末端运输”和短距离运输，并且运输的次数比较多；后者多为长距离运输（“一次运输”）。由于配送中的送货（或运输）需面对众多的客户，并且要多方向运动，因此，在送货过程中，常常进行运输方式、运输路线和运输工具的选择。按照配送合理化的要求，必须在全面计划的基础上，制定科学的、距离较短的货运路线，选择经济、迅速、安全的运输方式和适宜的运输工具。通常，配送中的送货（或运输）都把汽车（包括专用车）作为主要的运输工具。

二、配送的基本流程

这里对配送基本流程的阐述从一般流程和特殊流程两个方面进行。

（一）配送的一般流程

配送的一般流程也是配送中心的典型流程，其主要特点是：有较大的储存场所，分货、拣选、配货场所及装备较大，理货、分类、配货、配装的功能要求较强，流通加工功能相对较弱。

采用这种流程的配送中心有以中、小件杂货配送为代表的配送中心，固体化工产品的配送中心，以及没有保质期的食品配送中心。由于货种多，为保证配送，配送中心需要一定的储存量，属于有储存功能的配送中心。其流程如图 4-1 所示。

（二）配送的特殊流程

配送的特殊流程又可以分为不带储存库的配送流程、加工配送型配送流程和批量转换型配送流程三种情况。

1. 不带储存库的配送流程

这种配送流程的特点是：配送中心无大量储存，只有满足一时配送之需的备货暂存。暂存地点设在配货场地中，在配送中心不单设储存区。采用这种流程的配送中心以配送为专职职能，将大面积储存场所转移到中心以外。其流程如图 4-2 所示。

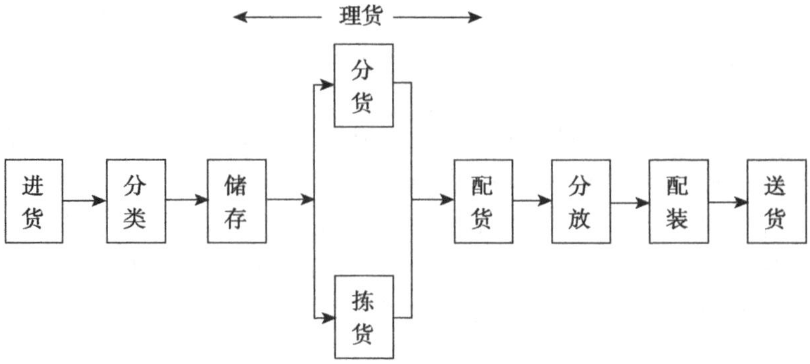

图 4-1 配送中心的一般流程

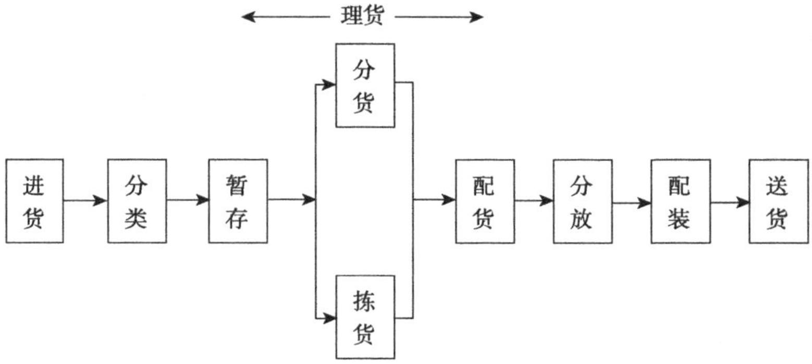

图 4-2 不带储存库的配送流程

2. 加工配送型配送流程

加工配送型配送流程的特点是：①进货商品大批量、单(少)品种、分类工作不重或基本上无须分类。②储存后进行的加工一般按用户要求进行，与生产企业的标准、系列加工有所不同；加工或加工后分放部分占配送中心较大面积。③加工后产品直接按用户分放、配货，有的配送中心不单设分货、配货或拣选环节。

加工配送中心不止一种模式，随着加工方式不同，中心流程会有所区别。其典型流程如图 4-3 所示。

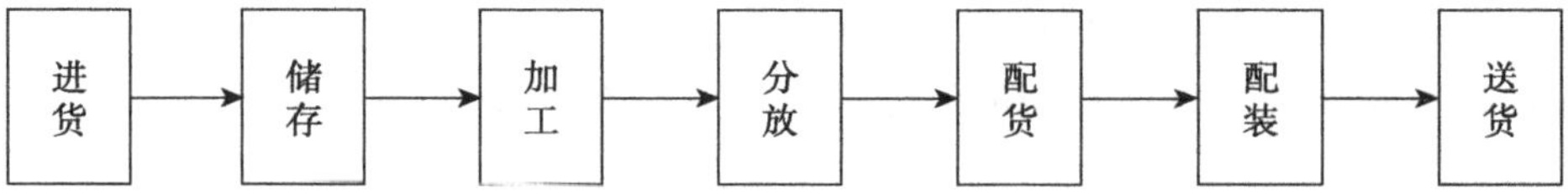

图 4-3 加工配送型配送流程

3. 批量转换型配送流程

批量转换型配送流程的特点主要是：①流程十分简单，基本不存在分类、拣选、分货、配货、配装等工序；②进货批量大、品种单一，但发货时需转换成小批量；③由于大量进货，储存能力较强，储存工序及装货工序是主要工序。采用这种流程的配送中心包括不需要再经加工的煤炭、水泥、油料等产品的配送中心。其流程如图 4-4 所示。

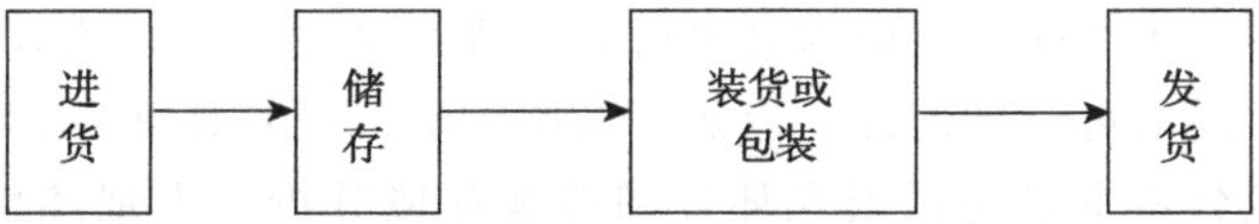

图 4-4 批量转换型配送流程

三、配送的基本模式

配送模式是指企业对配送所采取的基本战略和方法。根据国内外的发展经验及我国的配送理论与实践，本节主要介绍以下四种配送模式。

（一）自营配送模式

自营配送模式是指企业物流配送的各个环节由企业自身筹建并组织管理，实现对企业内部及外部货物配送的模式。这种模式有利于企业供应、生产和销售的一体化作业，系统化程度相对较高，既可满足企业内部原材料、半成品及成品的配送需要，又可满足企业对外进行市场拓展的需求。但是这种配送方式也有不足，主要表现在，企业为建立配送体系的投资规模将会大大增加，在企业配送规模较小时，配送的成本和费用也相对较高。

一般而言，采取自营配送模式的企业大都是规模较大的集团公司。有代表性的是连锁企业的配送，其基本上都是通过组建自己的配送系统来完成企业的配送业务，包括对内部各场、店的配送和对企业外部顾客的配送。

（二）共同配送模式

共同配送是物流配送企业之间为了提高配送效率以及实现配送合理化所建立的一种功能互补的配送联合体，如图 4-5 所示。它的优势在于有利于实现配送资源的有效配置，弥补配送企业功能的不足，促使企业配送能力的提高和配送规模的扩大，更好地满足客户需求，提高配送效率，降低配送成本。

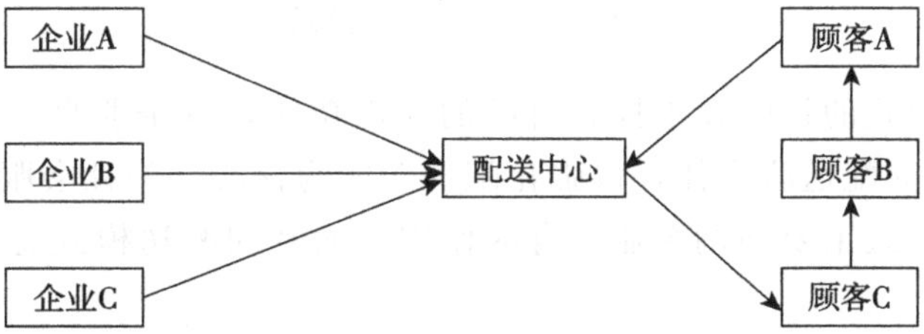

图 4-5 共同配送模式

共同配送的核心在于充实和强化配送的功能，提高配送效率，实现配送的合理化和系统化。因此，作为开展共同配送的联合体成员，首先要有共同的目标、理念和利益。

开展共同配送、组建联合体要坚持以下几个原则：功能互补、平等自愿、互惠互利、协调一致。需要注意的是，在开展共同配送、组建联合体的过程中，要避免行政的干预。

通常企业在树立了共同配送的理念之后，要进行共同配送，组建共同配送联合体，就必须进行共同配送的可行性论证。论证可以从环境、服务对象、组织和技术四个方面进行。其中，环境分析主要包括宏观环境和微观环境分析。宏观环境主要包括经济环境、法律环境和自然环境等，重点应以经济环境为主，主要包括交通、通信及仓储等。微观环境分析主要包括对合作对象的分析，在共同配送的目标范围内，分析是否有可供选择的合作对象，着重在功能、区域及配送理念上进行分析。服务对象论证主要从组建共同配送联合体、开展共同配送所提供的服务、形成的配送网络和竞争优势等来分析探讨，确定自己的目标市场及所要达到的目标。组织论证主要分析开展共同配送的组织管理模式、方法以及组织保证。技术论证主要包括与共同配送有关的技术及企业间资源、设备和管理技术的论证，同时还包括与电子商务相关的安全技术、支付技术及网络技术的论证。

在实际运行过程中，共同配送的种类很多，大体可归纳为：紧密型、半紧密型和松散型；资源型和管理型；功能型；集货型、送货型和集送型；等等。

（三）互用配送模式

互用配送模式是几个企业为了各自利益，以契约的方式达成某种协议，互用对方配送系统而进行的配送模式，如图 4-6 所示。这类配送方式的优点在于企业不需要投入较大的资金和人力，就可以扩大自身的配送规模和范围，但需要企业有较高的管理水平以及与相关企业的组织协调能力。与共同配送模式相比较，互用配送模式的特点主要有：

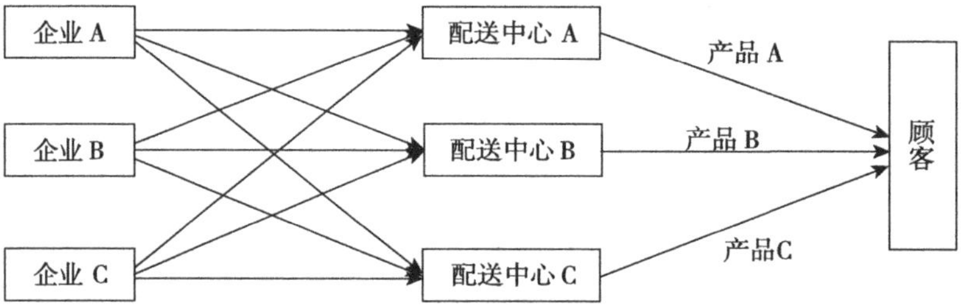

图 4-6　互用配送模式

(1)互用配送模式的目的在于提高自己的配送功能，以企业自身服务为核心；而共同配送模式旨在建立配送联合体，以强化配送功能为核心，为社会服务。

(2)互用配送模式主要强调企业自身的作用；而共同配送模式意在强调联合体的共同作用。

(3)互用配送模式的稳定性较差；而共同配送模式的稳定性较强。

(4)互用配送模式的合作对象既可以是经营配送业务的企业，也可以是非经营配送业务的企业；而共同配送模式的合作对象需要是经营配送业务的企业。

（四）第三方配送模式

第三方就是为交易双方提供部分或全部配送服务的一方。第三方配送模式就是指交易双方把自己需要完成的配送业务委托给第三方来完成的一种配送运作模式。第三方配送企业根据采购方的小批量和多频次的要求，按照地域分布密集情况，决定供应方的取货顺序，并应用一系列的信息技术和物流技术，保证 JIT(just in time，准时制)取货和配送。

第三节 配送中心

一、配送中心的概念

配送中心是接受并处理末端用户的订货信息，对上游运来的多品种货物进行分拣，根据用户订货要求进行拣选、加工、组配等作业，并进行送货的设施和机构。中华人民共和国国家标准《物流术语》中规定，从事配送业务的物流场所和组织，应符合下列条件：

(1)主要为特定的用户服务；

(2)配送功能健全；

(3)完善的信息网络；

(4)辐射范围小；

(5)多品种、小批量；

(6)以配送为主，储存为辅。

二、配送中心的功能

配送中心是专门从事货物配送活动的经济实体，也是行使集货、理货、加工、送货等多项职能的物流基地。它与传统意义上的仓库的不同之处在于它不仅能保管，而且还能进行货物的输送；它与一般运输的不同之处在于其在运货之前要进行必要的分拣、加工、配货。因此，配送中心所提供的是综合的、方便用户的服务。作为一个多功能、集约化的配送中心通常应具备以下功能。

1. 备货功能

它是配送的准备工作或基础工作。备货工作包括筹集货源、订货或购货、集货、进货以及有关的质量检查、结算、交接等。配送的优势之一就是可以集中用户的需求进行一定规模的备货。为了满足用户“多品种、小批量”的要货以及消费者要求在任何时间都能买到所需的商品的需求，并且能够按照用户要求配送货物，首先必须集中用户需求，从众多的供应商那里按需要较大的品种批量地进货，规模备货，备齐所需商品，从生产企业取得种类、数量繁多的货物，使货物齐全、成本低廉。这是配送中心的基础职能。

2. 储存功能

配送中心必须按照用户的要求，将其所需要的商品在规定的时间送到指定的地点，以满足生产和消费的需要，因此，配送中心都要兴建现代化的仓库并配备一定数量的仓储设备，储存一定数量的商品。利用配送中心的储存功能，可有效地组织货源，调节商品的生产与消费、进货与销售之间的时间差。虽然配送中心不是以储存商品为目的的，但是为了保证市场的需求，以及配货、流通加工等环节的正常运转，也必须保持一定的库存。这种集中储存较之商场“前店后库”的分散储存，可大大降低库存总量，增强促销调控能力。

3. 装卸搬运功能

配送中心的集货、理货、装货、加工都需要辅之以装卸搬运，有效的装卸能大大提高配送中心的工作效率。可以这样说，装卸搬运工作是物流顺利开展的最基本的保证。装卸搬运是为了加快商品在配送中心的流通速度所必须具备的功能。公共型配送中心应该配备专业化的装载、卸载、提升、运送、码垛等装卸搬运机械，以提高装卸搬运作业效率，减少对商品造成的损毁。

4. 包装功能

配送中心包装作业的目的不是要改变商品的销售包装，而在于通过对销售包装进行组合、拼配、加固，形成适合于物流和配送的组合包装单元。

5. 分拣、配货功能

分拣是指对物品按品种、出入库先后顺序进行分门别类的一种作业形式。配货是指使用各种拣选设备和传输装置，将存放的物品按客户的要求分拣出来，配备齐全，送入指定发货地点的一种作业形式。

为了将多种货物向多个用户按不同要求、种类、规格、数量进行配送，配送中心必须有效地在品种繁多的库存中，根据用户的订货单，将所需品种、规格的商品按要货量挑选出来，并集中在一起。在分拣基础上，按配送计划进行理货，这是配送中心的核心功能。事实上，分拣功能和配货功能作为配送中心不同于其他物流组织的独特功能，作为决定整个配送系统水平高低的关键功能，已不单纯是完善送货、支持送货的准备，它还是配送企业提高竞争服务质量和自身效益的必然延伸，是送货向高级形式发展的必然要求。

6. 运输功能

配送中心需要自己拥有或租赁一定规模的运输工具，具有竞争优势的配送中心不是一个点，而是一个覆盖某一地区的网络。因此，配送中心先应负责为客户选择满足客户需要的运输方式，然后具体组织网络内部的运输作业，在规定的时间内将客户的商品运抵目的地。除了在交货点交货需要客户配合外，整个运输过程包括最后的市内配送，都应由配送中心负责组织，以尽可能方便客户。

7. 流通加工功能

流通加工功能是在物品从生产领域向消费领域流动的过程中，为了促进销售、维护产品质量和提高物流效率，而对物品进行的加工。配送中心可根据各顾客的不同需求，按照销售批量大小，直接进行集配分货，可拆包分装、开箱拆零。在配送中心供应零售商的商品中，有一部分十分零星且品种繁多，需拆箱组配后再拼箱。配送中心的流通加工作业包括分类、过磅、拆箱改包装、产品组合包装、贴标签等。为适应这些作业需求，计算机管理系统的设计要包括工具、设备、人力的选用及调派系统，组合商品的搭配选用系统，包装容器的选用系统，包装方法的规划设计系统等。

8. 信息处理功能

配送中心除有进销、配送、流通加工、储存保管等功能外，还要提供各种信息，为配送中心经营管理、政策制定、商品路线开发、商品销售促销政策的制定提供参考。配送中心在干线物流与末端物流之间起衔接作用，这种衔接不但靠实物的配送，也靠情报信息的衔接，其信息活动是全物流系统中重要的一环。配送中心有相当完整的信息处理系统，能有效地为整个流通过程的控制、决策和运转提供依据。而且，配送中心与销售商店进行信息直接交流，可及时得到商店的销售信息，有利于合理组织货源，控制最佳库存。同时，配送中心还可将销售和库存信息迅速、及时地反馈给制造商，以指导商品生产计划的安排。

三、配送中心的分类

配送中心主要有以下几种类型。

1. 专业配送中心

这种配送中心有两种：一是配送对象、配送技术属于某一专业范畴，综合该专业的多种物资进行配送，例如，多数制造业的销售配送中心，以及我国在无锡、石家庄、上海等地所建的配送中心大多采用这一形式；二是以配送为专业化职能，基本不从事经营的服务型配送中心。

2. 柔性配送中心

这种类型的配送中心不是向固定化、专业化方向发展，而是向能随时变化、对客户要求有较强适应性、不固定供需关系、不断发展配送客户的方向发展。

3. 供应配送中心

供应配送中心即专门为某个或某些客户(如联营商店、联合公司)组织供应的配送中心，如为大型连锁超市组织供应的配送中心、代替零件加工厂送货的零件配送中心。

4. 销售配送中心

销售配送中心即以销售经营为目的、以配送为手段的配送中心。其主要有三种类型：①生产企业为本身产品直接销售给消费者而建立的配送中心。在国外，这种类型的配送中心很多。②流通企业建立的配送中心。作为本身经营的一种方式，流通企业建立配送中心以扩大销售。我国目前拟建的配送中心大多属于这种类型。③流通企业和生产企业联合的协作型配送中心。比较起来看，国外和我国配送中心的发展趋势，都是向以协作型配送中心为主的方向发展。

5. 城市配送中心

城市配送中心即以城市作为配送区域的配送中心。这种配送中心可直接配送到最终客户，且采用汽车进行配送。所以，这种配送中心往往和零售经营相结合，由于运距短、反应能力强，因而从事多品种、少批量、多客户的配送较有优势。日本的“仙台批发商共同配送中心”即属于这种类型，我国已建的“北京食品配送中心”也属于这种类型。

6. 区域配送中心

区域配送中心即拥有比较强的辐射能力和库存能力，向省(州)际、全国乃至国际范围的客户配送货物的配送中心。这种配送中心规模较大，往往是既配送给下一级的城市配送中心，也配送给营业所、商店、批发商和企业客户，虽然也从事零星的配送，但不是主体形式，这种配送中心更像大型的物流中心。这种类型的配送中心在国外十分普遍，如日本的“阪神配送中心”、美国的“沃尔玛公司配送中心”等就属于这种类型。

7. 储存型配送中心

储存型配送中心即具有很强的储存能力的配送中心。其平时利用巨大的仓库进行大量货物的储存，在客户需要的时候进行配送。我国目前拟建的配送中心都采用集中库存形式，库存量较大，多为储存型配送中心。瑞士 Giba-Geigy 公司的配送中心拥有世界上规模居于前列的储存库，可储存 4 万个托盘；美国赫马克配送中心拥有一个有 163 000 个货位的储存区，存储量非常大。

8. 流通型配送中心

流通型配送中心即基本上没有长期储存功能，仅以暂存或随进随出方式进行配货、送货的配送中心。这种配送中心的典型方式是：大量货物整体购进并按一定批量送出，采用大型分货机，进货时直接进入分货机传送带，分送到各客户货位或直接分送到配送用的汽车上，货物在配送中心仅作少许停滞。

9. 加工配送中心

加工配送中心即具有加工功能的配送中心。

10. 其他配送中心

(1)按配送中心的拥有者分为：①制造商型配送中心；②零售商型配送中心；③批发商型配送中心；④专业配送中心；⑤转运型配送中心。

(2)按配送货物种类分为：①食品配送中心；②日用品配送中心；③医药品配送中心；④化妆品配送中心；⑤家电产品配送中心；⑥电子产品配送中心；⑦图书产品配送中心；⑧服饰产品配送中心；⑨汽车零件配送中心。

四、配送中心的运作模式

在本章第二节已经提到配送的几种基本模式，这里作进一步研究，并分析配送中心的运作模式，以便采取相应的管理措施。我们以连锁店为例进行说明。

1. 按组织方式划分

按组织方式划分，配送中心可分为自营配送、代理配送和共同配送三种形式。

自营配送是指某一连锁企业自行经营配送中心，并为下属各门店提供配送服务；代理配送是指连锁企业的配送业务由某供应商或配送中心代理，自身并不经营配送业务；而共同配送则是指多家企业共同参与，只有一家公司独立进行的配送业务。

2. 按经营权限划分

按经营权限划分，配送中心可分为物流模式配送中心、授权模式配送中心和配销模式配送中心。

物流模式配送中心只根据总部的指示进行物流作业，商品经营决策则由连锁总部的商品部负责。授权模式配送中心是指连锁总部将商品采购权及定价权授予配送中心，总部则保留商品组合、批发销售以及业务监管的权利。配销模式配送中心作为相对独立的利润中心，不仅负责商品采购及商品配送作业，而且也可以向客户直接批发销售商品。不同形式的配送中心适用范围不同，上述三种职能模式分别适用于小规模的、大规模的和跨地区、跨国经营的连锁企业。

3. 按承担的商品分配职能划分

按承担的商品分配职能划分，配送中心可分为转送模式配送中心、发货模式配送中心和加工模式配送中心。

转送模式配送中心的主要功能是转送。采用这一模式的连锁企业一般与供应商联系密切，货源充足，商品在配送中心的储存时间较短，储存量亦很少。而发货模式配送中心兼有储存和配送的双重功能，商品在配送中心的储存时间比转送模式要长，这种模式适用于周转速度快的生活日用品、加工食品等。加工模式配送中心将大批采购的半成品(多数为生鲜食品)进行加工、解冻、分割、包装，然后分送到各分店，这种模式较适合于超市生鲜食品类。一个连锁企业既可采用上述一种模式，也可以同时拥有两种或三种模式。

五、配送中心的布局

配送中心的种类很多，其规模大小各异，然而，无论是哪一种类型的配送中心，其内部结构基本上都是相同的。也就是说，各种配送中心都是由指挥系统、管理系统和各种作业区组成的。指挥和管理系统是配送中心的中枢神经，其职能是：对外负责收集和汇总各种信息(包括用户订货或要货信息)，并做出相应的决策；对内负责协调、组织各种活动，指挥调度各类人员，共同完成配送任务。作业区包括接货区、储存区、理货区、配装区、发货区、加工区六个区域。

(1)接货区的主要设施有铁路(或公路)专用线、接货站台和验货场区。

(2)储存区是存储货物的场所，在这个区域内一般都建有专用仓库(包括现代化的立体仓库)，并且配置各种设备，其中包括各种货架、叉车和吊车等起重设备。从位置上看，储存区多设在紧靠接货站台的地方，也有的设在加工区的后面。

(3)理货区是配送中心的工作人员进行拣货和配货作业的场所，其面积大小因配送中心的类型不同而异。与其他作业区一样，在理货区内也配置许多专用设备和设施，其中包括这样一些设备或设施，如手推载货车、重力式货架和回转式货架、升降机、传送装置、自动分拣设施等。

(4)配装区是放置和处理待发送货物的场地。在配装区内，配送中心的工作人员要进行配装作业，即根据每个货主的货物数量进行分放、配车和选择装运方式(单独装运或混载同运)。配装区的面积要比储存区小得多。需要指出的是，有一些配送中心，其配装区是和理货区或发货区合在一起的，因此，配装作业常常融合于其他相关的作业中。此外，因配装作业的主要内容是分放货物、组配货物和安排车辆等，故在这个作业区内除了配置计算工具(微机)和小型装卸机械、运输工具以外，没有什么特殊的大型专用设备。

(5)发货区是工作人员将组配好的货物装车外运的作业区域。从布局和结构上看，发货区和接货区类似，它也是由运输货物的线路和接靠载货车辆的站台、场地等组成。

不同的是，发货区位于整个作业区的末端，而接货区位于首端。

(6)加工区。在这个区域内，配备着加工设备(如剪床、锯床、打包机、配煤生产线等)。因加工工艺有别，各个(加工型)配送中心的加工区所配置的设备也不完全相同。和储存区一样，加工区所占的面积也比较大，尤其是煤炭、水泥、木材等生产资料加工区，其所占面积更大。

六、配送中心与物流中心的区别

（一）物流中心的概念

中华人民共和国国家标准《物流术语》给物流中心下的定义是：从事物流活动的场所或组织，应符合下列要求：①主要面向社会服务；②物流功能健全；③完善的信息网络；④辐射范围大；⑤少品种、大批量；⑥存储、吞吐能力强；⑦物流业务统一经营、管理。

（二）物流中心与配送中心的关系与区别

对于物流中心与配送中心的关系，一般认为物流中心包括配送中心，配送中心属于物流中心，配送中心也是一种物流中心。物流中心和配送中心都是物流作业集中的场所，但是，不能说配送中心包括物流中心。

物流中心与配送中心的区别表现在以下五个方面：

(1)从功能上看，物流中心可单可全，而配送中心较为全面。

(2)从辐射范围来看，物流中心辐射范围大，而配送中心辐射范围小。

(3)从在供应链的位置看，物流中心在配送中心的上游，而配送中心在物流中心的下游。

(4)从物流的特点看，物流中心是少品种、大批量、少供应商，而配送中心多品种、小批量、多供应商。

(5)从服务的对象看，物流中心通常提供第三方物流服务，而配送中心一般为公司内部服务。

本章小结

配送活动是“配”和“送”的有机结合，它不同于简单的送货，也不同于干线的运输，它是“末端运输”，是对干线运输的补充。本章主要介绍了配送的概念及其环节与模式。目前常用的配送模式有自营配送、共同配送、互用配送和第三方配送模式。选择合理的配送模式有利于企业的协调发展。本章最后对配送中心的基本知识进行了详细的阐述，有利于理解配送中心的基本运作。

本章思考题

1. 简述配送的特点。
2. 简述配送的基本模式。
3. 如何理解配送中心的概念？
4. 简述配送中心与物流中心的区别。

仓储管理

导引案例

深圳赤湾物流配送有限公司是一家大型的物流配送企业，仓库位于深圳西部港口群中心位置，距离赤湾集装箱码头、蛇口集装箱码头2千米内，距香港20海里(1海里=1.852千米)内，距离珠江三角洲地区新兴城市广州、珠海、东莞、佛山、中山、惠州等城市均不超过150千米。该企业的优势在于：

现代化的设施：高层仓一座，楼高6层，每层三个区，每层高4.95米；另外建有两座平面仓，总面积为4.5万平方米；仓库内承重3吨进口电梯8部，电动升降装卸平台25部，叉车25台，可供全天候作业；配有自动报警、喷淋消防及抽风机调温系统和清扫吸尘机械，确保货物安全和存储质量。

全方位高效的配套服务系统：提供进口保税仓、出口监管仓和普通仓服务，并可代办报关、报检、保险、拼箱集运中转、转关公路运输、海陆运输等“全套储运服务”。仓库每日可完成80个40英尺(1英尺=0.3048米)货柜货物装卸和分拣、组板包装服务，有自备货柜拖车提供接送货转关运输服务。

便捷的交通：陆路运输，有4车道疏港公路连接广深、深汕高速公路和107国道，保证货柜能快捷地往来于皇岗、盐田和内地各省市；铁路运输，平(平湖)南(南头)铁路直达赤湾、连接广深铁路及国家铁路网；海路运输，紧邻的赤湾集装箱码头和蛇口集装箱码头具有直航欧洲、美洲、澳洲、非洲以及日本、东南亚等的国际航线和众多驳船线，往返香港各货柜码头。

可为客户提供以下信息服务：①库存报告(定时)。为客户提供当天的库存清单、每月的盘点清单、每周的盘点清单。②进出记录的查询。为客户提供每天进出记录查询报告；提供每周一结的进出记录查询。③补货通知。为客户提供及时的补货通知和每天的出货通知。

资料来源：http://szcwcc.ypb.cn

第一节　仓库

一、仓库的概念

仓库是保管、存储物品的建筑物和场所的总称。仓库不仅仅是指用来存放货物(包括商品、生产资料、工具或其他财产)及对其数量和价值进行保管的场所或建筑物等设施，还包括用于防止或减少损伤货物而进行作业的土地或水面。

仓储是物流活动的基本环节之一，它不仅具有储存、保管等传统功能，而且包括拣选、配货、检验等作业，并具有配送功能以及附加标签、重新包装等流通加工功能。

二、仓库的分类

仓库可按不同的标准进行分类，企业可根据自身的条件选择建设或租用不同类型的仓库。

(一)按仓库的适用范围分类

1. 自用仓库

自用仓库是指生产企业或流通企业为了本企业物流业务的需要而修建的附属仓库。这类仓库只储存本企业的原材料、燃料、产品或成品，在一般的工厂、企业、商店应用较多。

2. 营业仓库

营业仓库是指专门为了经营储存业务而修建的仓库，是面向社会服务或以一个部门的物流业务为主，兼营其他部门的物流业务，如商业、物资、外贸等系统的储运公司的仓库。

3. 公用仓库

公用仓库是为社会物流服务的公共仓库，它是公共服务的配套设施，如铁路车站的货场仓库、港口的码头仓库、公路货场的货栈仓库等。

4. 保税仓库

保税仓库是经海关批准，在海关监管下，专供存放未办理关税手续而入境或过境货物的场所。换而言之，保税仓库是获得海关许可的能长期储存外国货物的本国国土上的仓库；同样，保税货场是获得海关许可的能装卸或搬运外国货物并暂时存放的场所。

5. 出口监管仓库

出口监管仓库是经海关批准，在海关监管下，存放已按规定领取了出口货物许可证或批件，且已对外买断结汇并向海关办完全部出口海关手续的货物的专用仓库。

(二)按仓库保管条件分类

1. 通用仓库

通用仓库一般用来储存没有特殊要求的物品，其设备与库房建筑构造都比较简单，使用范围较广。这类仓库备有一般性的保管场所和设施，按照通常的货物装卸和搬运方法进行作业。在物资流通行业的仓库中，这种通用仓库所占的比重最大。

2. 专用仓库

专用仓库是专门用以储存某一类物品的仓库，这类物品或者是数量较多，或者是物品本身具有特殊的性质，如对温湿度有特殊要求，或易对共同储存的物品产生不良影响，因此，要专库储存。例如，金属材料、机电产品、食糖等均用专用仓库储存。

3. 特种仓库

特种仓库用于储存具有特殊性能、要求特殊保管条件的物品。这类仓库必须配备有防火、防爆、防虫等专用设备，其建筑构造、安全设施都与一般仓库不同。特种仓库主要包括：①冷冻仓库，它可以人为地调节库房的温度和湿度，用来加工和保管食品、工业原料、生物制品以及医药品等。根据使用目的不同，冷冻仓库又细分为生产性冷冻仓库、配给性冷冻仓库及综合性冷冻仓库三种。②石油仓库，它是接受、保管、配给石油和石油产品的仓库，由于石油产品具有易燃易爆等特性，这类仓库被指定为危险品仓库。③化学危险品仓库，它负责保管化学工业原料、化学药品、农药以及医药品。为了安全起见，根据物品的特性和状态以及受外部因素影响的危险程度进行分类，分别储藏。

4. 水上仓库

水上仓库是漂浮在水面上储藏货物的趸船、囤船、浮驳或其他水上建筑，或者划定水面保管木材的特定水域，以及沉浸在水下保管物资的水域。

（三）按保管物品种类的多少分类

1. 综合库

综合库是指用于存放多种不同属性物品的仓库。

2. 专业库

专业库是指用于存放一种或某一大类物品的仓库。

（四）按仓库在社会再生产中的作用分类

1. 生产性仓库

生产性仓库是为保证生产企业生产正常进行而建立的仓库。这种仓库主要存放生产企业生产所需要的原材料、设备、工具等，并存放企业生产的成品。按其存放物品性质的不同分为原材料仓库和成品仓库。

2. 中转性仓库

中转性仓库是专门从事储存和中转业务的仓库，如专业的储运仓库和铁路、公路、港口、码头等的货运仓库。

3. 储备性仓库

储备性仓库是政府为了防止自然灾害、战争及国民经济严重比例失调而设立的仓库。储备性仓库里存放的商品储存时间较长，对仓储条件、质量维护和安全保卫要求较高。

（五）按仓库功能分类

现代物流管理力求进货与发货同期化，使仓库管理从静态管理转变为动态管理，仓库功能也随之改变，这样因仓库功能不同，就有以下几种类型的仓库。

1. 集货中心

集货是将零星货物集中起来形成批量性的货物的活动。集货中心可设在生产点数量很多，每个生产点产量有限的地区，只要这一地区某些产品总产量达到一定程度，就可以设置这种有“集货”作用的物流据点。

2. 分货中心

分货是将大批量运到的货物分成批量较小的货物的活动，分货中心是主要从事分货工作的物流据点。企业可以采用大规模包装、集装或散装的方式将货物运到分货中心，然后按企业生产或销售的需要进行分装，利用分货中心可以降低运输费用。

3. 转运中心

转运中心主要用来承担货物在不同运输方式间的转运。

4. 加工中心

加工中心主要用来进行流通加工。

5. 储调中心

储调中心以储备为主要工作内容，从功能上看储调中心和传统仓库基本一致。

6. 配送中心

配送中心是从事货物配备和组织对用户的送货，以高水平实现销售或供应的现代流通设施。

7. 物流中心

物流中心是从事物流活动的场所或组织。物流中心与配送中心的区别可参见本书第四章内容。

（六）按仓库的建筑类型分类

按仓库的建筑类型可以将仓库分为：平库，它一般是砖木结构的平房式仓库；楼库，指二层或二层以上的楼房式仓库；筒仓库，以储存散装颗粒和液体物资为主的储罐类的仓库；高层货架仓库，指建筑结构以高层货架为储存物资方式的仓库。高层货架仓库如果使用计算机控制的巷道堆垛机完成物资的进出库作业，这便是自动化立体仓库。

（七）按仓库的作业程度分类

1. 人力仓库

这种仓库规模较小，采用人工作业方式，无装卸机械设备。

2. 半机械化仓库

半机械化仓库是指入库采用机械作业，但是出库采用人工作业方式的仓库。一般适合批量入库、零星出库的情况。

3. 机械化仓库

机械化仓库是指入库和出库均采用机械作业的仓库，适合整批入库和出库、长大笨重货物的储存情况。一般机械化仓库配备有高层货架，有利于提高仓库空间利用率。

4. 半自动化仓库

半自动化仓库配备有高层货架和输送系统，采用人工操作巷道堆垛机的方式，多见于备件仓库。

5. 自动化立体仓库

自动化立体仓库是指以高层货架为主体，配备自动巷道作业设备和输送系统的无人仓库，如青岛海尔集团的自动化仓库。

三、仓库的作用

随着现代物流业的发展，仓库的作用也在不断扩大，包括流通加工、配送、信息服务等，其含义远远超出了单一的存储功能。一般来说，仓库具有以下几方面的作用。

1. 储存保管作用

储存保管是仓库最基本的功能。仓库具有一定的空间，用于储存货物，并且可以通过相应的仓储设备保证货物的完好性。

2. 调节供需作用

仓库在物流中起着“蓄水池”的作用，它可以调节生产与消费的关系，使它们在时间和空间上得到协调，以保证社会再生产的顺利进行。对于一般货物和生产用原材料，适量地进行安全储备，是保证生产稳定进行和促进销售的重要手段，也是对抗偶发事件对物流产生破坏的重要应急手段。

3. 流通加工作用

流通加工是将产品加工工序从生产环节转移到物流中进行的作业安排。流通加工作业包括产品包装、装潢包装、贴标签、改型、上色、定量、组装、成型等。虽然仓库中的流通加工往往比在生产地加工成本要高一些，但却能够及时满足销售需要，促进销售，进而降低整体物流成本。

4. 货物集散作用

仓库可以把各个供应商的产品征集起来，形成规模，然后根据需要分散发送到各消费地。通过集散，一方面可以连接产需，均衡运输，提高物流速度；另一方面还可以实现对运输的调节。因为产品从生产地向销售地的流转主要需依靠运输完成，但不同的运输方式在运向、运程、运量及运输线路和运输时间上存在着差距，不同运输方式一般不能直达目的地，需要在中途改变运输方式、运输线路、运输规模、运输方法和运输工具以及协调运输时间和完成产品倒装、转运、分装、集装等物流作业，这就需要货物在仓库中进行停留或换载。

5. 配送和加工作用

配送服务是现代物流中仓库的重要职能之一，也是现代配送中心与传统仓库的一个重要区别。现代仓库的功能已由保管型向流通型转变，即仓库由原来的储存、保管货物的中心向流通、销售的中心转变。仓库不仅具有仓储、保管货物的设备，而且还增加了分袋、配套、捆装、流通加工、移动等设施。这样，既扩大了仓库的经营范围，提高了物资的综合利用率，又方便了消费者，提高了服务质量。

6. 信息传递作用

信息传递是伴随着上述作用而发生的。在处理有关仓库管理的各项业务时，需要及时而准确的信息传递作为保证，如仓库利用水平、进出货频率、仓库的地理位置、仓库的运输情况、顾客需求状况以及仓库人员的配置等，这对于仓库管理能否取得成功至关重要。

第二节　仓库规划与设计

一、仓库规模的选择

通常，仓库的规模是用仓库面积来衡量的，但是传统的衡量方式忽略了仓库的垂直存储能力，因此，现在提倡使用较为科学的立体空间（仓库设施可用的空间容积）来衡量。仓库最小空间一般是根据各期存货的最小空间需求，并在考虑其他因素的基础上适当增加容量。

影响仓库规模的主要因素包括客户服务水平、所服务市场的产品数目、投入市场的产业数目、产品大小、所用的物料搬运系统、吞吐量、生产提前期、仓库布置、通道要求、仓库中的办公区域、使用的支架和货架类型以及需求的水平和方式等。

企业在确定仓库的规模时，一般根据其存货速度（用周转率来衡量）以及在最大限度上“直接送货”给客户（通过一个地区性仓库或者批发商的仓库）的特征来计算工厂/批发商的仓库所需的面积，再在每种主要产品的基本储存空间基础上增加通道、站台以及垂直和水平存储提供的场地的面积。通过处理计划销售量、存货周转以及直接运输给客户的流经存货，可精确地计算出将来所需的仓库空间。

二、仓库数量决策

仓储领域的另一项重要决策是仓库的数量决策，即在整个物流系统中该设几个仓库。通常仓库数量越多，带来的系统总的存储成本和库存成本就越高，同时运输成本和缺货成本就会减少，所以确定仓库数量要在这两者之间寻求平衡。

对于仓库的数量决策，只有单一市场的中小规模的企业通常只需一个仓库，而产品市场遍及全国各地的大规模企业要经过仔细分析和慎重考虑才能做出正确选择。但这一决策仍然要基于成本的权衡分析，如图 5-1 所示。

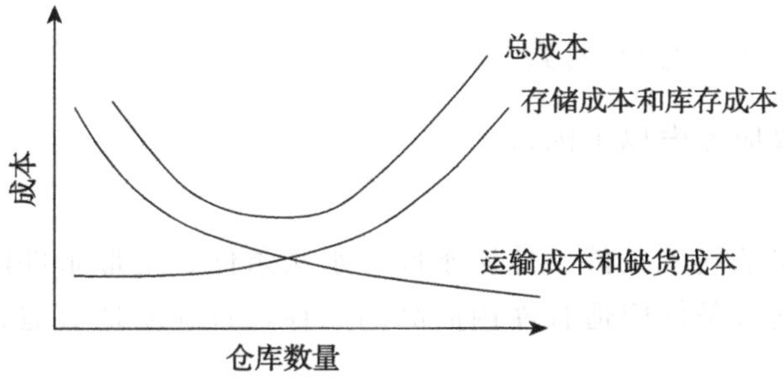

图 5-1　仓库数量的成本比较

从图 5-1 中我们可以看出，随着系统的仓库数量的增加，运输成本和缺货成本会减少，而存储成本和库存成本将增加。但是，当仓库数量增加到一定规模，存储成本和库存成本的增加额超过运输成本和缺货成本的减少额时，总成本就开始上升。这主要是由于：

第一，由于仓库数量的增加，企业可以进行原材料或产成品的大批量运输，所以运输成本会下降。

第二，由于仓库数量的增加，总的存储空间也会相应地扩大，因此库存成本会上升。

这里我们还要注意一些影响仓库数量的因素：①客户服务。这是影响仓库数量的一个重要因素。②运输服务。仓库数量的决策要与运输方式的决策相协调。由于运输方式的多样性，仓库数量决策变得较为复杂。在不能提供合适的运输服务情况下，就要增加仓库来满足客户对交货期的要求。③单个仓库规模。单个仓库的规模越大，其单位投资就越低，而且可以采用处理大规模货物的设备，因此单位库存成本也会降低。④小批量购买。⑤计算机的应用。

三、仓库地址的选择

仓库选址是指在一个具有若干供应点及若干需求点的经济区域内，选一个地址设置仓库的规划过程。仓库选址首先要根据设施的特点选择建设的地区，然后在选择的地区内采用选址的某种方法进一步确定建设的具体地点。

（一）仓库选址的原则

仓库的选址过程应同时遵守适应性原则、协调性原则、经济性原则和战略性原则。适应性原则是指仓库的选址须与国家以及省、市的经济发展方针、政策相适应，与我国物流资源分布和需求分布相适应，与国民经济和社会发展相适应。协调性原则是指仓库的选址应将国家的物流网络作为一个大系统来考虑，使仓库的设施设备在地域分布、物流作业生产力、技术水平等方面互相协调。经济性原则是指仓库发展过程中有关选址的费用应最低，主要包括建设费用及物流费用(经营费用)两部分。战略性原则是指仓库的选址一要考虑全局，二要考虑长远。局部要服从全局，目前利益要服从长远利益，既要考虑目前的实际需要，又要考虑日后发展的可能。

（二）仓库选址的影响因素

仓库的选址主要应考虑以下因素。

1. 自然环境因素

自然环境因素包括气象条件、地质条件、水文条件、地形条件四个方面的因素。一般仓库选址要注意气候条件应适合库内商品的储存，且地质地形适合仓库内的货物出入仓库。

2. 经营环境因素

经营环境因素包括政策环境、商品特性、物流费用和服务水平。仓库所在地区政策环境如政府的优惠物流政策对物流企业的经济效益将产生重要影响，且数量充足和素质较高的劳动力也是仓库选址要考虑的。经营不同类型商品的仓库最好能分别布局在不同地域，如生产型仓库的选址应结合产业结构、产品结构、工业布局进行考虑。物流费用是仓库选址的重要考虑因素之一。大多数仓库选择建在接近物流服务的需求地。在现代物流过程中，能否实现准时运送是仓库服务水平高低的重要指标，因此，在仓库选址时，应保证客户在任何时候向仓库提出物流需求都能获得快速满意的服务。

3. 基础设施状况因素

基础设施状况因素包括交通条件状况和公共设施状况两个方面的因素。仓库必须具备方便的交通运输条件，最好靠近交通枢纽进行布局。仓库的所在地，要求城市的道路、通信等公共设施齐备，有充足的供电、供水、供热、供燃气的能力，而且场区周围要有污水、固体废物处理场所。

4. 其他因素

在进行具体仓库选址时还要注意一些其他的影响因素，包括以下三个方面：

(1)国土资源利用。仓库一般占地面积较大，周围还需留有足够的发展空间，为此地价的高低对布局规划有重要影响。

(2)环境保护要求。仓库的选址需要考虑保护自然环境与人文环境等，尽可能降低对城市生活的干扰。对于大型转运枢纽，应适当设置在远离市中心的地方。

(3)由于仓库是火灾重点防护单位，不宜设在易散发火种的工业设施(如木材加工、冶金企业)附近，也不宜设在居民住宅区附近。

（三）仓库选址的基本方法

仓库选址时除考虑以上自然环境、经营环境、基础设施状况等方面的因素外，还要注意利用数学方法对仓库位置进行量化分析。仓库选址的方法有基于选址成本因素的盈亏点平衡评价法、重心法、线性规划的表上作业法、启发式算法等，也有基于选址诸多因素的综合因素评价法。这些方法都是设施选址的量化分析方法，各有优势特点，也各有不足。

四、仓库内部规划与设计

仓库内部规划与设计的主要任务就是合理地利用库房面积。在仓库内不但要储存商品，而且需要进行其他作业。一方面，如果为了提高仓库储存能力，就必须尽可能增加储存面积；另一方面，如果为了方便库内作业，又必须尽可能适应作业要求，相应地安排必要的作业场地。由于仓库内部的面积总是有限的，因此设法协调这两种不同的需要，保证仓库面积得到充分的利用，就成为仓库合理布置所要解决的中心问题。

仓库内部规划与设计就是根据库区场地条件、仓库的业务性质和规模、商品储存要求以及技术设备的性能和使用特点等因素，对仓库主要和辅助建筑物、货场、站台等固定设施和库内运输路线进行合理安排和配置，以最大限度地提高仓库的储存和作业能力，并降低各项仓储作业费用。

仓库内部规划与设计是仓储业务和仓库管理的客观需要，其合理与否直接影响到仓库各项工作的效率和储存商品的安全。仓库内部规划与设计主要包括仓库总平面布置、仓库作业区布置和库房内部布置。

（一）仓库总平面布置

仓库总平面布置包括库区的划分以及建筑物、构筑物平面位置的确定，还包括运输线路的组织与布置、库区安全防护以及绿化和环境保护等内容。

仓库总平面布置首先是进行功能分区。根据仓库各种建筑物的性质、使用要求、运输联系以及安全要求等，将性质相同、功能相近、联系密切、对环境要求一致的建筑物分成若干组，再结合仓库用地内外的具体条件，合理地进行功能分区，在各个区中布置相应的建筑物。

仓库总平面一般可以划分为仓储作业区、辅助作业区、行政生活区。除了上述区域之外，还包括铁路专用线和库内道路。在划定各个区域时，必须注意使不同区域所占面积与仓库总面积保持适当的比例。商品储存的规模决定了主要作业场所规模的大小。同时，仓库主要作业场所的规模又决定了各种辅助设施和行政生活场所的大小。

总之，在进行仓库总平面布置时应满足以下要求：

(1)方便仓库作业和商品储存安全。

(2)最大限度地利用仓库面积。

(3)防止重复搬运、迂回运输和避免交通阻塞。

(4)有利于充分利用仓库设施和机械设备。

(5)符合安全保卫和消防工作要求。

(6)综合仓库当前需要和长远利益，减少将来仓库扩建对正常业务的影响。

（二）仓库作业区布置

仓库作业区布置要求以主要库房和货场为中心对各个作业区域加以合理布置。在有铁路专用线的情况下，专用线的位置和走向制约着整个库区的布局。布置时应该主要考虑以下几个方面：

(1)商品吞吐量。在仓库作业区内，各个库房、货场储存的商品品种和数量不同，并且不同商品的周转快慢也不同，这些都直接影响库房、货场的吞吐作业量，或出入库作业量。在进行作业区布置时应根据各个库房和货场的吞吐量确定它们在作业区内的位置。

(2)机械设备的使用特点。根据储存商品的特点和装卸搬运要求，矿物货场要适当配备各种作业设备。为了充分发挥不同设备的使用特点，提高作业效率，在布置库房、货场时就需要考虑所配置的设备情况。每种设备各有其不同的使用要求和合理的作业半径，因此，必须从合理使用设备出发，确定库房、货场在作业区内以及与铁路专用线的相对位置。

(3)库内道路。库内道路的配置与仓库主要建筑设施的布置是相互联系、相互影响的。在进行库房、货场和其他作业场地布置的同时就应该结合库内运输路线的分析，制定不同方案。另外，在布置时还应根据具体要求合理确定干、支线的配置，适当确定道路的宽度，最大限度地减少道路的占地面积。因为减少道路所占面积，可以在不增加仓库面积的前提下扩大储存面积。

(4)仓库业务以及作业流程。仓库业务工程可以归纳为两种形式：一种形式是整进、整出，这种作业方式下商品基本按原包装入库和出库，其业务过程比较简单；另一种形式是整进零出、零进整出，商品整批入库、拆零付货或零星入库、成批出库，其业务过程比较复杂。仓储业务除了接收、保管、发运外，还需要完成拆包、挑选、编配和再包装等项工作。为了以最小的人力、物力耗费和在最短的时间完成各项作业，就必须按照各个作业环节之间的内在联系对作业场地进行合理布置，使作业环节之间密切衔接，环环相扣。

仓库作业区布置的基本任务是：

(1)减少运动的距离，力求最短的作业路线。

(2)有效地利用时间。不合理的布置必然造成人员设备的无效作业，增加额外的工作量，从而延长作业时间。而合理布置可以避免因阻塞等原因造成的作业中断，并且由于方便作业减少了各个环节上人员和设备的闲置时间。这些都有利于缩短作业时间，提高作业效率。

(3)充分利用仓库面积。通过对不同布置方案的比较和选择，减少仓库面积的浪费。

(三)库房内部布置

库房内部布置的主要目的是提高库房内作业的灵活性和有效利用库房内部的空间。商品保管和出入库作业是在库房内进行的两种基本作业形式。按照库房作业的主要内容，库房可以分为储备型和流通型两大类。这两类库房由于主要作业内容不同，对于库房的布置要求也就不同。

1. 储备型库房的布置特点

储备型库房是以商品保管为主的库房。在储备型库房中储存的商品一般周转较为缓慢，并且以整进整出为主。对于储备型库房来说，由于主要矛盾是增加商品储存量，因此，库房布置的重点就应该是在尽可能压缩非储存面积的基础上，增加储存面积。

储备型库房的布置特点是突出强调提高储存面积占库房总面积的比例。为此，就必须严格核定各种非储存区域的占用面积。库房内非储存面积一般包括商品出入库作业场地、作业通道、墙距和垛距。在核定作业场地，即检验区和集结区时，要根据库房平时出入库的商品数量来进行。

2. 流通型库房的布置特点

流通型库房是以商品收发为主的库房。在这类库房中，储存商品一般周转较快，频繁地进行出入库作业。

对于流通型库房来说，为了适应库房内大量商品的经常性的收发作业的需要，在进行库房布置时必须充分考虑提高作业效率的要求。

与储备型库房相比，流通型库房的布置有不同的特点。主要区别是缩小了储存区，而增加了拣货和出库准备区。拣货和出库准备区的作用就是方便商品出库作业。在这个区域内，各种商品按一定次序分别安排在各个货位上。进行备货作业时，作业人员或机械在货位间的通道内巡回穿行，将需要的商品不断拣出，送往集结区发运。

在流通型库房中，商品经过验收后首先进入储存区。在储存区内，商品按一定要求进行密集堆码。商品在储存区集中保管，然后经拣货以及出库准备区出库，以提高作业效率和灵活性。确定拣货以及出库准备区面积的大小主要应考虑商品出库作业的复杂程度和作业量的大小。作业越复杂，作业量越大，作业区域也应该越大。

第三节 仓储作业管理

仓储作业管理包括入库管理、在库管理和出库管理三项基本流程。

一、入库管理

商品入库业务也叫收货业务，它是仓储工作的第一步，标志着仓储工作的正式开始。物品一旦收入仓库，仓库将对物品的完好性承担全部责任。因此，入库作业管理至关重要。入库作业是指接到入库通知单后，经过接运提货、装卸搬运、检查验收和办理入库手续等一系列作业环节所形成的整个工作过程。

（一）入库前的准备工作

仓库应根据仓储合同或者入库单、入库计划，及时地进行库场准备，以便货物能按时入库，保证入库过程顺利进行。仓库的入库准备需要由仓库的业务部门、仓库管理部门、设备作业部门分工合作，共同做好以下工作。

1. 加强日常业务联系

仓储经营者应按计划定期与货主、生产厂家以及运输部门进行联系，了解将要入库货物的品种、类别、数量和到库时间，以便做好入库前的准备工作。

2. 合理调配人员

根据货物入库的数量和时间，安排好相关作业人员（质检人员、验收人员和装卸搬运人员等），保证物品到达后人员能够及时调配到位。

3. 准备相关机械设备和检验器具

准备好装货所需的空托板或托盘，合理配置好物品检验和计量及装卸搬运设备、堆码设备以及必要的防护用品。

4. 合理安排货位

仓库部门根据入库货物的性能、数量、储存时间，结合仓库分区分类保管的要求，核算所需的货位面积大小，确定货物存放的位置和堆码方法、苫垫方法以及进行必要的腾仓、打扫、消毒和准备验收场地等工作。

5. 核对凭证

物品到达仓库后，仓库收货人员首先要检查物品入库凭证，入库物品必须具备下列凭证：

(1)入库通知单和订货合同副本，这是仓库接收物品的凭证。

(2)运输部门提供的运单和货运记录，以便作为向责任方交涉的依据。

(3)供货单位提供的材质证明书、装箱单、磅码单和发货明细表等。

由于仓库不同、货物性质不同，所以入库准备工作会有所差别，不同的仓库应根据自己的实际情况做好入库准备工作。

（二）货物的接运

由于货物到达仓库的形式不同，除了一小部分由供货单位直接运到仓库交货外，大部分要经过铁路、公路、航运、空运和短途运输等转运。凡经过交通运输部门转运的商品，都必须经过仓库接运后，才能进行入库验收。因此，货物的接运是入库业务流程的第一道作业环节，也是仓库直接与外部发生的经济联系。它的主要任务是及时而准确地向交通运输部门提取入库货物，要求手续清楚，责任分明，为仓库验收工作创造有利条件。因为接运工作是仓库业务活动的开始，如果接收了损坏的或错误的商品，那将直接导致商品出库装运时出现差错。商品接运是商品入库和保管的前提，接运工作完成的质量直接影响商品的验收和入库后的保管与保养。因此，在接运由交通运输部门(包括铁路)转运的商品时，必须认真检查，分清责任，取得必要的证件，避免将一些在运输过程中或运输前就已经损坏的商品带入仓库，造成验收中责任难分和在保管工作中的困难或损失。

做好商品接运业务管理的主要意义在于，防止把在运输过程中或运输之前已经发生的商品损害和各种差错带入仓库，减少或避免经济损失，为验收和保管、保养创造良好的条件。

商品接运的主要方式有以下几种。

1. 到车站、码头提货

这是由外地托运单位委托铁路、水运、航空等运输部门或邮局代运货物到达仓库最近的车站、码头、航空站、邮局后，仓库依据货物通知单派车提运货物的作业活动。此外，在接受货主的委托，代理完成提货、末端送货活动的情况下也会发生到车站、码头提货的作业活动。

提货人员对所提取的商品应了解其品名、型号、特性和一般保管知识以及装卸搬运注意事项等，在提货前应做好接运货物的准备工作，如准备装卸运输工具，腾出存放商品的场地等。提货人员在到货前，应主动了解到货时间和交货情况，根据到货多少，组织装卸人员、机具和车辆，按时前往提货。

提货时应根据运单以及有关资料详细核对品名、规格、数量，并要注意商品外观，查看包装、封印是否完好，有无沾污、受潮、水渍、油渍等异状。若有疑点或不符，应当场要求运输部门检查。对短缺损坏情况，凡属铁路方面责任的，应做出商务记录，属于其他方面责任需要铁路部门证明的应做出普通记录，由铁路运输员签字。注意记录内容与实际情况要相符。

在短途运输中，要做到不混不乱，避免碰坏损失。危险品应按照危险品搬运规定办理。

商品到库后，提货员应与保管员密切配合，尽量做到提货、运输、验收、入库、堆码成一条龙作业，从而缩短入库验收时间，并办理内部交接手续。

2. 到货主单位提取货物

仓库接受货主委托直接到供货单位提货时，应将这种接货与出库验收工作结合起来同时进行。

仓库应根据提货通知，了解所提货物的性能、规格、数量，准备好提货所需的机械、工具、人员，配备保管员在供方当场检验质量、清点数量，并做好验收记录，接货与验收合并一次完成。

3. 托运单位送货到库接货

这是指供货单位将货物直接送到仓库，由仓库保管员或验收人员与送货人员办理交接手续，当面验收并做好记录。如有差错，送货人员应在验收记录上签字，据此向有关部门提出索赔。

4. 铁路专用线到货接运

这是指仓库备有铁路专用线，大批整车或零担到货接运的形式。一般铁路专线都与公路干线联合。在这种联合运输形式下，铁路承担主干线长距离的货物运输，汽车承担直线部分的直接面向收货方的短距离运输。

接到专用线到货通知后，应立即确定卸货货位，力求缩短场内搬运距离；组织好卸车所需要的机械、人员以及有关资料，做好卸车准备。

车皮到达后，引导对位，进行检查。看车皮封闭情况是否良好(即卡车、车窗、铅封、苫布等有无异状)；根据运单和有关资料核对到货品名、规格、标志和清点件数；检查包装是否有损坏或有无散包；检查是否有进水、受潮或其他损坏现象。在检查中发现异常情况，应请铁路部门派员复查，做出普通或商务记录，记录内容应与实际情况相符，以便交涉。

卸车时要注意为商品验收和入库保管提供便利条件，分清车号、品名、规格，不混不乱；保证包装完好，不碰坏，不压伤，更不得自行打开包装。应根据商品的性质合理堆放，以免混淆。卸车后在商品上应标明车号和卸车日期。

编制卸车记录，记明卸车货位规格、数量，连同有关证件和资料，尽快向保管员交代清楚，办好内部交接手续。

（三）入库验收

入库验收是指仓库在物品正式入库之前，按照一定的程序和手续，对到库物品进行数量和外观质量的检查，以验证商品是否符合订货合同规定的一项工作。

1. 入库验收的标准

为了准确及时地验收货物，首先必须明确验收标准。在实际入库作业过程中，通常依据以下标准验收货物：

(1)采购合同或订单所规定的具体要求和条件。

(2)采购合同中的规格或图解。

(3)议价时的合格样品。

(4)各类产品的行业或国家品质标准。

通常，对于货物验收的标准，合同中有规定的，按合同中的规定执行；合同中没有规定的，则按行业或国家标准执行。

2. 入库验收的作用

通过验收不仅可以防止企业遭受经济损失，而且可以起到监督供货单位和承运商的作用，同时还可以指导商品的保管和使用。具体表现为以下几点：

(1)入库验收为物品保管和使用提供可靠依据。

(2)验收记录是货主退货、换货和索赔的依据。

(3)验收是规避仓储经营风险的重要手段。

(4)验收有利于维护国家利益。

3. 验收作业程序

验收工作是一项技术要求高、组织严密的工作，关系到整个仓储业务能否顺利进行，所以，必须做到准确、及时、严格、经济。

1)验收准备

仓库接到到货通知后，应根据物品的性质和批量提前做好验收准备工作，具体包括以下内容：

(1)人员准备。安排好负责质量验收的专业技术人员或用料单位的验货人员，以及配合验收工作的装卸搬运人员。

(2)资料准备。收集并熟悉待验物品的有关文件，如技术标准、订货合同等。

(3)器具准备。准备好验收用的检验工具，如衡器、量具等。

(4)货位准备。针对到库物品的性质、特点和数量，确定物品的存放地点和保管方法，其中要为可能出现的不合格物品预留存放地点。

(5)设备准备。大批量物品的数量验收，必须要有装卸搬运机械的配合，应做好设备的申请调用。

此外，对于毒害品、腐蚀品、放射品等特殊物品的验收，还要准备相应的防护用品，进口物品或存货单位指定需要质量检验的，还应通知有关部门会同检验。

2)核对凭证

入库物品必须具备以下凭证：

(1)货主提供的入库通知单和订货合同副本，其是仓库接收物品的凭证。

(2)供货单位提供的材质证明书、装箱单、磅码单、发货明细表等。

(3)物品承运单位提供的运单，若物品在入库前发现残损情况，还要有承运部门提供的货运记录或普通记录，作为向责任方交涉的依据。

3)实物验收

实物验收就是根据入库单和有关技术资料对实物进行外包装、数量和质量的检验。一般情况下，或者合同没有约定检验事项时，仓库仅对物品的品种、规格、数量、外包装状况，以及无须开箱、拆捆就可以直观判断的外观质量情况进行检验。但是在进行分拣配装作业的仓库里以及合同约定等情况下，就需要检验物品的品质及状态。

(1)包装验收。包装检验是对货物的外包装(也称为运输包装、工业包装)的检验。实物验收的第一步一般是检查外包装。货物包装具有保护商品、便利物流等功能。外包装是否受到破坏可以用来初步判断货物是否可能损坏。因此，包装验收是实物验收的重要内容。包装验收的标准与依据，一是国家颁布的包装标准，二是合同或订单的要求与规定。具体包括以下内容：

第一，包装是否安全牢固。包装验收要从包装材料、包装造型、包装方法等方面进行检验。例如，检验箱板的厚度，卡具、索具的牢固程度，包装箱的钉距，内封垫和外封口的严密性等。此外，还需检验商品包装有无变形、水湿、油污、生霉、商品外露等现象。

第二，包装标志、标记是否符合要求。包装标志、标记主要用于识别商品、方便转运及指示堆垛。包装标志、标记要符合规定的制作要求，起到识别和指示商品的作用。

第三，包装材料的质量状况。包装材料的质量和性能状况直接关系到包装对产品的保护作用，因此必须符合规定的标准。

(2)数量验收。入库货物的数量溢缺在日常收货业务中是经常发生的，其原因是多方面的。例如，生产厂出厂数量的交接管理不善，送货时点数不准确，运输周转过程中的错装、漏装和遗失，货主单位开具的单证差错等。因此，仓储部门必须认真把好入库货物的数量关，及时消除数量溢缺的隐患，以免不必要的保管损失。

按物品性质和包装情况，数量验收主要有计件、检斤、检尺等形式。在进行数量验收时，必须与供货方采用相同的计量方法。采取何种方式计数要在验收记录中做出记载，出库时也按照同样的计量方法，避免出现误差。

按件数供货或以件数为计量单位的物品，做数量验收时，要点清件数。一般情况下，计件物品应全部逐一点清，固定包装的小件物品，如果包装完好，打开包装则不利于以后进行保管，所以通常情况下只检查外包装，而进口物品则按合同或管理的要求进行数量验收。

按重量供货或以重量为计量单位的物品，做数量验收时，有的采用检斤称量的方法，有的采用理论换算的方法。按理论换算重量的物品，先要通过检尺，如金属材料中的板材、型材等，然后按规定的换算方法换算成重量验收。对于进口物品，原则上应全部检斤，但如果订货合同规定按理论换算重量交货，则按合同办理。

按体积供货或以体积为计量单位的物品，做数量验收时，要先检尺后求积，如木材、沙石等。

一般情况下，数量验收应全验，即按件数供货的全部进行点数，按重量供货的全部检斤，按理论重量供货的全部检尺后换算为重量，以实际检验结果的数量为实收数。但对于大批量、同规格、同包装、较难损坏、可信赖的物品可以采用抽验的方式检验。

(3)质量检验。仓储部门对入库的货物一般不进行内在质量的检验，通常所指的质量检验，主要是检验货物的外观质量，如有无沾污、霉变、虫蛀、锈蚀、老化、挥发、渗漏、变色、变形、脱漆等。目的是为了配合货主单位，以便发现问题后采取相应的养护措施，或从速处理，同时也可以分清送货方与仓库的责任界线。

由于入库货物的品种繁多，批量大小不一，若要件件开箱拆包检验，既有困难也无必要。同时，仓库的检验设备和人力也有限，有些货物开包后反而影响保管。因此，仓库对入库货物的质量检验一般都是按一定的比例抽验。确定抽验率或免验，通常依据以下标准：

第一，货物性能。凡容易霉、熔、溶、锈、虫蛀、窜味、破碎等性能不稳定的货物，抽验比例较大；反之，抽验比例较小。

第二，货物价值。比较贵重的物品抽验比例较大；反之，抽验比例较小。

第三，包装情况。包装不完整或包装强度较小的抽验比例较大；反之，抽验比例较小。

第四，生产条件。生产设备条件和产品质量差的抽验比例较大；反之，抽验比例较小。

第五，气候条件。不利于商品保管的气候条件下抽验比例较大；反之，抽验比例较小。

第六，运输条件。经过长途运输或装卸环节多、道路条件差等情况下抽验比例较大；反之，抽验比例较小。

第七，货源渠道。渠道不够稳定、可靠的情况下抽验比例较大；反之，抽验比例较小。

如果必须对货物的内容进行检验，包括对物理结构、化学成分、使用功能等进行鉴定，一般要由专业技术检验单位进行，检验后出具检验报告以说明货物质量。

4. 入库验收过程中常见问题的处理

货物入库验收牵涉面较广，因此，仓库验收人员必须认真负责，并做好各项验收记录，以便与客户发生纠纷时可以分清责任。仓库对商品验收中发现的具体问题，可用书面形式通知业务部门和发货方，要求查明情况并进行处理。对于验收过程中的问题，一般可以采取以下处理办法：

(1)数量不符。如果点收时发现商品的实际数量与凭证上所列的数量不一致，经复验认定后，应由收货人在凭证上做好详细记录，按实际数量签收，并及时通知送货人和发货方。

(2)质量问题。在铁路、交通运输部门初步验收时发现质量问题，应会同承运方清查点验，并由承运方编制商品记录或出具证明书，作为索赔的依据。如确认责任不在承运方，也应做好记录，由承运者签字，以便作为向供货方联系处理的依据。在拆包做进一步验收时发现的质量问题，应将有问题的商品单独堆放，并在入库单上分别签收，同时通知供货方，以划清责任。

一般来说，入库商品变质的原因主要有以下方面：

第一，生产厂家在流通领域中长期存放或保管不善造成商品变质，此种情况的变质，责任在供货方，应及时与供货方联系，做出退货或者调换的决定，收货人员在接收时应该详细说明数量和变质的程度。

第二，在承运过程中因受污染、水渍等原因使商品变质，出现这种情况的责任在承运方，收货人员签收时应索取承运方的记录，交货主交涉处理。

第三，在提运过程中，因商品混放、受雨淋等原因造成商品变质，甚至报废，这是提运人员的责任，收货人员在签收时应该注明变质的原因、数量及程度等，报仓库处理，但此种情况的变质较少，因为提运和接运都是在很短的时间内进行的，不容易造成商品的变质。

(3)包装问题。在清点大件时发现包装有水渍、沾污、损坏、变形等情况时，应进一步检查内部数量和质量，并由送货人员开具包装异状记录，或在送货单上注明，同时，通知保管员单独堆放，以便处理。

(4)检验凭证问题的处理。

第一，商品串库。商品串库是指应该送往甲库的商品误送到乙库，当初步检查发现串库现象，应立即拒收；如在验收细数中发现商品串库，应及时通知送货人员办理退货手续，同时更正单据。

第二，有货无单。货物送达仓库时，仓库管理人员尚未收到有关单证。此时，可将货物做暂存处理，并即刻通知有关方补送单证，并等单证到齐后再验收入库。

第三，有单无货。为便于仓储方的事先准备，货物的单证往往先期送达仓库，然而，有时却遇货物迟迟未抵的情况。此时，应立即与货物托运保管人联系，当查实无货来库时，按合同办理相关手续或将单证退回并注销。

第四，货未到齐。往往由于运输方式的原因，同一批商品不能同时到达，对此，应分单签收。

（四）货物的入库交接与登记

入库货物经过点数、查验之后，可以安排卸货、入库堆码，表示仓库接收货物。卸货、搬运、堆垛作业完毕后，与送货人办理交接手续，并建立仓库台账。

1. 交接手续

交接手续是指仓库对收到的货物向送货人进行的确认，表示货物已经接收。办理完交接手续，意味着划清了承运、送货部门和仓库的责任。完整的交接手续包括：

(1)接收货物。仓库以送货单为依据，通过理货、查验货物，将不良货物剔除、退回或者编制残损单证等明确责任，确定收到物品的确切数量、外观质量完好。

(2)接收文件。送货人将货物资料、送货单、采购清单等相应文件送交仓库的库管员。

(3)签署单证。库管员在与送货人员交接货物、进行验收后，共同签署送货人送来的送货单、交接清单，予以批准，并留存相应单证。另外要提供相应的入库、验收、残损单证和事故报告，由送货人签署。

2. 办理入库手续

货物交接完毕，由仓库的业务管理员填写入库单。完整的入库单必须具备三联，即送货人联、财务联、仓库存查联。同时附上检验记录单、磅码单、产品合格证、装箱单等有关资料凭证，一并向保管部门移交，以证实该批货物已验收合格，可以正式入库保管。保管员根据入库单应及时办理入库手续，包括登账、立卡和建档等工作。

(1)登账。物品入库，仓库应建立反映物品仓储情况的明细账，登记物品入库、出库、结存的详细情况，用以记录库存物品动态和入出库过程。

登账的主要内容有物品名称、规格、数量、件数、累计数或结存数、存货人或提货人、批次、金额，注明货位号或运输工具、接(发)货经办人。

(2)立卡。物品入库或上架后，将物品名称、规格、数量或出入状态等内容填在料卡上，称为立卡。料卡又称为货卡、货牌，插放在货架上物品下方的货架支架上或摆放在货垛正面明显位置。

(3)建档。仓库对接收的货物或委托人建立存货档案或客户档案，以便于货物管理以及保持与客户的联系，为将来可能发生的争议保留凭证。

二、在库管理

货物经过验收入库后，便进入储存保管阶段，它是仓储业务的重要环节。其主要内容包括：根据库区、库容的合理规划，进行分区分类保管和货位合理布局、货位编号；对货物正确堆码和苫垫；商品的盘点、检查和保管损耗控制；等等。通过商品在库的科学管理，可以保持商品原有使用价值和价值。

（一）储存区域的合理布局

储存区域的合理布局是指将各种商品合理地布置到库房、货棚、货场的平面和空间，以利于提高仓库的利用率。其详细内容已经在本章第二节进行了阐述，这里不再解释。

（二）商品存放的分区分类和货位布置

1. 商品存放的分区分类

分区分类就是对储存商品在性能一致、养护措施一致、消防方法一致的前提下，把库房货棚、货场划分为若干保管区域，根据货物大类和性能等划分为若干类别，以便分类集中保管。不同类型的仓库，其分区分类方法各不相同，大致有以下四种分法：

(1)按商品种类和性质进行分区分类。

(2)按不同货主的商品经营分工进行分区分类。

(3)按商品流转方向或发往地区进行分区分类。

(4)按商品的危险性质进行分区分类。

2. 货位布置

根据上述商品分区分类保管方案，对各仓库、货场进行合理布局，规划和确定库房和货场的货位摆放形式。库房的货位布局主要有横列式、纵列式和混合式三种形式。露天货场货位的布置形式一般多采取与货场的主作业通道成垂直方向排列，以便于装卸和搬运。货位布置既要考虑操作的需要，又要考虑商品的安全。因此，既要留出一定的作业通道、垛距、墙距等，又要合理、充分利用库房面积，尽量提高仓库、货场的利用率。

（三）货位编号

1. 库房的编号

把整个仓库所有储存场所，依其地面位置按一定顺序编号。对库房、货棚的号码可统一写在库房外墙上或库门上，编号要清晰醒目，易于查找。

2. 库房内各货位编号

根据库内业务情况，按照库内干、支道的分布，划分为若干货位，按顺序编好号码，并视具体条件做出明显标志。为了分清各种商品的准确存放位置，通常还要在货位上等距离划分段落，再编上段号。

3. 货架中各货位编号

对于收发零星货物及进行拼装作业的仓库，往往在一个库房内有许多货架，每个货架有许多格，作为存货的货位。可先按一个仓库内的货架进行编号，然后再对每个货架的货位按层、位进行编号。顺序应从上到下，从左到右，从里到外。

4. 货场上各货位编号

货场货位编号常见的有两种方法：一种是在整个货场内先按排编上排号，然后再按各排货位顺序编上货位号；另一种是不分排号，直接按货位顺序编号。

（四）货物堆码

1. 货物堆码的基本要求

(1)合理。对不同品类、规格、型号、形状、牌号、等级和批次的货物，必须分开堆码，不能混合、间杂堆码。对于不同货物应根据其性能、包装和结构特点，选用适合货物特点的垛形。占用面积、垛距、墙距、走道宽度要合理。另外，对于码垛时位置的安排要分清入库的先后次序，以便贯彻“先进先出”的原则。

(2)安全。堆码的货垛必须具备尽可能大的稳定性，尤其是重心较高时更要特别注意。要适当选择垛底面积、堆垛高度和垫衬材料，保证堆码的牢固与安全。

(3)定量。在货物堆码时，每垛、每行、每层、每包(件)等数量力求整数，每垛应有固定数量。对某些过磅称重货物不能成整数时，必须明确地标出重量，分层堆码，或成捆堆码，定量存放。

(4)整齐。堆垛排列整齐有序，垛形统一，有利于充分地利用仓库的有效面积和方便作业。因此，堆码货物的垛形要规范，纵横成行成列，货物包装的标志一律朝外排齐，便于查看和发货。

(5)低耗。坚持一次堆码，减少重复搬运；爱护苫盖物品，节约备品用料，降低消耗；堆码紧凑，节省仓位，提高仓容利用率。

(6)方便。在物质堆码时，力求做到便于装卸搬运，便于收发保管，便于日常维护保养，便于检查点数，便于灭火消防，以利于货物保管和安全。

2. 有特殊要求的货物堆码

在实际库存管理中还有特殊要求的货物堆码，主要有要求通风的货物堆码，怕压货物的堆码，容易渗漏的货物堆码，有毒物品的堆码，酸、碱等腐蚀品的堆码，易燃、易爆危险货物的堆码。

3. 货物的垛高

货物的垛高直接影响库容量，它除了由库房地坪安全负荷决定外，还受货物性质和包装的影响，通常是以不超重货物可堆高层数决定最高允许垛高，但对轻泡货还要受仓库空间高度的影响。货物的堆码要保持通常所说的货垛“五距”，即墙距、柱距、顶距、灯距和垛距。另外，根据货物体积的大小和作业机械的要求，主要通道一般在1.5～2.5米选取。如库内设有排水沟者，则排水沟上面一般不应堆码货物。对于仓库的主要建筑物库房来说，堆码货物要根据仓容定额进行堆码。如没有此定额，堆码时地坪单位面积荷重选择不应大于设计荷重的90%。

4. 货物堆码的方式

货物堆码的方式主要由货物的性能、形状、包装、仓储设备、存放场所和季节、气候等条件决定。从实践来看，为便于货物保管、清点数量，以及仓库容量的有效利用，常用的堆码方式主要有散堆方式、货架方式、成组堆码方式和垛堆方式。

(1)散堆方式。散堆是指将无包装的散货在仓库或露天货场上堆成货堆的存放方式。这种堆码方式简单，便于采用机械设备装卸、堆码，节省包装费用和运费。这种方式特别适用于大宗散货。

(2)货架方式。这是使用通用和专用的货架进行物品堆码的方式。这种堆码方式能够提高仓容利用率，减少差错，加快存放，适用于存放小件货物以及怕压或不宜堆高的物品。

(3)成组堆码方式。这是采用成组工具(托盘、集装箱、吸塑等)先将货物组成一组，使其堆存单元扩大，从而可以用装卸机械成组搬运、装卸的堆码方式。这种堆码方法适用于小件不宜单独采用机械装卸的货物。

(4)垛堆方式。这种堆码方式是指直接利用物品或其包装外形进行堆码，这种堆码方式能够增加货垛高度，提高仓库利用率，能够根据物品形状和特性的需要以及货位的实际情况，把货垛堆码成各种样式，以利于保护物品质量。垛堆方式是应用最广泛的，样式也最为繁多。其常用的方式主要有重叠式堆码、纵横交错式堆码、仰伏相间式堆码、压缝式堆码、衬垫式堆码、载桩式堆码、直立式堆码、“五五化”堆码等几种。

（五）货物苫垫

苫盖是指专用苫盖材料对货垛进行遮盖，以减少自然环境中阳光、雨、雪、风、露、霜、尘、潮气等对物品的侵蚀、损害，并使物品由于自身理化性质所造成的自然损耗尽可能减少，保护物品储存期间的质量。特别是露天存放的物品在码垛以后，一般都应进行妥善的苫盖，以避免物品受损。需要苫盖的物品，在堆垛时应该根据物品的性质、堆存期的长短、存放货场的条件，注意选择苫盖材料和堆码的垛型。

垫垛是指在物品码垛前，在预定的货位地面位置，根据物品保管的要求和堆放场所的条件，使用合适的衬垫材料进行铺垫。垫垛的目的是使物品与地面隔离，避免地面潮气自垛底侵入，并使垛底通风；通过强度较大的衬垫物使重物的压力分散，减少物品对地坪的压力；避免地面污染物污染货垛物品。

（六）货物检查、盘点与保管损耗

1. 货物的检查

为了保证在仓库储存保管的货物质量完好，数量准确，必须经常和定期地对所保管的货物进行数量、质量、保管条件、安全等的动态检查，这是仓库保管业务的一项综合性措施。其中，检查的内容主要有数量检查、质量检查、保管条件检查、安全检查四个方面。

检查的方式有日常检查、定期检查和临时性检查。在检查中发现问题后要及时进行处理。当货物有变质迹象或发生变质时，应按维护保养要求，查明原因，提出措施进行维护保养；对超过保管期或虽未超过保管期，但质量不能保证的，应通知存货人或仓单持有人及时采取措施或处理；数量有出入的，应弄清情况，查明原因，分清责任；对已破损的，应查明原因，与存货人或仓单持有人协商处理。

2. 货物的盘点

所谓盘点，是指定期或临时对库存商品的实际数量进行清查清点的作业。也即为了掌握货物的流动情况（入库、在库、出库的流动状况），对仓库现有物品的实际数量与保管账上记录的数量相核对，以便准确地掌握库存数量。货物盘点是保证储存商品达到账、货、卡相符的重要措施之一。

账面上的库存数字和实际库存数字本来应该是一致的，但在实际盘点时往往发生不相符的情况。其原因主要有：接收或支付货物时，将数字的尾数去掉（四舍五入）；接收或支付货物时，计量有误；保管中有破损、漏损或因蒸发而减少了分量；丢失或者被盗；记账时误记；计量时看错数；物品相互混杂，长久放置不使用的物品和其他物品记到一起，难以分开；等等。

盘点方式通常有两种：一种是定期盘点，即仓库的全面盘点，是指在一定时间内（一般是每季度、每半年）或年终财务结算前进行一次全面的盘点；另一种是临时盘点，即当仓库发生货物损失事故，或保管员更换，或仓库与货主认为有必要盘点对账时，组织一次局部性或全面的盘点。

定期盘点需关闭仓库，全面清理，可避免盘点中的混串与疏漏，使盘点结果能获得准确结存的实际数量。循环盘点法，是指按照相关货物入库的先后次序，有计划地对库存保管货物循环不断地进行盘点的一种方法。重点盘点法，是指对货物进出动态频率高的，或者易损耗的，或者昂贵重要的货物进行盘点的一种方法。通过这些日常盘点，可以保证定期的全面盘点。

盘点的内容主要包括数量盘点、重量盘点、货与账核对、账与账核对。在盘点对账中如发现问题，要做好记录，并应逐一进行分析，及时与存货人联系，找出原因，协商对策，并纠正账目中的错误；对霉烂、变质、残损货物，应采取积极挽救措施，尽量减少损失。

3. 货物的保管损耗

货物在保管过程中，因其本身的性质、自然条件的影响、计量工具的合理误差或人为的原因，经常会发生各种损耗。货物的保管损耗是指在一定的期间内，保管这种货物所允许发生的自然损耗，一般以货物保管损耗率来表示。

造成货物保管损耗的原因有：①货物的自然损耗，是指货物在运输与库存的流转过程中，因货物性能、自然条件、包装情况、运输工具、装卸设备、技术操作等所造成的不可避免的损耗与自然减量。②人为因素或自然灾害造成的损耗，是指因操作或业务人员的失职和保管不善，致使货物发生霉烂、变质或丢失而造成的损失。③由于水灾、地震等自然灾害而造成的非常损失，以及包装破损导致大量撒漏损失等进而造成的损耗。④运输损耗与磅差。运输损耗是指货物从发货点交接时起，经搬运、装卸、运输、中转，到仓库验收、过磅、入库上垛时止，整个过程都可能发生损耗，均称为运输损耗；货物在进出库时，由于计量工具之间精度上的差别，而造成的货物数量差异，称为磅差。

某种货物在一定的保管条件和保管期内，其自然损耗量与该种货物库存量的比值，称为“商品自然损耗率”，又称保管损耗率，通常以百分数或千分数表示。为了判定商品的保管损耗是否合理，一般对不同情况、不同商品规定相应的合理损耗标准，也称标准损耗率，低于该标准损耗率的为合理损耗，高于该标准损耗率的为不合理损耗。商品保管损耗率，不仅是判断是否做好商品保管工作的标准，也是划分仓库与存货单位责任的界限。因此，在仓储保管合同中，对商品保管损耗率一般都以单独条款加以约定。

三、出库管理

（一）出库作业流程

商品出库业务是商品储存业务的最后一个环节，是仓库根据使用单位或业务部门开出的商品出库凭证(提货单、领料单、调拨单)，按其所列的商品名称、规格、数量、时间和地点等项目，组织商品出库、登账、配货、复核、点交清理和送货等一系列工作的总称。

1. 商品出库的依据

商品出库必须依据货主开出的商品出库凭证进行。在任何情况下，仓库都不得擅自动用、变相动用或者外借货主的库存商品。

货主的出库通知或出库请求的格式不尽相同，不论采用何种形式，都必须是符合财务制度要求的有法律效力的凭证，要坚决杜绝凭信誉或无正式手续的发货。仓库业务部门根据提货人的提货凭证办理提货手续，并签发出库单，指示仓库保管部门交货。

2. 商品出库方式

出库方式是指仓库用什么样的方式将货物交付用户。选用哪种方式出库，要根据具体条件，由供需双方事先商定。

1)客户自提

这种发货形式是由收货人或其代理持取货凭证直接到库取货，仓库凭单发货。仓库发货人与提货人可以在仓库现场划清交接责任，当面交接并办理签收手续。

2)仓库送货

这种发货形式是仓库根据货主单位的出库通知或出库请求，通过发货作业把应发物品交由运输部门送达收货单位或使用仓库自有车辆把物品运送到收货地点，也就是通常所称的送货制。

仓库实行送货具有多方面的好处：仓库可预先安排作业，缩短发货时间；收货单位可避免因人力、车辆等不便而发生的取货困难；在运输上，可合理使用运输工具，减少运费。

3)过户

过户是一种就地划拨的形式，物品实物并未出库，但是所有权已从原货主转移到新货主的账户中。仓库必须根据原货主开出的正式过户凭证，才能予以办理过户手续。

4)取样

取样是指货主由于商检或样品陈列等需要，到仓库提取货样(通常要开箱拆包、分割抽取样本)。仓库必须根据正式取样凭证发出样品，并做好账务记载。

5)转仓

转仓是指货主为了业务方便或改变储存条件，将某批库存自甲库转移到乙库。仓库也必须根据货主单位开出的正式转仓单，办理转仓手续。

3. 出库业务程序

1)出库前的准备工作

出库前的准备工作可分为两个方面：一方面是计划工作，即根据货主提出的出库计划或出库请求，预先做好物品出库的各项安排，包括货位、机械设备、工具和工作人员，提高人、财、物的利用率；另一方面是要做好出库物品的包装和标志标记。发往异地的货物，需经过长途运输，包装必须符合运输部门的规定，如捆扎包装、容器包装等，成套机械、器材发往异地，事先必须做好货物的清理、装箱和编号工作，在包装上挂签(贴签)、书写编号和发运标记(去向)，以免错发和混发。

2)出库程序

出库程序包括核单备货、复核、包装、点交、登账、清理等过程。出库必须遵循“先进先出，推陈储新”的原则，使仓储活动的管理实现良性循环。

不论是哪一种出库方式，都应按以下程序做好管理工作。

(1)核单备货。如属自提物品，首先要审核提货凭证的合法性和真实性；其次核对品名、型号、规格、单价、数量、收货单位、有效期等。

出库物品应附有质量证明书或副本、磅码单、装箱单等，机电设备、电子产品等物品，其说明书及合格证应随货同付。备料时应本着“先进先出，推陈储新”的原则，易霉易坏的先出，接近失效期的先出。

备货过程中，凡计重货物，一般以入库验收时标明的重量为准，不再重新计重。需分割或拆捆的应根据情况进行。

在接到出库单据后，要根据出库单据生成“拣货单”或“分货单”，然后进行拣货作业，拣货作业主要通过大量的人工作业来完成，高效、准确地完成拣货工作对仓储从业人员是一项重要的职业技能要求。

(2)复核。为了保证出库物品不出差错，备货后应进行复核。出库的复核形式主要有专职复核、交叉复核和环环复核三种。除此之外，在发货作业的各道环节上，都贯穿着复核工作。例如，理货员核对单货，守护员(门卫)凭票放行，账务员(保管会计)核对账单(票)等。这些分散的复核形式，起到分头把关的作用，都十分有助于提高仓库发货业务的工作质量。

复核的内容包括：品名、型号、规格、数量是否同出库单一致；配套是否齐全；技术证件是否齐全；外观质量和包装是否完好。只有加强出库的复核工作，才能防止错发、漏发和重发等事故的发生。

(3)包装。出库物品的包装必须完整、牢固，标记必须正确清楚，如有破损、潮湿、捆扎松散等不能保障运输中安全的，应加固整理，破包破箱不得出库。各类包装容器上若有水渍、油迹、污损，也均不能出库。

出库物品如需托运，包装必须符合运输部门的要求，选用适宜的包装材料，其重量和尺寸要便于装卸和搬运，以保证货物在途的安全。

包装是仓库生产过程的一个组成部分。包装时，严禁互相影响或性能互相抵触的物品混合包装。包装后，要写明收货单位、到站、发货号、本批总件数、发货单位等。

(4)点交。商品经复核后，如果是本单位内部领料，则将商品和单据当面点交给提货人，办清交接手续；如系送料或将商品调出本单位办理托运的，则与送料人员或运输部门办理交接手续，当面将商品点交清楚。交清后，提货人员应在出库凭证上签章。

(5)登账。点交后，保管员应在出库单上填写实发数、发货日期等内容，并签名。然后将出库单连同有关证件资料及时交给货主，以便货主办理货款结算。保管员把留存的一联出库凭证交实物明细账登记人员登账。

(6)现场和档案的清理。现场清理包括清理库存商品、库房、场地、设备和工具等。档案清理是指对收发、保养、盈亏数量和垛位安排等情况进行分析。

（二）出库中发生问题的处理

出库过程中出现的问题是多方面的，应分别对待处理。

1. 出库凭证(提货单)上的问题

(1)凡出库凭证超过提货期限，用户前来提货，必须先办理手续，按规定缴足逾期仓储保管费，然后方可发货。任何非正式凭证都不能作为发货凭证。提货时，用户发现规格开错，保管员不得自行调换规格发货。

(2)凡发现出库凭证有疑点，以及出库凭证有假冒、复制、涂改等情况时，应及时与仓库保卫部门以及出具出库单的单位或部门联系，妥善处理。

(3)对于商品进库未验收，或者期货未进库的出库凭证，一般暂缓发货，并通知货主，待货到并验收后再发货，提货期顺延。

(4)如客户因各种原因将出库凭证遗失，客户应及时与仓库发货员和账务人员联系挂失；如果挂失时货已被提走，保管人员不承担责任，但要协助货主单位找回商品；如果货还没有提走，经保管人员和账务人员查实后，做好挂失登记，将原凭证作废，缓期发货。

2. 提货数与实存数不符

若出现提货数量与商品实存数不符的情况，一般是实存数小于提货数。造成这种问题的原因主要有以下几方面：

(1)商品入库时，由于验收问题，增大了实收商品的签收数量，从而造成账面数大于实存数。

(2)仓库保管人员和发货人员在以前的发货过程中因错发、串发等差错，而形成实际商品库存量小于账面数。

(3)货主单位没有及时核减开出的提货数，造成库存账面数大于实际储存数，从而开出的提货单提货数量过大。

(4)仓储过程中造成了货物的毁损。

当遇到提货数量大于实际商品库存数量时，无论是何种原因造成的，都需要与仓库主管部门以及货主单位及时取得联系后再处理。

3. 串发货和错发货

所谓串发货和错发货，主要是指发货人员由于对物品种类规格不太熟悉，或者由于工作中的疏漏把错误规格、数量的物品发出库的情况。

如果物品尚未离库，应立即组织人力，重新发货。如果物品已经离开仓库，保管人员应及时向主管部门和货主通报串发货和错发货的品名、规格、数量、提货单位等情况，会同货主单位和运输单位共同协商解决。一般在无直接经济损失的情况下由货主单位重新按实际发货数冲单(票)解决。如果形成直接经济损失，应按赔偿损失单据冲转调整保管账。

4. 包装破漏

包装破漏是指在发货过程中，因物品外包装破损引起的渗漏等问题。这类问题主要是在储存过程中因堆垛挤压、发货装卸操作不慎等情况引起的，发货时都应经过整理或更换包装，方可出库，否则造成的损失应由仓储部门承担。

5. 漏记账和错记账

漏记账是指在出库作业中，由于没有及时核销明细账而造成账面数量大于或小于实存数的现象。错记账是指在商品出库后核销明细账时没有按实际发货出库的商品名称、数量等登记，从而造成账实不相符的情况。

无论是漏记账还是错记账，一经发现，除及时向有关领导如实汇报情况外，同时还应根据原出库凭证查明原因调整保管账，使之与实际库存保持一致。如果由于漏记账和错记账给货主单位、运输单位和仓储部门造成了损失，应予赔偿，同时应追究相关人员的责任。

6. 退货管理

退货，是指仓库已经发货出库并已办理出库手续的商品，因某种原因而要退回仓库。通常这是厂商售后服务的一项工作。商品退货到仓库有多种原因，有的是仓库按出库凭证发错了货，有的是运输途中商品受到损坏经客户单位同意退回，有的是收货人订货的错误，还有的是由于商品存在质量问题等。

退货处理的一般流程是：

(1)要求退货人填写“退货申请表”，并且该申请表必须经客户单位确认同意。

(2)仓库方面认真清点退货，详细做好记录。

(3)仓库方面核对退回的商品与“退货申请表”所列的内容是否相符，若有异议必须以书面形式提出。

(4)仓库方面将退回的商品根据其退货原因，分别存放和标识，登记入账，并及时向业务部门或客户单位反馈有关资料。

第四节　库存管理

一、库存与库存管理

(一) 库存的概念

库存是指在仓库中处于暂时停滞状态、用于未来的、有经济价值的物资。广义的库存还包括处于制造加工状态和运输状态的物品。这里要明确两点：其一，物资所停滞的位置不是在生产线上，不是在车间里，也不是在非仓库中的任何位置；其二，物资的停滞状态可能由任何原因引起，而不一定是某种特殊的停滞。这些原因大体有：①能动的各种形态的储备；②被动的各种形态的储存；③完全的积压等。

库存从属性上看，具有二重性：一方面，库存是生产和生活的前提条件；另一方面，库存又是生产和生活的负担，是一种资金的占用，要支付多种费用，不仅要负担常规的货物保管费用，还要承担库存损失和库存风险。因此，库存不能没有，但也不能过多，应当在满足社会需要的前提下，库存越少越好。

库存的优点体现在以下几个方面：①获得大量购买的价格折扣；②防止涨价、政策改变以及延迟交货等情况的发生；③大量运输降低运输成本；④避免由于紧急情况而发生停产；⑤提高客户服务水平。

库存的不足之处则表现为：①占用企业大量资金，通常情况下会达到企业总资产的20％～40％；②增加了企业的产品成本与管理成本；③掩盖了企业众多管理问题，如计划不周、采购不力、生产不均衡、产品质量不稳定以及市场销售不力等。

（二）库存管理的概念

库存管理是指在物流过程中库存商品数量的管理，甚至往往认为其主要内容就是保持一定的库存数量。但是，就库存所包括的内容来说，数量管理仅仅是其中的重要一项，并不是库存管理的全部内容。库存物资应是良品，假如是过时的、陈旧的物品，这一情报便会迅速传到有关单位，势必会降低企业的信誉。因此，必须实行有效的库存管理。另外，即使库存物资是良品，但如果存放数量过多，势必积压资金，影响资金周转，还要花费更多的人力、财力去保管。反之，若库存物资数量过少，外界又会怀疑企业实力不雄厚，也会影响企业的发展。

因此，在准备实行库存管理时，预先要明确规定出经营方针。例如，库存物品在何时入库为宜，库存数量应为多少适宜，存放的迄止日期应在何时为宜。应先针对上述具体问题确定经营方针，然后，再开始进行库存管理工作。

二、库存管理的目标

由于企业类型和特点不同，库存管理的目标也不一样。然而，下述两个目标对于所有企业基本是适宜的。

第一，应保证库存管理人员的安全。考虑人身安全，也就是体现“以人为本”。

第二，促使企业获得更多的利润。企业经营的最终目的是要获得利润，如果不能实现利润，企业的经营活动就算失败。

三、库存管理的基本方法

现代库存控制的任务是通过适量的库存达到合理的供应，实现总成本最低，即允许缺货。库存管理要遵循“经济性原则”，管理成本不能超过由此带来的库存成本节约。常用的库存管理方法主要有以下几种。

（一）ABC 分类法

ABC 分类法又称为重点管理法或 ABC 分析法，该方法是根据巴雷特曲线所揭示的关键的少数和次要的多数，以库存物资单个品种的库存资金占整个库存资金的累积百分数为基础将存货分类为 A 类、B 类和 C 类，针对不同类型级别的货物进行分别管理和控制，如表 5-1 所示。

表 5-1 不同类型库存的管理策略

库存类型	特点(按货币量占用)	管理方法
A类	品种数占库存总数的5%～15%，成本占60%～80%	进行重点管理。现场管理更加严格，应放在更安全的地方；为了保证库存记录的准确性，要经常进行检查和盘点；预测要更加仔细
B类	品种数占库存总数的20%～30%，成本占20%～30%	进行次重点管理。现场管理不必投入比A类更多的精力；库存检查和盘点的周期可以比A类长一些
C类	品种数占库存总数的60%～80%，但成本仅占5%～15%	只进行一般的管理。现场管理可以更粗放一些；但是由于品种多，差错出现的可能性也比较大，因此也必须定期进行库存检查和盘点，周期可以比B类长一些

建立在ABC分类基础上的库存管理策略为：①花费在购买A类库存上的资金应大大多于花费在购买C类库存上的资金；②对A类库存的现场管理应更严格，它们应存放在更安全的地方，而且为了保证它们的记录准确性，更应对它们频繁地进行检验；③预测A类库存应比预测其他类库存更为仔细精心。

ABC分类法是储存管理中常用的分析方法，其应用的一般步骤如下：

(1)收集数据。按分析对象和分析内容，收集有关数据。

(2)处理数据。对收集来的数据资料进行整理，按要求计算和汇总。以平均库存乘以单价，计算各种物品的平均资金占用额。

(3)制作ABC分析表。

(4)根据ABC分析表确定分类。按ABC分析表，观察累计品目百分数和平均资金占用额累计百分数，将累计品目百分数为5%～15%，而平均资金占用额累计百分数为60%～80%的前几个物品，确定为A类；将累计品目百分数为20%～30%，而平均资金占用额累计百分数也为20%～30%的物品，确定为B类；其余为C类。

(5)绘制ABC分析图。以累计品目百分数为横轴，以累计资金占用额百分数为纵轴，绘制ABC曲线。

(二)CVA分类管理法

CVA(critical value analysis)分类管理法(关键因素分析法)比ABC分类法有更强的目的性，它是将存货按照关键性分为最高优先级、较高优先级、中等优先级、较低优先级四个等级，对不同等级的货物，其允许缺货的程度是不同的。其管理策略见表5-2。

表 5-2 CVA 分类管理法库存种类及其管理策略

库存类型	特点	管理措施
最高优先级	经营管理中的关键物品或A类重点客户的存货	不允许缺货
较高优先级	生产经营中的基础性物品或B类客户的存货	允许偶尔缺货
中等优先级	生产经营中比较重要的物品或C类客户的存货	允许合理范围内的缺货
较低优先级	生产经营中需要，但可替代的物品	允许缺货

（三）供应商管理库存

供应商管理库存(vendor managed inventory，VMI)能够突破传统的条块分割的库存管理模式，以系统的、集成的管理思想进行库存管理，使供应链系统能够获得同步化的运作。这种库存管理策略能较好地适应市场变化的要求，是一种新的有代表性的库存管理思想。

1. 供应商管理库存的定义

供应商管理库存是一种在客户和供应商之间的合作性策略，以对双方来说都是最低的成本优化产品的可获性，在一个相互同意的目标框架下由供应商管理库存，这样的目标框架被经常性监督和修正，以产生一种连续改进的环境。

供应商管理库存是一种供应链集成化运作的决策代理模式，它把用户的库存决策权代理给供应商，由供应商代理分销商或批发商行使库存决策的权力。供应商管理库存是指供应商将物料送到制造商指定的在距离制造组装地1～2小时车程的地点，由第三方物流公司代为管理，但所有权仍属于供应商所有，制造商与供应商协商决定库存水准和持续补货策略，制造商使用后开始付款。

供应商管理库存的支持技术主要包括EDI(electronic data interchange，电子数据交换)、Internet、ID代码、条码、条码应用标识符、连续补给程序等。

供应商管理库存策略的关键措施的原则有合作性原则、互惠原则、目标一致性原则、连续改进原则。供应商管理库存的主要思想是，供应商在客户的允许下设立库存，确定库存水平和补给策略，拥有库存控制权。

2. 供应商管理库存的实施方法

实施供应商管理库存策略，首先要改变订单的处理方式，建立基于标准的托付订单处理模式。而实施供应商管理用户库存的关键是库存状态的透明度，供应商能够随时跟踪和检查到销售商的库存状态，从而快速地响应市场的需求变化，对企业的生产、供应状态做出相应的调整。为此需要建立一种能够使供应商和客户的库存信息系统透明连接的方法。

供应商管理库存的策略可以分为以下几个步骤实施：

第一步，建立顾客情报信息系统。

第二步，建立销售网络管理系统。

第三步，建立供应商与分销商或批发商的合作框架协议。

第四步，组织机构的变革。

3. 实施供应商管理库存的好处

实施供应商管理库存，一方面可以缓和需求的不确定性，解决存货水平与顾客服务水平的冲突，提高补货频率，从而缩减成本；另一方面缩短配送时间，使产品更新更加方便，进一步改善服务。

4. 供应商管理库存的方式

(1)供应商使用包括所有产品的软件进行存货决策，用户拥有存货所有权，管理存货。

(2)供应商在用户所在地，代表用户执行存货决策，管理存货，拥有存货所有权。

(3)供应商在用户所在地，代表用户执行存货决策，用户使用软件执行存货决策，管理存货，但是存货的所有权归用户。

(4)供应商不在用户所在地，但定期派人代表用户执行存货决策，管理存货，拥有存货所有权。

（四）联合库存管理

1. 联合库存管理的基本思想

JMI(joint managed inventory)，即联合库存管理，它由供应商和用户联合管理库存。传统的库存管理把库存分为独立需求和相关需求两种库存模式来进行管理，而联合库存管理则是一种风险分担的库存管理模式。联合库存管理是解决供应链系统中各节点企业相互独立的库存运作模式导致的需求放大现象，提高供应链的同步化程度的一种有效方法。

联合库存管理和供应商管理库存的不同之处在于，它强调双方同时参与，共同制订库存计划，使供应链过程中的每个库存管理者(供应商、制造商、分销商)都从相互之间的协调性考虑，供应链相邻的两个节点之间的库存管理者对需求的预期保持一致，从而消除了需求变异放大现象。任何相邻节点需求的确定都是供需双方协调的结果，库存管理不再是各自为政的独立运作过程，而是供需连接的纽带和协调中心。

2. 联合库存管理的特点

和传统的库存管理模式相比，联合库存管理的特点表现为：为实现供应链的同步化运作提供了条件和保证；减少了供应链中的需求扭曲现象，降低了库存的不确定性，提高了供应链的稳定性；库存作为供需双方信息交流和协调的纽带，可以暴露供应链管理中的缺陷，为改进供应链管理水平提供依据；为实现零库存管理、准时采购以及精细供应链管理创造了条件；进一步体现了供应链管理的资源共享和风险分担的原则。

3. 联合库存管理的实施策略

(1)充分发挥两种资源计划系统的作用。为了发挥联合库存管理的作用，在库存管理中应充分利用 MRPⅡ(manufacture resources planning，制造资源计划)和 DRP(distribution resources planning，分销资源计划)两种资源计划系统。在原材料库存协调管理中心应采用 MRPⅡ，而在产品联合库存协调管理中心则应采用 DRP。这样在供应链系统中把两种资源计划系统很好地结合起来。

(2)建立供需协调管理机制。供需双方应从合作的精神出发，建立供需协调管理机制，明确各自的目标和责任，建立合作沟通的渠道，为供应链联合库存管理提供有效的支持。

(3)建立快速响应系统。减少供应链中从原材料到用户过程的时间和库存，最大限度地提高供应链的运作效率。

(4)发挥第三方物流系统的作用。把库存管理的部分功能代理给第三方物流系统管理，可以使企业更加集中精力于自己的核心业务。面向协调中心的第三方物流系统使供应与需求双方都取消了各自独立的库存，增加了供应链的敏捷性和协调性，并且能够大大改善供应链的用户服务水平和运作效率。

（五）准时制库存控制方法

准时制库存控制是指在精确测定生产各工艺环节作业效率的前提下按订单准确地计划，以消除一切无效作业与浪费为目标的一种管理模式。

四、库存控制的基本方法

（一）定量订货法

1. 原理

所谓定量订货法，就是预先确定一个订货点和订货批量，随时检查库存，当库存下降到订货点时就发出订货，订货批量取经济订货批量。

如图 5-2 所示，当库存量下降到订货点 Q_K(也称为再订货点)时，马上按预先确定的订货量发出货物订单，经过交货周期 L_T，收到订货，库存数量上升。采用定量订货法需要确定两个参数：一个是订货点，即订货点库存量；另一个是订货数量，即经济订货批量。

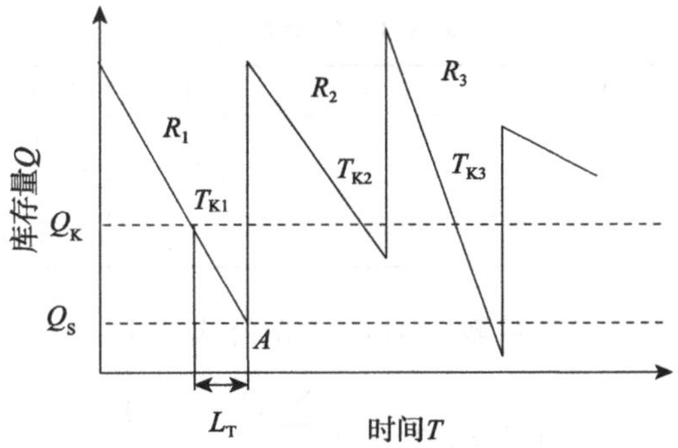

图 5-2 定量订货法

图 5-2 中，每一阶段库存消耗速率不一。在第一阶段，库存以 R_1 的速率下降，当库存下降到 Q_K 时，就发出一个订货批量 Q^*，“名义库存”升高了 Q^*，达到 $Q_{max}=Q_K+Q^*$。进入第一个订货提前期 T_{K1}，库存继续以 R_1 速度降到图 5-1 中 A 点(正好等于 Q_S，在 Q_S 线上)，新订货物到达，T_{K1} 结束，实际库存由 Q_S 上升到 Q_S+Q^*，增加了 Q^*，进入第二阶段。第二阶段和第三阶段依此类推，库存量就是这样周期变化不止。

从图 5-2 中可以看出以下三点：

(1)订货点 Q_K 的大小包括两部分：第一部分为 Q_S；第二部分为 $D_L=Q_K-Q_S$，即提前期的需求量。图 5-2 中 T_{K1} 期间的需求量正好等于 D_L，T_{K2} 期间的需求量正好小于 D_L，T_{K3} 期间的需求量正好大于 D_L。

(2)在整个库存中所有的需求量都得到了满足，没有出现缺货，都是由订货点库存量满足的。其中 T_{K1} 和 T_{K2} 期间还没有动用安全库存 Q_S，而 T_{K3} 期间动用了安全库存 Q_S，库存满足率达到了100%。但是如果安全库存量设得太小的话，则 T_{K3} 期间的库存曲线就会下降到横坐标线以下，也就是会出现缺货。而且 Q_S 越小，缺货量就越大。因此，设定安全库存量的作用，就是降低缺货率，提高库存满足率。

(3)由于控制了订货点 Q_K 和订货批量 Q^*，整个系统的库存水平得到了控制。最高库存量 Q_{max} 不超过 Q_K+Q^*。

2. 控制参数

1)订货点的确定

影响订货点的因素有三个，即订货提前期(L_T)、平均需求量和安全库存 Q_S。根据这三个因素就可以简单地确定订货点。在需求和订货提前期确定的情况下，不需设置安全库存，订货点由下式确定：

$$订货点=\frac{订货提前期(天)\times全年需求量}{360}$$

在需求和订货提前期都不确定的情况下需要设置安全库存，可采用下式确定：

$$订货点=平均需求量\times最大订货提前期+安全库存$$

$$安全库存=安全系数\times\sqrt{最大订货提前期}\times需求变动值$$

其中，安全系数可根据缺货概率查表5-3得到；最大订货提前期是指超过正常的订货提前时间；需求变动值可以用下列两种方法计算得到。

表5-3 安全系数

缺货概率/%	30.6	27.4	24.2	21.2	18.4	15.9	13.6	11.5	9.7	8.1
安全系数	0.5	0.6	0.7	0.8	0.9	1.0	1.1	1.2	1.3	1.4
缺货概率/%	6.7	5.5	5.0	4.5	3.6	2.9	2.3	1.8	1.4	0.8
安全系数	1.5	1.6	1.65	1.7	1.8	1.9	2.0	2.1	2.2	2.3

第一种方法，在统计资料期数较少时，计算公式如下：

$$需求变动值=\sqrt{\frac{\sum(Y_i-\overline{Y})^2}{n}}$$

其中，Y_i 为各期需求量的实际值；$\overline{Y}$ 为各期需求量的实际均值。

第二种方法，在统计资料期数较多的情况下，计算公式如下：

$$需求变动值=\frac{R}{d_2}$$

其中，R 为全距，即资料中最大需求量与最小需求量的差；d_2 为随样本多少而变动的常数，可以查表5-4得到相应的值。

表5-4 随资料期数而变动的 d_2 的值

n	2	3	4	5	6	7	8	9
d_2	1.128	1.693	2.059	2.326	2.534	2.704	2.847	2.970
$1/d_2$	0.8865	0.5907	0.4857	0.4299	0.3946	0.3098	0.3512	0.3367

续表

n	10	11	12	13	14	15	16	17
d_2	3.078	3.173	3.258	3.336	3.407	3.472	3.532	3.588
$1/d_2$	0.3249	0.3152	0.3069	0.2998	0.2935	0.2880	0.2831	0.2787
n	18	19	20	21	22	23	24	
d_2	3.640	3.689	3.735	3.778	3.820	3.858	3.896	
$1/d_2$	0.2747	0.2711	0.2677	0.2647	0.2618	0.2592	0.2567	

2)订货批量的确定

在定量订货中，对每一个具体的商品而言，每次订货批量都是相同的，所以对每种商品都要制定一个订货批量，通常是以经济订货批量来确定订货批量。所谓经济订货批量就是使库存总成本达到最低的订货数量，它可通过平衡订货成本和持有成本两方面得到。

总费用公式为

$$TC=\frac{Q}{2}C_H+\frac{D}{Q}C_S$$

求导，推出：

$$Q^*=\sqrt{\frac{2DC_S}{C_H}}$$

其中，Q 为每次订货量；D 为年需求量；C_H 为单位存货成本；C_S 为订货成本；Q^* 为经济订货批量。

3)定量订货法的优缺点

(1)优点。

第一，手续简单，管理方便。控制参数一经确定，则实际操作就变得非常简单了。实际中经常采用“双堆法”来处理。所谓双堆法，就是将某商品库存分为两堆，一堆为经济库存，另一堆为订货点库存，当消耗完订货点库存就开始订货，并使用经济库存，不断重复操作。这样可减少经济库存盘点的次数，方便可靠。

第二，当订货量确定后，商品的验收、入库、保管和出库业务可以利用现有规格化器具和计算方式，有效地节约搬运、包装等方面的作业量。

第三，充分发挥了经济订货批量的作用，可降低库存成本，节约费用，提高经济效益。

(2)缺点。

第一，物资储备量控制不够严格。

第二，要随时掌握库存动态，严格控制安全库存和订货点库存，占用了一定的人力和物力。

第三，订货模式灵活性小。

第四，订货时间难以预先确定，对于人员、奖金、工作业务的计划安排不利。

第五，受单一订货的限制，不适合实行多品种联合订货的方式。

3. 实例分析

[例 5-1]甲仓库 A 商品年需求量为 30 000 个，单位商品的购买价格为 20 元，每次

订货成本为 240 元，单位商品的年保管费为 10 元，求：该商品的经济订货批量、最低年总库存成本、每年的订货次数及平均订货间隔周期。

解：$D=30\ 000$ 个，$C_S=240$ 元/次，$C_H=10$ 元/年。

经济订货批量 $Q^*=\sqrt{\frac{2DC_S}{C_H}}=\sqrt{\frac{2\times 30\ 000\times 240}{10}}=1200$(个)

最低年总库存成本 $TC=\frac{Q}{2}C_H+\frac{D}{Q}C_S=\frac{1200}{2}\times 10+\frac{30\ 000}{1200}\times 240=12\ 000$(元)

每年的订货次数 $n=\frac{30\ 000}{1200}=25$(次)

平均订货间隔周期 $T=\frac{365}{25}=14.6$(天)

（二）定期订货法

1. 原理

定期订货法是按预先确定的订货时间间隔进行订货补充库存的一种管理方法。企业根据过去的经验或经营目标预先确定一个订货间隔期间，如每间隔三天订货一次，或每间隔一个月订货一次，而每次订货数量根据实际需要都有所不同。因此，定期订货法是一种基于时间的订货控制方法，它通过设定订货周期和最高库存量，来达到库存量控制的目的。只要订货间隔期和最高库存量控制合理，就能实现既保障需求、合理存货，又可以节省库存费用的目标。

定期订货法的原理：预先确定一个订货周期和最高库存量，周期性地检查库存，根据最高库存量、实际库存、在途订货量和待出库商品数量，计算出每次订货量，发出订货指令，组织订货。其库存的变化如图 5-3 所示。

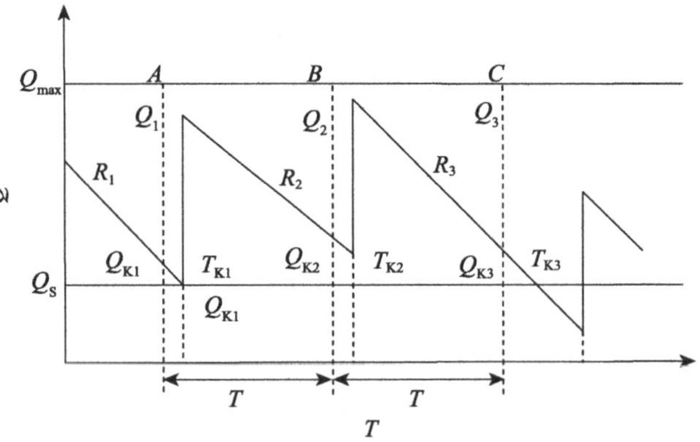

图 5-3 定期订货法

图 5-3 中表示的是定期订货法一般情况下的库存量变化；$R_1\neq R_2\neq R_3$，$T_{K1}\neq T_{K2}\neq T_{K3}$。在第一个周期，库存以 R_1 的速率下降，因预先确定了订货周期 T_{K1}，也就是规定了订货的时间，到了订货时间，不论库存还有多少，都要发出订货，所以当到了第一次订货的时间即库存下降到 A 点时，检查库存，求出实际库存量 Q_{K1}，结合在途货物和待出货

物，发出一个订货批量 Q_1，使名义库存上升到 Q_{max}，然后进入第二周期，经过 T 时间再次检查库存，得到此时的库存量 Q_{K2}，并发出一个订货批量 Q_2，使名义库存又回到 Q_{max}。

采用定期订货法来保证库存需求与定量订货法不同。定量订货法是以订货期提前来满足需求的，其控制参数 Q(订货量)是用于满足订货提前期内库存的需求。而定期订货法是以整个订货提前周期内的库存需求，即从本次发出订货指令到下次订货到达即 $T+T_K$ 这一期间的库存需求为目的。由于在 $T+T_K$ 这一期间的库存需求量是随机变化的，因此根据 $T+T_K$ 期间的库存需求量确定的 Q_{max}(最高库存量)也是随机变量，它包括 $T+T_K$ 期间的库存平均需求量和防止需求波动或不确定因素而设置的 Q_S(安全库存)。因此，定期订货法的实施需要解决订货周期、最高库存量和每次订货批量三个参数。

2. 控制参数

1)订货周期 T 的确定

定期订货法的订货周期 T 有多种确定方法。

(1)在实际操作中，经常结合供应商的生产周期或供应周期来调整经济订货周期，从而确定一个合理可行的订货周期。

(2)结合人们比较习惯的时间单位，如周、旬、月、季、年等来确定经济订货周期，从而与企业的生产计划、工作计划相吻合。

(3)订货周期取经济订货周期。与经济订货批量一样，订货周期实际上就是定期订货的订货点，其间隔时间总是相等的。订货间隔期的长短直接决定最高库存量的大小，即库存水平的高低，从而也决定了库存成本的多少。所以，订货周期不能太长，否则会使库存成本上升；也不能太短，太短会增加订货次数，使得订货费用增加，进而增加库存总成本。从费用角度出发，如果要使总费用达到最小，可以采用经济订货周期的方法来确定订货周期，其公式是

$$T=\sqrt{\frac{2C_S}{C_H R}}$$

其中，T 为经济订货周期；C_S 为单次订货成本；C_H 为单位商品年储存成本；R 为单位时间内库存商品需求量(销售量)。

2)最高库存量 Q_{max} 的确定

定期订货法的最高库存量是用以满足 $T+T_K$ 期间内的库存需求的，所以可以以 $T+T_K$ 期间的库存需求量为基础。考虑到随机发生的不确定的库存需求，再设置一定的安全库存，这样就可以简化地求出最高库存量了。其公式一般为

$$Q_{max}=\overline{Q}(T+T_K)+Q_S$$

其中，Q_{max} 为最高库存量；$\overline{Q}$ 为 $T+T_K$ 期间的库存需求量平均值；T 为订货周期；T_K 为平均订货提前期；Q_S 为安全库存量。

3)订货量的确定

定期订货法每次的订货数量是不固定的，订货量的多少都是由当时的实际库存量的大小决定的，考虑到在订货点时的在途到货量和已发出出货指令但尚未出货的待出货数

量，每次订货的订货量的计算公式为

$$Q_i = Q_{max} - Q_{N_i} - Q_{K_i} + Q_{M_i}$$

其中，Q_i 为第 i 次订货的订货量；Q_{max} 为最高库存量；Q_{N_i} 为第 i 次订货点的在途到货量；Q_{K_i} 为第 i 次订货点的实际库存量；Q_{M_i} 为第 i 次订货点的待出库货量。

4)定期订货法的优缺点

(1)优点。

第一，可以降低订货成本，因为许多货物都可以在一次订货中办理。

第二，周期盘点比较彻底、精确，避免了定量订货法每天盘存的做法，减少了工作量，提高了工作效率。

第三，库存管理的计划性强，有利于工作计划的准确实施。

(2)缺点。

第一，安全库存量设置得较大。因为它的保险周期 $T+T_K$ 较长，因此 $T+T_K$ 期间的需求量也较大，需求标准偏差也较大，故需要较大的安全库存来保证库存需求。

第二，每次订货的批量不固定，无法制定出经济订货批量，因而运营成本较高，经济性较差。只适合于 ABC 物资分类中的 C 类，即数量大、价值低的物资的库存控制。

3. 实例分析

[例 5-2]某种物资月需求量服从均值为 15、标准差为 $\sqrt{\frac{10}{3}}$ 的正态分布，$C_S=30$ 元，$C_H=1$ 元/(件·月)，$T_K=1$ 月。实行定期订货，首次盘点得到 $Q_{K_i}=21.32$，$Q_{N_i}=5$，$Q_{M_i}=5$。如果要求库存满足率达到 97.7%，求订货周期 T 和最高库存量 Q_m。

解：库存满足率要达到 97.7%，则安全系数 $a=2$。

订货周期 $T=\sqrt{\frac{2C_S}{C_H R}}=2$(月)

最高库存量 $Q_{max}=\overline{Q}(T+T_K)+Q_S=51.32$(件)

首次订货的订货量 $Q_i=Q_{max}-Q_{N_i}-Q_{K_i}+Q_{M_i}=30$(件)

所以此种物资的订货策略为：每两个月检查一次库存，发出订货，订货量等于当时的实际库存量与最高库存量的差值。例如，第一次的订货量应为 30 件。

第五节　储存合理化管理

一、储存合理化的概念

储存合理化的含义是用最经济的办法实现储存的功能。但是，储存的不合理又往往表现在对储存功能实现的过分强调，因而过分投入储存力量和其他储存劳动，所以，合理储存的实质是在保证储存功能实现的前提下尽量少投入。

二、储存合理化的标志

(1)质量标志。保证被储存物的质量是完成储存功能的根本要求，只有这样商品的使用价值才能得以实现。

(2)数量标志。在保证功能实现的前提下有一个合理的数量范围。目前管理科学的方法已经能够在各种约束条件下对合理数量范围做出决策。

(3)时间标志。在保证功能实现的前提下，寻求一个合理的储存时间。往往用周转速度指标来反映时间标志，如周转天数、周转次数等。

(4)结构标志。从被储物不同品种、不同规格、不同花色的储存数量比例关系对储存合理性进行判断。尤其是相关性很强的各种物资之间的比例关系更能反映储存合理与否。

(5)分布标志。通过不同地区储存的数量与当地需求比来判断对需求的保障程度。

(6)费用标志。仓租费、维护费、保管费、损失费、资金占用利息支出等，都能从实际费用上判断储存合理与否。

三、储存合理化的实施要点

(1)进行储存物的 ABC 分析。ABC 分析是实施储存合理化的基础分析，在此基础上可以进一步解决各类的结构关系、储存量、重点管理、技术措施等合理化问题。

(2)在 ABC 分析基础上实施重点管理。分别决定各种物资的合理库存储备数量及经济地保有合理储备的办法，乃至实施零库存。

(3)在形成了一定社会总规模的前提下，追求经济规模，适度集中库存。适度集中库存是合理化的重要内容，所谓适度集中库存是利用储存规模优势，以适度集中储存代替分散的小规模储存来实现合理化。

集中储存是面对两个制约因素，在一定范围内取得优势的办法：一是储存费，二是运输费。过分分散，每一处的储存保证的物件有限，互相难以调度和调剂，则需分别按其保证物件要求确定库存量。而集中储存易于调度和调剂，集中储存总量可大大低于分散储存总量。过分集中储存，储存点与用户之间距离拉长，储存总量虽降低，但运输距离拉长，运费支出加大，在途时间长，又迫使周转储备增加。所以，适度集中的含义是主要在这两方面取得最优集中程度。

适度集中库存除在总储存费及运输费之间取得最优之外，还有一系列其他好处：

第一，对单个用户的保证能力提高。

第二，有利于采用机械化、自动化方式。

第三，有利于形成一定批量的干线运输。

第四，有利于成为支线运输的始发站。

适度集中库存也是“零库存”这种合理化形式的前提条件之一。

(4)加速总的周转，提高单位产出。储存现代化的重要课题是将静态储存变为动态储存，周转速度一快，会带来一系列的合理化好处：资金周转快、资本效益高、货损小、仓库吞吐能力增加、成本下降等。具体做法如采用单元集装存储，建立快速分拣系统，其都有利于实现快进快出、大进大出。

(5)采用有效的“先进先出”方式，保证每个被储物的储存期不至过长。“先进先出”是一种有效的方式，也成了储存管理的准则之一。有效的先进先出方式主要有：

第一，贯通式货架系统。利用货架的每层，形成贯通的通道，从一端存入物品，从另一端取出物品，物品在通道中自行按先后顺序排队，不会出现越位等现象。贯通式货架系统能非常有效地保证先进先出。

第二，“双仓法”储存。给每种被储物都准备两个仓位或货位，轮换进行存取，再配以必须在一个货位中取光才可补充的规定，则可以保证实现“先进先出”。

第三，电脑存取系统。采用电脑管理，在存货时向电脑输入时间记录，编入一个简单的按时间顺序输出的程序，取货时电脑就能按时间给予指示，以保证“先进先出”。这种电脑存取系统还能将“先进先出”和快进快出结合起来，即在保证一定先进先出的前提下，将周转快的物资随机存放在便于存储之处，以加快周转，减少劳动消耗。

(6)提高储存密度，提高仓容利用率。其主要目的是减少储存设施的投资，提高单位存储面积的利用率，以降低成本，减少土地占用，具体有三类方法：

一是采取高垛的方法，增加储存的高度。具体方法有，采用高层货架仓库，采用集装箱等，其都可比一般堆存方法大大增加储存高度。

二是缩小库内通道宽度以增加储存有效面积，具体方法有，采用窄巷道式通道，配以轨道式装卸车辆，以减少车辆运行宽度要求，采用侧叉车、推拉式叉车，以减少叉车转弯所需的宽度。

三是减少库内通道数量以增加储存有效面积。具体方法有，采用密集型货架，采用可进车的可卸式货架，采用各种贯通式货架，采用不依靠通道的桥式吊车装卸技术等。

(7)采用有效的储存定位系统。储存定位的含义是被储物位置的确定。如果定位系统有效，能大大节约寻找、存放、取出的时间，节约不少物化劳动及活劳动，而且能防止差错，便于清点及实行订货点等管理方式。

储存定位系统可采取先进的电脑管理，也可采取一般人工管理，行之有效的方式主要有：

第一，“四号定位”方式。这是用一组四位数字来确定存取位置的固定货位的方法，是我国手工管理中采用的科学方法。这四个数字分别是序号、架号、层号、位号。这就使每一个货位都有一个组号，在物资入库时，按规划要求，对物资编号，记录在账卡上，提货时按四位数字的指示，很容易将货物拣选出来。这种定位方式可对仓库存货区事先做出规划，并能很快地存取货物，有利于提高速度，减少差错。

第二，电子电脑定位系统。这是利用电子电脑储存容量大、检索迅速的优势，在入库时，将存放货位输入电脑，出库时向电脑发出指令，并按电脑的指示人工或自动定址，找到存放货，拣选取货的方式。一般采取自由货位方式，电脑指示入库货物存放在就近易于存取之处，或根据入库货物的存放时间和特点，指示合适的货位，取货时也可就近就便。这种方式可以充分利用每一个货位，而不需专位待货，有利于提高仓库的储存能力，当吞吐量相同时，可比一般仓库减少建筑面积。

(8)采用有效的监测清点方式。对储存物资数量和质量的监测不但是掌握基本情况之必需，也是科学库存控制之必需。在实际工作中稍有差错，就会使账物不符，所以，必须及时且准确地掌握实际储存情况，经常与账卡核对，无论是人工管理或是电脑管理其都是必不可少的。此外，经常地监测也是掌握被存物质量状况的重要工作。监测清点的有效方式主要有：

第一，“五五化”堆码。这是我国手工管理中采用的一种科学方法。储存物堆垛时，以“五”为基本计数单位，堆成总量为“五”的倍数的垛形，如梅花五、重叠五等，堆码后，有经验者可过目成数，大大加快了人工点数的速度，且少差错。

第二，光电识别系统。在货位上设置光电识别装置，该装置对被存物进行扫描，并将准确数目自动显示出来。这种方式不需人工清点就能准确掌握库存的实有数量。

第三，电子电脑监控系统。用电子电脑指示存取，可以防止人工存取易出现的差错，如果对被存物采用条码认寻技术，使识别计数和电脑联结，每存、取一件物品时，识别装置自动将条码识别并将其输入电脑，电脑会自动做出存取记录。这样只需向电脑查询，就可了解所存物品的准确情况。

(9)采用现代储存保养技术。利用现代技术是储存合理化的重要方面。

第一，气幕隔潮。在潮湿地区或雨季，室外湿度高且持续时间长，仓库内若想保持较低的湿度，就必须防止室内外空气的频繁交换。一般仓库打开库门作业时，便自然形成了空气交换的通道，由于作业的频繁，室外的潮湿空气会很快进入库内，一般库门、门帘等设施隔绝潮湿空气的效果不理想。

在库门上方安装鼓风设施，使之在门口处形成一道气幕，由于这道气幕有较高压力和流速，在门口便形成了一道气墙，可有效阻止库内外空气交换，防止湿气侵入，而不能阻止人和设备出入。气幕还可起到保持室内温度的隔热作用。

第二，气调储存。调节和改变环境空气成分，抑制被储物的化学变化和生物变化，抑制害虫生存及微生物活动，从而达到保持被储物质量的目的。

调节和改变空气成分有许多方法。例如，可以在密封环境中更换配合好的气体，可以充入某种成分气体，可以除去或降低某种成分气体等。气调方法对于有新陈代谢作用的水果、蔬菜、粮食等物品的长期、保质、保鲜储存有很好的作用。例如，粮食可长期储存，苹果可储存 3 个月。气调储存对于防止生产资料在储存期的有害化学反应也很有效。

第三，塑胶薄膜封闭。塑胶薄膜虽不完全隔绝气体，但能隔水隔潮，用塑胶薄膜封垛、封袋、封箱，可有效地造就封闭小环境，阻缓内外空气交换，完全隔绝水分。在封闭的环境内，如封闭的水果箱内置入杀虫剂、缓蚀剂或注入某种气体，则内部可以长期保持该种物质的浓度，长期形成一个稳定的小环境。

用这个方法比气调仓储要简便易行且成本较低。也可以用这个办法对水泥、化工产品、钢材等做防水封装，以防变质和腐蚀；热缩性塑胶薄膜在对托盘货物封装后再经热缩处理，则可基本排除封闭体内部的空气，塑胶薄膜缩贴到被封装物上，不但有效地与外部环境隔绝，而且还起到紧固作用，防止塌垛、散垛。

(10)采用集装箱、集装袋、托盘等运储装备一体化的方式。集装箱等集装设施的出现，也给储存带来了新观念，采用集装箱后，其本身便是一栋仓库，不需要再有传统意义的库房，在物流过程中，也就省去了入库、验收、清点、堆垛、保管、出库等一系列储存作业，因而对改变传统储存作业有很重要的意义，是储存合理化的一种有效方式。

本章小结

本章主要介绍了仓储管理的基本知识。仓库是保管、存储物品的建筑物和场所的总称。库存量的大小直接影响到企业的运行成本，因此本章介绍了库存控制的基本方法，即定量订货法和定期订货法。对仓库的选址及内部规划与设计是本章第二节重点介绍的内容。第三节主要介绍了仓储作业管理的各个环节。第四节对库存和库存管理的相关概念、目标和方法进行了简单的介绍，着重介绍了库存控制的两种基本方法。第五节介绍了储存合理化管理的内容。

本章思考题

1. 简述仓库的分类。
2. 简述仓库的作用。
3. 简述 ABC 分类法的步骤。
4. 简述入库前的准备工作。
5. 分析库存控制中定量订货法和定期订货法的基本原理。
6. 简述储存合理化的实施要点。

装卸搬运、包装和流通加工管理

➤ 导引案例

云南双鹤医药有限公司是北京双鹤这艘医药航母部署在西南战区的一艘战舰，是一个以市场为核心、以现代医药科技为先导、以金融支持为框架的新型公司，是西南地区经营药品品种较多、较全的医药专业公司。

虽然云南双鹤已形成规模化的产品生产和网络化的市场销售，但其流通过程中物流管理严重滞后，造成物流成本居高不下，不能形成价格优势。这严重阻碍了物流服务的开拓与发展，成为公司业务发展的“瓶颈”。

装卸搬运活动是衔接物流各环节活动正常进行的关键，而云南双鹤恰好忽视了这一点，由于其搬运设备的现代化程度低，只有几个小型货架和手推车，大多数作业仍处于人工作业为主的原始状态，工作效率低，且易损坏物品。另外，仓库设计得不合理，造成长距离的搬运，并且库内作业流程混乱，形成重复搬运，大约有70%的无效搬运，这种过多的搬运次数，损坏了商品，也浪费了时间。

资料来源：http://www.cbismb.com/articlehtml/20131464.htm

第一节　装卸搬运

一、装卸搬运的定义

装卸是指物品在指定地点以人力或机械装入运输设备或从运输设备上卸下的活动。

搬运是指在同一场所内对物品进行以水平移动为主的物流作业。

装卸搬运与运输、储存不同，运输是解决物品空间距离的，储存是解决物品时间距离的，装卸搬运没有改变物品的时间或空间价值，因此往往不会引起人们的重视。而一旦忽略了装卸搬运，生产和流通领域轻则发生混乱，重则造成生产活动停顿。物流的各个环节前后和同一环节不同活动之间，都是靠装卸搬运活动来进行连接的。装卸搬运就像影子一样始终伴随着生产、流通活动。如何优化装卸搬运操作是物流中心营运中必须面对的问题。

二、装卸搬运的特征

1. 装卸搬运是附属性的活动

装卸搬运是物流每一项活动开始及结束时必然发生的活动，因而有时常被人们忽视，有时也被看做其他操作不可缺少的组成部分。例如，一般而言的运输实际就伴随着装卸搬运，仓库中泛指的保管活动也含有装卸搬运活动。

2. 装卸搬运是支持性、保障性的活动

装卸搬运的附属性不能理解成被动的，而是对其他物流活动有一定决定性。装卸搬运会影响其他物流活动的质量和速度。

例如，装车不当会引起运输过程中的损失，卸放不当会引起货物下一步运动的困难。物流活动只有在有效的装卸搬运支持下才能实现高水平、高效率。

3. 装卸搬运是衔接性的活动

在任何其他物流活动互相过渡时，都是以装卸搬运来衔接的，因而，装卸搬运往往成为整个物流的“瓶颈”。建立一个有效的物流系统，关键看这一衔接是否有效。

4. 装卸搬运是增加物流成本的活动

对于传统物流而言，物流过程中多次的装卸搬运活动，不仅延长物流时间，而且要投入大量的活劳动和物化劳动，这些劳动不能给物流对象带来附加价值，只是增大了物流的成本。由于装卸搬运反复进行的次数多，累计成本的数量是不可忽视的。

三、装卸搬运方式的分类

1. 按装卸搬运施行的物流设施、设备对象分类

按装卸搬运施行的物流设施、设备对象分类，可分为仓库装卸、铁路装卸、港口装卸、汽车装卸等。

仓库装卸配合出库、入库、维护保养等活动进行，并且以堆垛、上架、取货等操作为主。

铁路装卸是对火车车皮的装进及卸出，其特点是一次作业就实现一车皮的装进或卸出，很少有像仓库装卸时出现的整装零卸或零装整卸的情况。

港口装卸既包括码头前沿的装船，也包括后方的支持性装卸搬运，有的港口装卸还采用小船在码头与大船之间“过驳”的办法，因而其装卸的流程较为复杂，往往经过几次的装卸及搬运作业才能最后实现船与陆地之间货物过渡的目的。

汽车装卸一般一次装卸批量不大，由于汽车的灵活性，可以很少或减去搬运活动，而直接、单纯利用装卸作业达到车与物流设施之间货物过渡的目的。

2. 按装卸搬运的机械及机械作业方式分类

(1)吊上吊下方式。采用各种起重机械从货物上部起吊，依靠起吊装置的垂直移动

实现装卸，并在吊车运行的范围内或回转的范围内实现搬运或依靠搬运车辆实现小搬运。由于吊起及放下属于垂直运动，这种装卸方式属于垂直装卸。

(2)叉上叉下方式。采用叉车从货物底部托起货物，并依靠叉车的运动进行货物位移，搬运完全靠叉车本身，货物可不经中途落地直接放置到目的处。这种方式垂直运动不大而主要是水平运动，属于水平装卸方式。

(3)滚上滚下方式。其主要是指港口装卸的一种水平装卸方式。利用叉车或半挂车、汽车承载货物，连同车辆一起开上船，到达目的地后再从船上开下，称“滚上滚下”方式。利用叉车的滚上滚下方式，在船上卸货后，叉车必须离船；利用半挂车、平车或汽车的滚上滚下方式，则托车将半挂车、平车拖拉至船上后，托车开下离船而载货车辆连同货物一起运到目的地，再原车开下或拖车上船拖拉半挂车、平车开下。

滚上滚下方式需要有专门的船舶，对码头也有不同要求，这种专门的船舶称“滚装船”。

(4)移上移下方式。在两车之间(如火车及汽车)进行靠接，然后利用各种方式，不使货物垂直运动，而靠水平移动将货物从一个车辆上推移到另一车辆上，称移上移下方式。

(5)散装散卸方式。对散装物进行装卸，一般从装点直到卸点，中间不再落地，这是集装卸与搬运于一体的装卸方式。

3. 按被装物的主要运动形式分类

按被装物的主要运动形式分类，可分为垂直装卸、水平装卸两种形式。

4. 按装卸搬运对象分类

按装卸搬运对象分类，可分为散装货物装卸、单件货物装卸、集装货物装卸等。

5. 按装卸搬运的作业特点分类

按装卸搬运的作业特点分类，可分为连续装卸与间歇装卸两类。

连续装卸主要是同种大批量散装或小件杂货通过连续输送机械，连续不断地进行作业，中间无停顿，货间无间隔。在装卸量较大、装卸对象固定、货物对象不易形成大包装的情况下适宜采取这一方式。

间歇装卸有较强的机动性，装卸地点可在较大范围内变动，主要适用于货流不固定的各种货物，尤其适于包装货物、大件货物，散装货物也可采取此种方式。

四、装卸搬运设备的分类及选择

(一)装卸搬运设备的分类

1. 按作业性质分类

按装卸及搬运两种作业性质的不同可分为装卸机械、搬运机械及装卸搬运机械三类。

(1)装卸机械。单一装卸功能的机械种类不多，手动葫芦最为典型，固定式吊车如卡车吊、悬臂吊等吊车虽然也有一定移动半径，也有一点搬运效果，但基本上还是看成单一功能的装卸机具。

(2)搬运机械。单一功能的搬运机具种类较多，如各种搬运车、手推车及斗式、刮板式输送机之外的各种输送机等。

(3)装卸搬运机械。物流科学很注重装卸、搬运两功能兼具的机具，这种机具可将两种作业操作合而为一，因而有较好的系统效果。属于这类机具的最主要的是叉车、港口中用的跨运车、车站用的龙门吊以及气力装卸输送设备等。

2. 按机具工作原理分类

按机具工作原理分类，可分为叉车类、吊车类、输送机类、作业车类和管道输送设备类。

(1)叉车类。其包括各种通用和专用叉车。

(2)吊车类。其包括门式、桥式、履带式、汽车式、岸壁式、巷道式等各种吊车(图6-1)。

(a) 履带式吊车　　(b) 门式吊车

图 6-1　吊车类

(3)输送机类。其包括辊式、滚轮式、皮带式、链式、悬挂式等各种输送机(图 6-2)。

(a) 辊式输送机　　(b) 链式输送机

图 6-2　输送机类

(4)作业车类。其包括手车、手推车、搬运车、无人搬运车、台车等各种作业车辆(图 6-3)。

（a）手推车　　（b）搬运车

图 6-3　作业车类

(5)管道输送设备类。其指的是以泵、管道为主体的，输送液体、粉体的装卸搬运一体化设备。

3. 按有无动力分类

按有无动力可分为三类：

(1)重力式装卸输送机。辊式、滚轮式等输送机属于此类。

(2)动式装卸搬运机具。其又有内燃式及电动式两种，大多数装卸搬运机具属于此类。

(3)人力式装卸搬运机具。其用人力操作作业，主要是小型机具和手动叉车、手车、手推车、手动升降平台等。

（二）装卸搬运设备的选择

1. 以满足现场作业为前提

1)装卸机械首先要符合现场作业的性质和物资特点、特性要求

例如，在有铁路专用线的车站、仓库等，可选择门式起重机；在库房内可选择桥式起重机；在使用托盘和集装箱作业的生产条件下，可尽量选择叉车乃至跨载起重机。

2)机械的作业能力(吨位)与现场作业量之间要形成最佳的配合状态

对于装卸机械吨位的具体确定，应对现场要求进行周密的计算、分析。在能完成同样作业效能的前提下，应选择性能好、节省能源、便于维修、利于配套、成本较低的装卸机械。

3)其他影响条件

影响物流现场装卸作业量的最基本因素是吞吐量，此外还要考虑堆码、卸垛作业量、装卸作业的高峰量等因素的影响。

2. 控制作业费用

装卸机械作业发生的费用主要有设备投资额、装卸机械的运营费用和装卸作业成本等项。

1)设备投资额

设备投资额是平均每年机械设备投资的总和(包括购置费用、安装费用和直接相关

的附属设备费用)与相应的每台机械在一年内完成装卸作业量的比值。

2)装卸机械的运营费用

装卸机械的运营费用是指某种机械一年运营总支出(包括维修费用、劳动工资、动力消耗、照明等项)与机械完成装卸量的比值。

3)装卸作业成本

装卸作业成本是指在某一物流作业现场，机械每装卸一吨货物所支出的费用，即每年平均设备投资支出和运营支出的总和与每年装卸机械作业现场完成的装卸总吨数之比。

3. 装卸搬运机械的配套

1)装卸搬运机械配套的含义

装卸搬运机械的配套是指根据现场作业性质、运送形式、速度、搬运距离等要求，合理选择不同类型的相关设备。

2)装卸搬运机械配套的方法

按装卸作业量和被装卸物资的种类进行机械配套，在确定各种机械生产能力的基础上，按每年装卸1万吨货物需要的机械台数、每台机械所担任装卸物资的种类以及每年完成装卸货物的吨数进行配套。

此外，还可以采用线性规划方法来设计装卸作业机械的配套方案，即根据装卸作业现场的要求，列出数个线性不等式，并确定目标函数，然后求出最优的各种设备台数。

五、装卸搬运合理化

(一)防止无效装卸

无效装卸的含义是消耗在有用货物的必要装卸劳动之外的多余装卸劳动。具体反映在以下几个方面。

1. 过多的装卸次数

物流过程中，货损发生的主要环节是装卸环节，而在整个物流过程中，装卸作业又是反复进行的，从发生的频数来讲，其超过任何其他活动，所以，过多的装卸次数必然导致损失的增加。同时，装卸又会大大减缓整个物流的速度，其是降低物流速度的重要因素。

采用集装方式，进行多式联运，能够有效地避免对于单件货物的反复装卸搬运处理，是防止无效装卸的成功办法。

2. 过大的包装装卸

包装过大过重，在装卸时实际上反复在包装上消耗较大的劳动，这一消耗不是必需的，因而形成无效劳动。

3. 无效物质的装卸

进入物流过程的货物，有时混杂着没有使用价值或对用户来讲使用价值不对路的各种掺杂物，如煤炭中的矸石、矿石中的水分、石灰中的未烧熟石灰及过烧石灰等。在反复装卸时，实际对这些无效物质反复消耗劳动，因而形成无效装卸。

由此可见，装卸搬运如能防止上述无效装卸，则可大大节约装卸劳动，使装卸合理化。

（二）充分利用重力和消除重力影响

在装卸时考虑重力因素，可以利用货物本身的重量，进行有一定落差的装卸，以减少或根本不消耗装卸的动力，这是合理化装卸的重要方式。

在装卸时尽量消除或削弱重力的影响，也会获得减少体力劳动及其他劳动消耗的合理性。使货物平移，从甲工具转移到乙工具上，这就能有效地消除重力影响，实现合理化。

（三）充分利用机械

规模效益早已是大家所接受的。在装卸时也存在规模效益问题，主要表现在一次装卸量或连续装卸量要达到充分发挥机械最优效率的水准。为了更多地降低单位装卸工作量的成本，对装卸机械来讲，也有“规模”问题，装卸机械的能力达到一定规模，才会有最优效果。追求规模效益的方法，旨在通过各种集装实现间断装卸时一次操作的最合理装卸量，从而使单位装卸成本降低，同时也通过散装实现连续装卸的规模效益。

（四）提高“物”的装卸搬运活性

装卸搬运活性的含义是，从物的静止状态转变为装卸搬运运动状态的难易程度。如果很容易转变为下一步的装卸搬运而不需过多地做装卸搬运前的准备工作，则活性就高；如果难于转变为下一步的装卸搬运，则活性就低。

为了对活性有所区别，并能有计划地提出活性要求，使每一步装卸搬运都能按一定活性要求进行操作，对于不同放置状态的货物做出不同的活性规定。“活性指数”就是标定活性的一种方法。

活性指数分为 0～4 五个等级，如表 6-1 所示。

表 6-1　活性指数

放置状态	需要进行的作业				活性指数
	整理	架箱	提起	拖运	
散放地上	需要	需要	需要	需要	0
置于一般容器	不需要	需要	需要	需要	1
集装化	不需要	不需要	需要	需要	2
无动力车	不需要	不需要	不需要	需要	3
动力车辆或传送带	不需要	不需要	不需要	不需要	4

由于装卸搬运是在物流过程中反复进行的活动，因而其速度可能决定整个物流速度，每次装卸搬运的时间缩短，多次装卸搬运的累计效果则十分可观。因此，提高装卸搬运活性对装卸搬运合理化来说是很重要的因素。

（五）减少不必要的装卸环节

从物流过程分析，装卸作业环节不仅不增加货物的价值和使用价值，反而有可能增加货物破损的可能性和相应的物流成本。系统地分析研究物流过程各个装卸作业环节的必要性，取消、合并装卸作业和次数，避免进行重复的或可进行也可不进行的装卸作业，是减少不必要装卸环节的重要保证。

（六）提高装卸作业的连续性

必须进行的装卸作业应按流水作业原则运作，各工序间应密切衔接，必须进行的换装作业，也应尽可能采用直接换装方式。

（七）相对集中装卸地点

装载、卸货地点的相对集中，可以提高装卸工作量，易于采用机械化作业方式。在货物堆场上，应将同类货物的作业集中在一起进行，以便于采用装卸的机械化、自动化作业。

（八）力求装卸设备、设施、工艺等标准化

为了促进物流各环节的协调，就要求装卸作业各工艺阶段间的工艺、设备、设施、效率与组织管理工作相协调。装卸作业的工艺、设备、设施、货物单元或包装、运载工具、集装工具、信息处理等作业的标准化、系列化、通用化，是装卸作业实现机械化、自动化的基本前提。

（九）做好装卸现场组织工作

使装卸现场的作业场地、进出口通道、作业线长度、人机配置等布局设计合理，能使现有的和潜在的装卸能力充分发挥或发掘出来，避免组织管理工作不当造成装卸现场拥挤、阻塞、紊乱现象，确保装卸工作能够安全顺利地进行。

（十）加强装卸组织工作

做好装卸组织工作，通常可采用三条途径：其一是设计科学合理的装卸作业工艺；其二是采用现代化的装卸机械设备；其三是加强对人力、设备、工艺的组织。

第二节 包装

一、包装概述

（一）包装的概念

包装是指在商品流通过程中为保护商品，方便储运，促进销售，按一定技术方法而

采用的容器、材料及辅助物等的总体名称；也指为达到上述目的而采用容器、材料和辅助物的过程中施加一定技术方法等的操作活动。

（二）包装的基本功能

1. 包装的货物保护功能

在物流过程中，成组化包装的主要作用是保护商品，避免在移动和储存过程中发生货损、货差。商品保护程度的高低，涉及包装是否满足了商品要求以及包装材料是否合适。

由于商品须在一定的环境中移动并储存，所以某一包装商品受损的敏感度直接与其所处的环境有关。包装受损常起因于运输、储存和所利用的管理系统。在物流系统中，四个最容易引起货损的原因是振动、碰撞、击穿、挤压。

商品在储存时，堆码出了问题也会导致货损，从表面破损到压碎、变形和破裂都有可能出现。物品在运输过程中，包装对货物的保护作用可使货损降低。

包装要求也会影响物流系统的设计。一般来说，在物流系统的设计中，必须对货损的外界自然环境因素如温度、湿度及其他因素的影响做出估计，事先决定如何使包装的物品不受环境影响。包装的货物保护功能主要包括：

(1)防止商品破损变质。要求包装能承受在装卸、运输、保管过程中各种力的作用，如冲击、振动、颠簸、压缩等，形成抵抗外力破坏的防护作用。

(2)防止商品发生化学变化。要求包装能在一定程度上阻隔水分、溶液、潮气、光线、空气中的酸性气体，起到保护商品不受环境、气象影响的作用。

(3)防止腐朽、霉变、鼠咬虫食。要求包装有阻隔霉菌、虫、鼠侵入的能力，形成对生物的防护作用。

(4)包装还有防止异物混入、污物污染，以及防止丢失、散失的作用。

2. 包装的效率提高功能

所有物流作业都受包装效果的影响。物流生产率是指物流活动的产出与投入之比，几乎所有的物流活动的生产率都能用包装所组成的货物单元来描述。

按照商品外形和标准订单数量包装商品有助于提高物流活动的生产率。例如，可以减小包装尺寸，提高包装的利用率；可以通过将商品集中起来或通过装运未装配的货物、成组的货物，并使用最小量的衬垫，减少包装内的无效空间。

包装成组化是指为了材料搬运或运输的需要而将包装组成为一个受约束的载荷。集装化包括了将两个成组化包装捆在一起的成组化到使用专门的运输设备成组化的所有形式。所有类型的集装化都有一个基本目的，那就是提高效率。大约一半的总成本是花费在车辆间的换装、运输、包装成本上，以及为防止货损货差所采取的措施和保险上。因此，通过集装化可提高效率是显而易见的。

便利作业是指包装的结构造型、辅助设施能适于装卸、搬运、多层堆码和有效而充分地利用运载工具与库存容积。包装的外部结构形式中，小型包装适于人工作业；大型的、集装的包装适于叉车及各种起重机机械作业。包装的大小、形态、包装材料、包装重量等因素都影响着运输、保管、装卸等各项作业。

3. 包装的信息传递功能

信息通常包括制造厂、商品名称、容器类型、个数、通用的商品代码等。在收货入库、拣选和出运查验过程中，箱上的信息用来识别商品。信息易识别是主要要求，同时操作人员应能从各个方向，在合适的距离看到标签。物流包装能在收货、储存、取货、出运的各个过程中跟踪商品。

扫描设备和代码的标准化提高了跟踪能力和效率。物流包装提供有关装卸和防止货损的说明书，说明书为专门的商品装卸提出容器、温度限制以及堆垛要求和潜在的环境要求等。

（三）包装的分类

1. 按包装在流通中的作用分类

按包装在流通中的作用分类，可以将其分为运输包装和商业包装。

运输包装是指以保护运输和保管过程中的物品为主要目的的包装，也称为工业包装。商业包装是以促进商品销售为主要目的的包装，也称为零售包装或消费包装。

2. 按包装层次及防护要求分类。

按包装层次及防护要求分类，可以将其分为个装、内包装和外包装三类。

(1)个装。个装又称为小包装，是指单个商品为一个销售单位的包装形式，如香烟盒、火柴盒等。

(2)内包装。内包装又称为中包装，是指商品的内层包装。在流通过程中，内包装与个装共同起到促进销售、方便使用的作用，所以个体包装和内包装也称为销售包装。内包装一般是由若干个单位商品的小包装组成小的整体包装，如十盒卷烟为一条，十盒火柴为一包等。

(3)外包装。外包装是指商品的外部包装，在流通中主要起到保护商品、方便运输的作用，又称为运输包装或大包装，如包装纸箱、包装木箱等。

3. 按包装容器分类

(1) 按包装容器的抗变形能力可分为硬包装和软包装。硬包装又称为刚性包装，包装体有固定形状和一定强度，如油桶；软包装又称为柔性包装，包装体有一定程度的变形，有弹性，如包装袋。

(2) 按包装容器的形状可分为包装袋、包装箱、包装盒、包装瓶、包装罐等。

(3) 按包装容器的结构形式可分为固定式包装和拆卸折叠式包装。

(4) 按包装容器的使用次数可分为一次性包装和多次周转包装。

4. 按包装的通用性分类

按包装的通用性分类，可以将其分为专用包装和通用包装。

5. 按包装使用的次数分类

按包装使用的次数分类，可以将其分为一次性包装、多次用包装和周转用包装。

6. 按包装商品种类分类

按包装商品种类分类，可以将其分为食品包装、药品包装、轻工产品包装、针棉织品包装、家用电器包装、机电产品包装和果菜类包装等。

此外，还可以根据物品的状态和性质分为液体包装、粉末体包装、颗粒体包装；根据物品的流通阶段分为生产者包装、集货地包装、店铺包装等。

二、包装常用材料

（一）木材包装

由于木材资源的再生速度很慢，许多包装领域已用纸或塑料替代。但因木材具有良好的包装特性，在重物以及出口物品包装等方面还在使用。木材较多地用于制作木桶、木箱和胶合板箱三类容器。普通的密闭木箱可装 200 千克的货物，如果选用下设垫板的木箱，则可装运 200 千克以上的货物。为了承载重物，通常选用木垫板，可装载并固定 60 吨的重物。木材的另一个用途是制作托盘。

（二）纸制包装

纸的品种是很多的，有专用包装纸，一般是指牛皮纸，用途多半为选用强度较大的制成纸袋。纸袋为 3～6 层的多层叠合构造。如果需要，还可以作防潮处理，把牛皮纸和塑料薄膜制成复合多层构造。大型纸袋通常用于水泥、肥料、谷物等粉粒状货物的包装。牛皮纸的强度与每平方米纸张的重量有关，一般有四种规格，即 75 克、78 克、81 克、84 克。

纸板是指用牛皮纸浆、化学纸浆、旧纸浆等为原料制成的厚纸板的总称。制成纸板的材料根据不同用途可分为瓦楞原纸、白板纸、黄板纸等，其中瓦楞原纸的用途最广泛，产量也最大。

瓦楞原纸分为中芯原纸和内衬原纸，前者用于制造瓦楞波形部分，后者贴在外侧，两者黏合制成瓦楞纸板。瓦楞波形有波高和波数两个参数，波高用毫米计量，一般在 2.5～5 毫米，波数用 30 厘米宽度内的波的数量计量，一般有 36～50 波，不同参数组合有不同强度，分成 A、B、C、D 四种槽形。根据不同用途和方式可制成不同层数的瓦楞纸板，一般有单面瓦楞纸板、双面瓦楞纸板、两层双面瓦楞纸板和三层双面瓦楞纸板。

目前乃至今后几年内，我国包装纸的发展方向是高强度、低克重、多功能，以满足水泥、面粉等一系列高强度包装的需要；发展中、高档纸箱产品，重点是多色彩瓦楞纸箱，以适应国内外纸箱的需要；发展蜂窝制品包装新技术、新产品，以逐步替代木制品包装；充分利用我国再生自然资源，发展如农作物秸秆为原料的纸模包装行业，以替代发泡塑料生产餐具盒、托盘和工业产品包装制品。通过开发新型纸浆增强剂和改进瓦楞纸板结构，提高纸强度、减少纸板厚度，以达到减量，同时达到发展经济、保护人类生存环境的目的。

1. 多功能专用包装纸品

在运输和保存的过程中，被包装物对外包装材料有着多方面的要求，如防潮、保鲜、保温、杀菌、防腐等，以便更好地保护和保存被包装物。这就要求大多数的外包装在设计时要具备多项功能。

2. 发展植物纤维纸品，提倡非木浆造纸

随着人类生存环境的恶化、可利用资源的逐渐减少和包装废弃物的日益增多，人类对"绿色包装"的呼声越来越高。这就要求包装材料的选择要以尽可能小地破坏环境为目的。纸制包装材料是人们最熟悉、应用最广泛的绿色包装材料，其原料来源广泛，废弃物既可以回收再生纸张，在自然环境中又容易腐化，是应用最早的绿色包装材料。在20世纪90年代，材料界的人士提出"以纸代塑"的主张。但造纸要消耗大量木材，我国森林资源贫乏，所以应积极发展非木浆造纸，采用芦苇、甘蔗渣、棉秆、麦秸、竹等代木造纸，扩大速成人工林，充分利用废弃材、加工余边材料等，扩大原料来源。植物秸秆是天然植物纤维，来源丰富且可再生，其作为包装材料又有许多优点，如良好的缓冲性能，无毒，无臭，通气性能好，使用后也能完全自然降解。据调查，我国每年的农作物秸秆在5亿吨以上。如果能将这笔资源有效利用，将会大大减轻造纸对森林资源的压力。

3. 纸浆模塑产品

纸浆模塑是一种立体造纸技术，是指一定浓度的纸浆加入适量的化学助剂，在成型机中通过真空或加压使纤维均匀分布在模具表面，从而制成湿纸模坯，再进一步脱水脱膜，对制品干燥整形，制成纸浆模制品的生产技术。纸浆模塑是随着解决发泡塑料污染问题而产生的，是新兴的环保产业。发泡塑料造成的"白色污染"日益严重，且废弃物处理困难，回收再生成本高。而工业级的纸浆模塑制品主要以废纸和废纸板为原料，其原料来源非常广泛。同时，其特有的几何结构对商品具有优良的保护作用，能防震、抗冲击、防静电、抗压，且通风散热，质轻价廉，无污染，可回收再利用。纸浆模塑制品被用来取代难降解的发泡塑料，广泛应用于餐具、禽蛋托盘、鲜果托盘、工业托盘、食品及其半成品包装、医疗器具包装等。

4. 特种包装纸

特种包装纸是指根据商品的不同性质、用途和特殊要求而设计的有特殊用途的包装纸。由于不同被包装物有不同的特性，包装材料的性能也必然随之而有所区别和侧重。特种包装纸的技术含量较高、品种多，因此发展空间大，市场前景可观。因环保和绿色概念而产生的多种新型的特种包装纸都有较大的发展前景。例如，阻燃包装纸能够确保箱内物品不会受到火灾的威胁，经过加工之后的阻燃纸遇到小火不会被引燃，还有可能自熄；脱水包装纸不会使食品组织细膜被破坏，同时还能抑制酶的活性，防止蛋白质分解，减少微生物繁殖，达到保持食品鲜度、浓缩鲜味的目的。

进入21世纪以来，我国经济进入了一个崭新的发展阶段，加之加入世界贸易组织(World Trade Organization，WTO)后其对我国经济的深刻影响，我国的包装行业发展日新月异。新的经济形势对纸制品包装提供了前所未有的美好市场前景和发展动力，同时也提出了更加严峻的挑战。但是，在其他包装材料尤其是塑料材料的强烈冲击下，纸制包装材料仍然能作为一种主导材料并不断地推陈出新，充分说明了其在同类材料中的巨大竞争力，也预示了其广阔的未来市场。

（三）塑料包装

塑料在包装中可用于个装、内包装、外包装，用于运输包装时可制成各种塑料容器。聚乙烯塑料袋是最常见的包装物，以替代20～30千克的包装用纸袋。聚乙烯和聚丙烯塑料编织袋(俗称蛇皮袋)用来替代包装用麻袋。在箱袋结合的运输包装中，将塑料制成各种盛液体的容器，以替代玻璃瓶、金属罐、木桶等，再把塑料容器放入瓦楞纸箱内。成型容器（塑料罐、箱)也是塑料包装的重要领域，受价格和成型难易影响，多数用聚乙烯材料制成，国家对其在容量、尺寸、强度等方面都有规定。另外，用于替代木箱的运输用塑料箱也大量使用，一般用在食品、饮料等物品的运输包装方面。

塑料包装材料的发展趋势包括以下几个方面。

1. 高阻隔、多功能性

这类材料包括高阻渗透性、多功能保鲜性、选择透气性、耐热性、无菌性以及防锈、防臭等材料。其中提高通用塑料性能方面，采用金属化合物类催化剂，可以大幅度提高聚乙烯的强度，从而可以将聚乙烯薄膜做得更薄，并达到原来较厚的聚乙烯薄膜的使用效果，从而节约聚乙烯物料的耗用量，起到降低包装成本、减少废弃塑料包装材料量、减轻环保压力的多重功效。此外，高阻渗透、多功能保鲜、无菌包装材料也备受人们的关注。例如，含氧化硅涂层的塑料薄膜的主要特点是具有高透明性和对水蒸气及氧气的高阻隔性，且透微波，所包装的物质可直接进微波炉加热；使用后的废弃物易回收处理，不会对环境造成负担等。因此，尽管该产品尚处于开发应用初始阶段，还存在着价格昂贵以及涂层性脆、运输过程中阻隔性损失较大等问题，但目前众多公司十分看好这一领域，纷纷加入含氧化硅涂层的塑料包装材料的研究中。

2. 降低塑料包装材料的生产成本

降低塑料包装材料的生产成本，是提高其竞争能力的重要措施。其主要途径有：①采用优质材料。在确保使用功能的前提下，减少原料单耗。②提高塑料包装材料的生产技术水平，降低生产费用。

3. 节能、环保、易回收利用

塑料包装材料的广泛应用，在促进工农业生产、满足人民生活需要上均起到了积极的作用。然而由于过去人们环境意识不强，废弃塑料包装被乱抛乱扔，大量分布于自然界中，一直被认为是塑料一大优点的稳定性好的特性却成了欲使塑料迅速分解、回归自然的一大障碍。大量塑料包装材料积存于自然界中，在严重影响生态平衡，给人类生存环境造成极大危害之后，引起了各国的广泛重视。对此，工业发达国家提出了适应环境保护的所谓“3R1D”的主张，值得我们在今后发展塑料包装材料中作为借鉴。“3R”即：①减少塑料包装材料的单耗，以减少废弃塑料包装材料的数量，减少可能进入自然界的污染源。例如，塑料瓶轻量化，塑料薄膜厚度薄型化，以及改瓶装为袋装等。当然，减少单耗是在不降低包装的使用功能的前提下进行的。②重视塑料包装材料的重复使用工作。回收多次灌装使用的塑料瓶已成为人们开发研究的热点之一，例如，可口可乐公司已开发成功并在乌拉圭开始使用可多次回收灌装用的PEN瓶。③做好塑料包装材料的回收利用。其中包括经物理处置，将废弃塑料包装材料经化学降解成制造单体或其他化学产品的原料；或者通过焚烧处理、回收能量等，达到化废为宝的目的。"1D"即开发人们经常提到的降解型塑料，这类塑料在一定的条件下可以较快地降解而回归自然，而且在使用中仍能保持良好的物理及力学性能和化学稳定性，对商品起到良好的保护作用。从降解机理看，有生物型降解塑料和光降解型分解塑料。从制造方法看，有完全依靠生物产品加工制得的，有完全通过人工方法合成的新型高分子化合物，还有以现有塑料为基础，掺混降解型添加剂而成的掺混型降解塑料。其中以微生物产品为原料的降解型塑料分解效果最好。

4. 塑料共混物、塑料合金和无机材料填充增强的复合材料

被称做明日塑料之星的塑料共混物、塑料合金、无机材料填充增强的复合材料，在20世纪的发展基础上，在生产和加工技术方面已经获得了进一步的提高和完善，在产品性能改进和系列化、功能化方面取得了更大的进展，对提高塑料包装质量产生了很大的影响。

随着塑料包装产品质量的不断提高、功能性增加以及新品种的不断开发，其用途也进一步拓宽，用在了食品包装、医药包装、农副产品包装、建材包装等领域。随着21世纪经济的不断调整，塑料包装材料与传统包装材料相比，从产品整个生命周期评价分析，可以节约能量、节约资源、减少废弃物。因此，塑料包装在21世纪的包装材料中仍然占据着重要的地位并发挥重要的作用。

（四）金属包装

用作包装的金属容器有罐和桶，用镀锌铁板制成。罐有方形和圆形两种，主要用于食品、药品、石油类、涂料类及油脂类物品包装；桶主要用于以石油为主的非腐蚀性半流体、粉末体、固体等物品的包装，容量为20～200升。

（五）其他包装

1. 草制包装材料

草制包装材料是一种较落后的包装材料，用一些天然生的草类植物编制成草席、蒲包、草袋等包装。其防水、防潮能力较差，强度也很低，已逐渐被淘汰。

2. 纤维包装材料

纤维包装材料是指用各种纤维制作的袋状包装。天然生的纤维有黄麻、红麻、大麻、青麻、罗布麻、棉花等。经工业加工的有合成树脂、玻璃纤维等。

3. 陶瓷与玻璃包装材料

此类包装材料的优点是耐风化、不变形、耐热、耐酸、耐磨等，尤其适合各种液体货物的包装。其优点是可回收复用，有利于包装成本的降低，易洗刷、消毒、灭菌；缺

点是易碎。

4. 复合包装材料

复合包装材料就是将两种以上的具有不同性质的材料复合在一起，以改进单一包装材料的性能。应用最广泛的复合包装材料有塑与塑复合、金属箔与塑料复合、金属箔与塑料及玻璃纸复合、纸与塑料复合等。

5. 绿色包装

绿色包装也称环保包装，是指包装节省资源，用后可回收利用，焚烧时无毒害气体，填埋时少占耕地并能生物降解和分解的包装。国外有人形象地把绿色包装归纳为4R，即：①reduce，减少包装材料消耗量；②refill，大型容器可再次填充使用；③recycle，可循环使用；④recovery，可回收使用。

三、包装常用技术

包装技术可分为销售包装技术和物流包装技术，此处仅讨论物流包装技术。物流包装技术又分为包括容器设计和标记技术的外包装技术，以及包括防震、防潮（水）、防锈、防虫等技术的内包装技术。

容器设计主要是容器尺寸和强度设计，标记技术是指把必要的注意事项标记在容器上的技术。

1. 防震包装技术

此技术为防止运输中震动或冲击而造成的物品损伤，一般情况下采取在内装材料中插入防震材料，以吸收外部冲击力的方法。防震包装设计的主题是确定防震材料的种类和厚度。在设计上，还应该同时考虑成本问题，选择不同的材料、设计不同的衬垫形状都会影响成本。

2. 防锈包装技术

防锈包装的首选技术是使用防锈剂，防锈剂有防锈油脂和气化性防锈剂两类。防锈油脂是在石油类基本组分中加入油溶性缓蚀剂及辅助添加剂等组成防锈剂。气化性防锈剂是一种常温下就能挥发的物质，挥发出的气体附着在金属表面，从而防止生锈。此外，还有不使用防锈剂的防锈包装技术，此处不作具体介绍。

3. 防潮、防水包装技术

物品在流通过程中，因空气中的潮气侵蚀会变质、潮解、锈蚀、霉变。为防止上述现象发生的包装技术就是防潮包装技术。防水包装技术是防止水侵入包装物内部而采取的包装技术，可分为耐浸水包装和耐雨水、飞沫的耐散水包装两类。

防潮包装主要有两种方法：一是用透湿度低的材料包装；二是控制包装容器内的湿气。在防潮、防水材料中，有在纸等纤维材料上进行防潮加工的纸系材料，还有塑料薄膜及铝箔等。不同材料的透湿率是不同的，铝箔最小，塑料薄膜次之，纸类最大。控制包装内湿气的方法主要是使用干燥剂，有化学干燥剂和物理干燥剂两类，用于包装的主要是物理干燥剂。

4. 真空包装与充气包装技术

真空包装技术是在容器封口之前抽成真空，使密封后的容器内基本没有空气的一种包装技术方法。其目的是避免或减少脂肪氧化，抑制某些霉菌和细菌的生长。

充气包装技术也是所谓的气体置换包装技术，是采用不活泼气体(氮气、二氧化碳气体等)置换包装容器中空气的一种包装技术。其目的是通过改变密封容器中气体的组成成分，降低氧气的浓度，从而抑制微生物的活动，达到防霉、防腐和保鲜的目的。

5. 收缩包装与拉伸包装技术

收缩包装技术是用收缩薄膜将欲包装物品裹包，然后对收缩薄膜进行有关处理(如适当加热处理，使薄膜收紧且紧贴于物品)的包装技术方法。

其作用主要有两方面：一是有利于销售，使内装物品形体突出，形象鲜明，质感好；二是有利于提高装卸搬运效率。例如，使用收缩包装技术把物品固定于托盘上，不仅有利于提高物流过程效率，而且方便保管与使用。

拉伸包装技术是用机械装置在常温下将弹性薄膜拉伸后，将待包装件紧裹的一种包装技术方法。此技术也可提高物流效率，方便仓储与使用。

6. 集合包装技术

集合包装是指将若干包装件或商品组合在一起形成一个适合运输的单元。其能促使装卸合理化，促使包装合理化，方便运输及保管，便于管理，有效利用运输工具和保管场地的空间，大大改善环境。

集合包装主要以集装箱为主，可以将装满货物的托盘和集装容器、集装货捆一起装进大型的集装箱内，以便搬运、装卸和运输。

(1)托盘包装是为了有效地装卸、运输、保管，将其按一定的数量组合放置于一定形状的台面上。这种台面有供叉车从下部插入并将台板托起的插入口。以这种结构为基本结构的平板台板以及在这种基本结构基础上所形成的各种形式的集装器具都属于托盘包装。

(2)集装箱包装是一种用于货物运输、便于用机械装卸的一种集合包装。集装箱适合多种运输工具使用，是一个大型包装箱，具有安全、迅速、简便、节省等优点，集装箱运输是一种较好的运输方式。

7. 危险品包装技术

危险品包装技术就是根据危险品的性质、特点，按照有关法令、标准和规定专门设计的包装技术与方法。危险品的运输包装上必须标明不同性质、类别的危险货物标志以及装卸搬运的要求标志。

对于易燃易爆物品，如过氧化氢有强烈的氧化性，遇有微量不纯物质或受热，就会急剧分解而引起爆炸。防爆包装方法是采用塑料桶包装，然后将塑料桶装入铁桶或木箱中。每件净重不超过 50 千克，并有自动放气的安全阀，当桶内的压力达到一定气体压力时，能自动放气。

对于腐蚀性物品，注意避免物品与包装容器的材料发生化学作用。例如，对于金属类的包装容器，要在容器内壁涂上涂料，防止腐蚀。

对于有毒物品防毒的主要措施是严密包装，不透气。包装上要有明显的有毒标志，并标明装卸搬运的要求。

8. 防虫、鼠害等包装技术

防虫、鼠害等包装技术是在包装主物品时，放入一定量的驱虫剂以达到防虫害的目的。包装物品的容器也应当做防虫处理。例如，竹片或条筐必须经过消毒或蒸煮，所用糨糊应加放防腐剂，防止害虫滋生。注意不要使处理包装材料的药剂直接接触所包装的物品。

四、包装现代化

（一）不合理包装的形式

不合理包装主要表现为以下 7 种形式：

(1)过度包装浪费；

(2)对内包装产品保护不足带来的残次品浪费；

(3)不必要的包装库存量浪费；

(4)不适当的包装作业过程浪费；

(5)运输过程中因包装材料选择、包装设计、包装组合不合理造成的非优化浪费；

(6)仓储过程中因包装设计不合理带来的浪费；

(7)销售过程中因包装不合理带来的浪费。

（二）包装合理化的内容

1. 包装合理化的途径

(1)包装的轻薄化。包装只是起保护作用，对产品使用价值没有任何意义，因此在强度、寿命、成本相同的条件下，更轻、更薄、更短、更小的包装，可以提高装卸搬运的效率。而且轻薄短小的包装一般价格比较便宜，如果用作一次性包装还可以减少废弃包装材料的浪费。

(2)包装的单纯化。为了提高包装作业的效率，包装材料及规格应力求单纯化，包装规格还应标准化，包装形状和种类也应单纯化。

(3)包装的标准化。包装的规格与托盘、集装箱关系密切，也应考虑到与运输车辆、搬运机械的匹配，从系统的观点制定包装的尺寸标准。

(4)包装的机械化。为了提高作业效率和包装现代化水平，各种包装机械的开发和应用是很重要的。

(5)包装的绿色化。绿色包装是指无害、少污染的符合环保要求的各类包装物品。其主要包括纸包装、可降解塑料包装、生物包装和可食用包装等，这是包装合理化的发展主流。

2. 包装设计合理化

在对包装进行设计时需要运用专门的设计技术，将物流、加工制造、市场营销及产品设计等要求结合起来综合考虑，尽可能满足多方面的需要。包装设计基本上决定了货物的保护程度。包装设计不能忽视费用问题，过度的包装会增加包装费用，包装设计应正好符合保护货物的要求；包装的尺寸大小会影响运输工具和仓库容积使用率，这也是影响费用的一个重要因素。

（三）包装标准化

(1)包装标准是根据包装科学技术、实际经验，以物品的种类、性质、质量为基础，在有利于物品生产、流通安全和厉行节约的原则上，经有关部门充分协商并经一定审批程序，而对包装的用料、结构造型、容量、规格尺寸、标志以及盛装、衬垫、封贴和捆扎方法等方面所做的技术规定，从而使同种、同类物品所用的包装逐渐趋于一致和优化。

(2)包装标准是国家的技术法规，具有权威性和法制性。因此，一经批准颁发的包装标准，无论是生产、使用和管理部门还是企业单位都必须严格执行，不得更改。

(3)包装标准可以分为以下 5 类：

第一，包装基础标准和相关标准。包装基础标准是包装的最基本的标准，具有广泛的使用性，包括名词术语、包装尺寸系列、包装标志和运输包装基本试验四大类。相关标准主要由包装管理标准、集装箱与托盘标准、运输储存条件标准构成。

第二，包装材料及试验方法标准。包装材料及试验方法标准对各类材料及包装辅助材料均规定了不同的技术质量指标及相应的物理指标、化学指标、具体的试验测定和卫生标准及检验方法。

第三，包装容器及试验方法标准。不同的包装材料所制成的各种容器，或用同一材料包装不同物品的容器及试验方法的技术指标、质量要求、规格容量、形状尺寸、性能测试方法等都有具体的规定。

第四，包装技术标准。包装技术标准对各种防护技术的防护等级、技术要求、检验规则、材料选择、防护药剂、防护方法、防护性能试验等都做了明确的规定。

第五，产品包装标准。产品包装标准是对某一具体的产品的包装用料要求、包装技术、包装含量、包装标志、容器形状、充填要求、捆扎方法等的具体规定。

(4)包装标准化的内容。

第一，包装材料标准化。商品包装材料应尽量选择标准材料，少用或不用非标准材料，以保证材料质量和材料来源的稳定。要经常了解新材料的发展情况，结合企业生产的需要，有选择地采用。

包装材料主要有纸张、塑料、金属、木材、玻璃、纤维织物等。对这几大类包装材料的强度、伸长每平方米重量、耐破程度、水分等技术指标应作标准规定，以保证包装材料制成包装容器后能够承受流通过程中各种损害商品的外力和其他条件。

第二，包装容器标准化。包装容器的外形尺寸与运输车辆的内部尺寸和包装商品所占的有效仓库容积有关。因此，应对包装容器的外形尺寸作严格规定。运输包装的内尺寸和商品中包装的外尺寸也有类似的关系，因此，对运输包装的内尺寸和商品中包装的外尺寸也应作严格规定。为了节约包装材料和便于搬运、堆码，一般情况下，包装容器的长与宽之比为3∶2，高与长相等。

第三，包装工艺标准化。凡是包装箱、桶等，必须规定内装商品数量、排列顺序、合适的衬垫材料，并防止包装箱、桶内空隙太大、商品游动。例如，木质包装箱必须规定箱板的木质、箱板的厚度、装箱钉子的规格、相邻钉子距离、包角的技术要求以及钉子不得钉在夹缝里等。纸箱必须规定如何封口、腰箍的材料、腰箍的松紧及牢固度等。布包则要规定针距及捆绳的松紧度等。回收复用的木箱、纸箱及其他包装箱也都必须制定标准。

第四，装卸作业标准化。在车站、港口、码头、仓库等处装卸物时，都要制定装卸作业标准。要做好文明操作。机械化装卸要根据商品包装特点选用合适的机具，如集装箱、托盘等。工业、商业、交通运输部门交接货物时，要实行验收责任制，以做到责任分明。

第五，集合包装标准化。集合包装既适合机械化装卸，又能保护商品安全。我国集合包装近几年有较快的发展，并制定了部分国家标准，其中，20吨以上的集装箱采用国际标准。托盘的标准应与集装箱的标准规定的尺寸相配套。

（四）未来包装的发展趋势

1. 包装的大型化和集装化

包装大型化和集装化有利于物流系统在装卸、搬运、保管等过程中的机械化；有利于加快这些环节的作业速度，从而加快全物流过程的速度；有利于减少单位包装，节约包装材料的包装费用；还有利于货体保护。为实现物流过程的机械化、自动化，提高物流效率，包装的大型化和集装化是必不可少的。

2. 包装的多次、反复使用和废弃包装处理

包装产业现今已是世界各国的重要产业之一，在有的国家已占到国民经济的5%。如此大的产业，资源消耗巨大，因而资源回收利用、梯级利用、资源再循环是包装领域现代化的重要课题。

具体的有效管理措施如下：

(1)通用包装。按标准模数尺寸制造瓦楞纸、纸板及木制、塑料制通用外包装箱，这种包装箱不用专门安排回返使用，由于其通用性强，无论在何处落地，都可转用于其他包装。

(2)周转包装。有一定数量规模并有较固定供应流转渠道的产品，可采用周转包装多次反复周转使用的办法。

(3)梯级利用。一次使用后的包装物，用毕转作他用或用毕进行简单处理后转作他用。例如，瓦楞纸箱部分损坏后，切成较小的纸板再制成小箱，或将纸板用于垫衬。有的包装物在设计时，设计成多用途的，在一次使用完毕之后，可再使用其他功能。

(4)再生利用。对废弃的包装经再生处理，转化为其他用途或制成新材料。例如，废弃包装塑料制再生塑料等。

3. 新包装材料和包装器具的开发

利用各种复合技术、包装容器技术，大量开发新包装材料和容器是包装现代化的重

要内容。这方面的主要趋势是包装物的高功能化，用较少的材料实现多种包装功能。

4. 网络经济时代包装管理发展趋势

电子商务的兴起和发展，使人们通过互联网就可以搜寻到有关商品的全部信息，这些信息远胜于利用传统包装而获取的信息。因此，随着电子商务的发展，包装促销的功能会逐渐弱化，促销型包装领域会大幅度地狭窄化。

第三节　流通加工

一、流通加工的概念

流通加工是流通过程中的加工活动，是为了方便流通、方便运输、方便储存、方便销售、方便用户以及物资充分利用、综合利用而进行的加工活动。

流通加工是物流中具有一定特殊意义的物流功能，是物品在从生产地到使用地的过程中，根据需要施加包装、分割、计量、分拣、刷标志、栓标签、组装等简单作业的总称。

流通加工和一般生产加工相比较，在加工方法、加工组织、生产管理方面无显著区别，但在加工对象、加工程度方面差别较大。其差别主要表现在：

(1)加工目的的区别。流通加工的目的主要是为了方便流通、方便运输、方便储存、方便销售、方便用户和物资充分利用；而生产加工的目的在于创造物资的使用价值，使它们能成为人们所需要的商品。

(2)加工对象的区别。流通加工的对象是进入流通过程的商品，具有商品的属性；而生产加工的对象不是最终产品，而是原材料、零配件及半成品。

(3)加工内容的区别。流通加工大多是简单加工，主要是解包分包、裁剪分割、组配集合、废物再生利用等；而生产加工一般是复杂加工。

(4)所处领域的区别。流通加工处在流通领域，由流通企业完成；而生产加工处在生产领域，由生产企业完成。

二、流通加工的目的

1. 方便流通、方便运输、方便储存、方便销售、方便用户

如钢板裁剪，薄板厂生产出来的薄板为60吨一卷，运输、吊装、储存都非常方便，但运到金属公司销售给用户时，有的用户只买几米。为了方便销售、方便用户，就需要金属公司用切板机将钢板切割、裁剪成适合用户使用的形状尺寸，用户买回去就可以直接使用，因此，钢板裁剪这种流通加工就起到了方便流通、方便运输、方便储存、方便销售、方便用户的作用。其他如钢筋或圆钢裁制成毛坯、木材锯板等都具有这样的作用。

2. 降低用户成本

用量小或临时需要的用户，缺乏进行高效率初级加工的能力，依靠流通加工可使用

户省去进行初级加工的机器设备的投资及人力，降低了成本。目前发展较快的初级加工有净菜加工、将水泥加工成生混凝土、将原木或板方材加工成门窗，以及冷拉钢筋及冲制异形零件、钢板预处理、整形、打孔等加工。

3. 提高生产效益和流通效益

采用流通加工，生产企业可以进行标准化、整包装生产，这样做适应大生产的特点，提高了生产效率，节省了包装费用和运输费用，降低了成本；流通企业可以促进销售，增加销售收入，也提高了流通效益。

4. 提高加工效率及设备利用率

可以建立集中加工点，采用效率高、技术先进、加工量大的专用机具和设备，这样做的好处，一是提高了加工质量，二是提高了设备利用率，三是提高了加工效率。其结果是降低了加工费用及原材料成本。

5. 充分发挥各种输送手段的最高效率

从流通加工到消费环节这一阶段距离短，主要是利用汽车和其他小型车辆来配送经过流通加工后的多规格、小批量、多用户的产品。这样可以充分发挥各种输送手段的最高效率，加快输送速度，节省运力、运费。

6. 可实现废物再生、物资充分利用和综合利用，提高物资利用率

例如，集中下料可以优材优用、小材大用、合理套裁，具有明显的提高原材料利用率的效果。

三、流通加工的类型

为了充分体现流通加工对物流服务功能的增强作用，流通加工的种类很多。

1. 为保存产品的流通加工

在物流过程中，直到用户投入使用前都存在对产品的保护问题，以防止产品遭到损失，使使用价值能够顺利实现。例如，水产品、蛋产品、肉产品的保鲜、保质的冷冻加工、防腐加工等；丝、麻、棉织品的防虫、防霉加工等。

2. 为满足需求多样化的流通加工

为了满足客户对产品多样化的需要，同时又保证高效率的社会化大生产，可将生产出来的标准产品进行多样化的改制加工。例如，对钢材卷板的舒展、剪切加工；平板玻璃按需要规格的开片加工；木材改制成枕木、方材、板材的加工等。

3. 为方便消费、省力的流通加工

这是为了使消费者更加方便而对产品进行的流通加工。例如，根据需要将钢材定尺、定型，按要求下料；将木材制成可直接投入使用的各种型材；将水泥制成混凝土拌合料，使用时只需稍加搅拌即可使用等。

4. 为实现配送进行的流通加工

例如，混凝土搅拌车可根据客户的要求，把沙子、水泥、石子、水等各种不同材料按比例要求装入可旋转的罐中。在配送路途中，汽车边行驶边搅拌，到达施工现场后，

混凝土已经均匀搅拌好，可直接投入使用。

5. 为提高物流效率、降低物流损失的流通加工

例如，自行车在消费地区的装配加工可防止整车运输的低效率和高损失；造纸用木材磨成木屑的流通加工，可极大地提高运输工具的装载效率；集中煅烧熟料、分散磨制水泥的流通加工，可有效地防止水泥的运输损失，减少包装费用，也可以提高运输效率；石油气的液化加工，使很难输送的气态物转变为容易输送的液态物，亦可提高物流效率。

6. 为衔接不同输送方式、使物流更加合理的流通加工

如散装水泥中转仓库把散装水泥装袋，将大规模散装水泥转化为小规模散装水泥的流通加工，就衔接了水泥厂大批量运输和工地小批量装运的需要。

7. 为提高产品利用率的流通加工

如钢材的集中下料可充分进行合理下料、搭配套裁、减少边角余料，从而达到加工效率高、加工费用低的目的。

四、流通加工合理化

流通加工合理化是指实现流通加工的最优配置，不仅要做到避免各种不合理现象，使流通加工有存在的价值，而且要做到最优的选择。

为避免各种不合理现象，对是否设置流通加工环节，在什么地点设置，选择什么类型的加工，采用什么样的技术装备等，需要做出正确抉择。目前，国内在进行这方面合理化的考虑中已积累了一些经验，取得了一定成果。实现流通加工合理化主要考虑以下几方面。

1. 加工与配送相结合

加工与配送相结合是将流通加工设置在配送点中，一方面按配送的需要进行加工，另一方面，加工又是配送业务流程中分货、拣货、配货的一环，加工后的产品直接投入配货作业。这样就无须单独设置一个加工的中间环节，使流通加工有别于独立的生产，而使流通加工与中转流通巧妙地结合在一起。同时，由于配送之前有加工，可使配送服务水平大大提高，这是当前对流通加工作合理选择的重要形式，在煤炭、水泥等产品的流通中已表现出较大的优势。

2. 加工与配套相结合

在对配套要求较高的流通中，配套的主体来自各个生产单位。但是，完全配套有时无法全部依靠现有的生产单位，进行适当的流通加工，可以有效地促成配套，大大提高流通的桥梁与纽带作用。

3. 加工与合理运输相结合

流通加工能有效衔接干线运输与支线运输，促进两种运输形式的合理化。利用流通加工，在支线运输转干线运输或干线运输转支线运输这一本来就必须停顿的环节，不进行一般的支转干或干转支，而是按干线或支线运输合理的要求进行适当加工，从而大大提高运输及运输转载水平。

4. 加工与合理商流相结合

通过加工有效促进销售，使商流合理化，也是流通加工合理化的考虑方向之一。加工与配送结合，通过加工，提高了配送水平，强化了销售，是加工与合理商流相结合的一个成功的例证。此外，通过简单地改变包装加工形成方便的购买量，通过组装加工解除用户使用前进行组装、调试的难处，都是有效促进商流的例子。

5. 加工与节约相结合

节约能源、节约设备、节约人力、节约耗费是流通加工合理化的重要考虑因素，也是目前我国设置流通加工、考虑其合理化的较普遍形式。

本章小结

本章主要介绍了装卸搬运、包装和流通加工的相关知识点。其具体包括：装卸搬运的定义、特征、合理化以及装卸搬运设备的分类和选择；包装的定义、功能、分类，以及常见的包装材料、包装常用技术和包装现代化；流通加工的概念、目的、类型以及合理化。

本章思考题

1. 简述装卸搬运的特征。
2. 分析装卸搬运合理化的措施。
3. 简述包装的功能。
4. 分析流通加工与生产加工的区别。
5. 举例说明流通加工的类型。

物流成本管理

➤ 导引案例

随着汽车市场竞争越来越激烈，很多汽车制造厂商采取了价格竞争的方式来应战。在这个背景下，大家都不得不降低成本。而要降低成本，很多厂家都从物流这个被视作“第三大利润”的源泉入手。有资料显示，我国汽车工业企业，一般的物流成本起码占整个生产成本的20%以上，差的公司基本在30%～40%，而国际上物流做得比较好的公司，其物流成本都控制在15%以内。

上海通用公司利用精益生产、及时供货、循环取货、减少库存、建立供应链预警机制、追求共赢等有效方式降低了物流成本。

资料来源：http://www.21manager.com/html/2008/7-25/153301835.html

第一节　物流成本概述

一、物流成本的概念

人们越来越认识到物流成本节约会给企业乃至整个社会带来巨大效益，因此，物流成本问题也受到了普遍关注，如物流成本占GDP的比重问题、物流成本的管理模式问题、物流成本控制问题等。

对物流成本可以从宏观与微观两个层面来进行考察。

1. 宏观物流成本

宏观物流是指社会再生产总体的物流活动，或者是指从社会再生产总体角度认识和研究的物流活动，这种物流活动遍及整个社会经济的各个方面。宏观物流成本是从社会再生产总体的角度考察的物流活动所发生的耗费水平。

国内外专家学者在很多场合提及的“物流成本”概念实质上是宏观物流成本的概念。

目前用来衡量一个国家物流业发展水平的物流成本占 GDP 的比重指标，其所用的物流成本就属于一种宏观物流成本。

2. 微观物流成本

与宏观物流相对应，微观物流是指企业所从事的实际的、具体的物流活动，微观物流成本即为具体企业的物流成本。

美国管理会计师协会 1992 年发布的“物流成本管理公告”中指出：“物流成本是指企业在计划、实施、控制内部和外部物流活动的过程中所发生的费用。具体说来，物流成本包括企业在采购、运输、仓储、物料和存货管理、订单处理、客户服务、预测和生产计划、相关信息系统以及其他物流支持活动等典型的物流活动中所发生的费用。但是，这些费用不包括原材料的采购成本、产成品的生产成本、营销和销售费用以及与物流活动无直接关系的其他费用。”这一物流成本概念体现了其两方面的特征：一是从物流活动需求方的角度来定义物流成本；二是物流成本是指企业典型物流活动所发生的费用。

从上述宏观物流成本和微观物流成本的概念可以看出，目前对物流成本概念界定的特点是：理解物流成本概念的出发点是物流服务的需求方，即现行物流成本概念的理解局限于从物流活动的需求方如制造企业或流通企业来阐述物流成本的内涵；企业物流成本中所占比重较大的费用是运输费和库存费两项，其中库存费的内容丰富，不仅包括仓储成本，还考虑存货的资金占用费。

二、物流成本的构成及分类

(一) 物流成本的构成

具体来说，物流成本由以下几部分构成：

(1)物流活动中的物资消耗，主要包括电力、燃料、包装耗材、固定资产的损耗等。

(2)物资在物流活动中发生的合理耗损。

(3)企业开展物流活动的人力成本，包括职工工资、奖金、津贴及福利费用等。

(4)物流活动中发生的其他费用，包括与物流活动有关的办公、差旅支出。

(5)用于保证物流系统运作顺畅的资金成本，包括利息、手续费等。

(6)研究设计、重建与优化物流过程的费用。

从我国的财务管理过程看，由于处于社会再生产的不同领域，物流成本在具体核算时是按照流通企业物流成本和生产企业物流成本分别核算的。

作为生产企业，涉及原材料、零部件的供应，加工组装形成产成品，然后向市场销售等环节；作为批发企业，涉及供货、保管、根据订单发货等工作，特别是当出现退货的状况时，还有最后的商品处理活动；作为零售企业，则是先从供货方订货，进行进货检查，再根据顾客的要求，进行个体配送服务。

然而在企业的各类财务表中，所表现出来的物流费主要是销售费用，以及一般管理费用和制造成本明细表中的保管费、运输费等“对外支付的物流费”，这些费用并没有涵盖物流成本的全部费用。一般情况下，大多数企业发生的全部物流费用往往是表现出来的两倍或者更多倍。

这些隐藏的部分常称为“第三利润源”。在企业活动中，除了前面所说的直接支付的物流成本外，还有因使用本企业资源而产生的“企业物流费”，这表现为人员费、车辆费、折旧补偿费等。此外，应对供应要求而产生的费用，还包括销售成本或制造成本及库存资金利息等营业外费用。

为了全面地了解物流成本，需要按照不同的物流领域、不同的支付形态，以及不同的物流工程来计算物流成本，从而根据业务负荷的比例来分配物流成本。

（二）物流成本的分类

1. 按经济内容分类

按经济内容分类，可划分为劳动对象方面的成本、劳动手段方面的成本和活劳动方面的成本三大类。

2. 按经济用途分类

(1)运输成本。运输成本主要包括：人工费用，如工资、福利费、奖金、津贴和补贴等；营运费用，如营运车辆的燃料费、轮胎费、折旧费、维修费、租赁费、车辆牌照检查费、车辆清理费、养路费、过路过桥费、保险费、公路运输管理费等；其他费用，如差旅费、事故损失、相关税金等。

(2)流通加工成本。流通加工成本的主要构成内容为流通加工设备费用、流通加工材料费用、流通加工劳务费用以及流通加工的其他费用。除上述费用外，在流通加工中耗用的电力、燃料、油料及车间经费等费用，也应归到流通加工费用之中。

(3)配送成本。配送成本是企业的配送中心在进行分货、配货、送货过程中所发生的各项费用总和，其成本由配送运输费用、分拣费用、配装费用构成。

(4)包装成本。包装成本一般包括包装材料费用、包装机械费用、包装技术费用、包装辅助费用以及包装的人工费用。

(5)装卸与搬运成本。装卸与搬运成本主要包括人工费用、固定资产折旧费、维修费、能源消耗费、材料费、装卸搬运合理损耗费用以及其他如办公费、差旅费、保险费、相关税金等费用。

(6)仓储成本。仓储成本主要包括仓储持有成本、订货或生产准备成本、缺货成本和在途库存持有成本。

成本按经济用途的分类，反映了企业不同职能的费用耗费，因而也称为成本按职能的分类。这种分类有利于成本的计划、控制和考核，便于对费用实行分部门管理和进行监督。

3. 按成本与业务量的关系分类

(1)固定成本。固定成本是指其总额在一定时期和一定业务量范围内，不受业务量增减变动影响而保持不变的成本，如管理人员的工资、机器设备的租金等。

(2)变动成本。变动成本是指其总额随着业务量的变动而成正比例变动的成本，如直接材料费用、直接人工费用、包装材料费用等。

4. 根据物流成本计入营业成本的分类

(1)直接成本。直接成本也称为可追溯成本，是指与某一特定的成本对象存在直接关系，它们之间存在明显的因果关系或受益关系，它是为某一特定的成本对象所消耗，因此可直接记入该成本对象的成本。一种成本是否属于直接成本，取决于它与成本对象是否存在直接关系，并且是否便于直接计入。因此，直接成本也可以说是与成本对象直接相关的成本中，可以用经济合理的方式追溯到成本对象的那一部分成本。

(2)间接成本。与直接成本相反，间接成本是指与某一特定成本对象没有直接联系，它为几种成本对象所共同消耗，不能直接记入某一特定成本对象的成本。例如，厂房的折旧属于间接成本。

其中成本对象是指需要对成本进行单独测定的一项活动，它可以是一件产品、一项服务、一项设计、一个客户、一种商标、一项作业或一个部门等。

5. 按物流成本转化为费用的不同方式分类

(1)产品成本。产品成本是指可记入存货价值的成本，包括按特定目的分配给一项产品的成本总和。在实务中，产品成本包括直接材料费用、直接人工费用、燃料和动力费用、制造费用。

(2)期间成本。期间成本是指不记入产品成本的生产经营成本，包括除产品成本以外的一切生产经营成本。企业的期间成本包括营业费用、管理费用、财务费用。

三、物流成本的影响因素

(一)产品对物流成本的影响

产品是物流对象，因此，产品是影响物流成本的首要因素。不同产品，在产品的种类、属性、重量、体积、价值和物理、化学性质方面都可能不同，这些对物流活动如仓储、运输、物料搬运的成本问题均会产生不同的影响。

1. 产品的种类对物流成本的影响

食品和消费品的物流成本占销售额的比重最大，达32%，其次是主要的金属产品，所占比重也将近达到30%，而所占比重最低的化工和塑料产品物流成本比重不到15%。

2. 产品的密度对物流成本的影响

产品的密度对物流成本也是有影响的，因为产品的密度是由它的重量和体积决定的。而产品的运输成本、仓储成本一般以重量或体积作为计量单位来计算，所以产品密度对物流成本有直接的影响。随着产品密度的增加，即产品重量体积比增大，仓储和运输成本占销售价格的比重呈降低趋势。

3. 产品的价值对物流成本的影响

产品的价值不同，需要的物流成本的支持也存在差异。虽然运输成本、仓储成本一般是按重量和体积计算的，但价值高的产品的物流成本都相对比一般产品的物流成本高。例如，在国际物流中海运费率的一条重要原则是：高价值的商品的运费率要高于低价值的商品。因为运输成本和仓储成本都含有保险费，保险费是按照产品的价值的比率来计算的，而且存储成本包含的库存维持成本也是按产品价值的一定比率计算的，这些都增加了产品的物流成本。

4. 产品的可替代性对物流成本的影响

产品的可替代性对物流成本也会有影响。这是因为产品可替代性强，就意味着如果本企业的产品的价格相对高，或处于暂时缺货的状态，客户会很容易选择其他品牌的产品。因此，可替代性强的产品竞争除了品牌竞争之外，更要重视服务的竞争。例如，考虑通过运输服务的选择、仓储服务的选择或两者兼用来降低此类产品的失销成本，保持住现有的客户群，由此就增加了物流成本。

5. 产品的风险性对物流成本的影响

产品的风险性是指产品本身存在的易燃性、易损性、易腐性和易于被盗等方面的特性。产品的风险性会对物流活动有特定的限制，从而引起物流成本的上升。例如，精密度高的产品对保管和养护条件的要求较高，这无疑对物流的各个环节如运输、搬运、仓储都提出很高的物质要求，从而引起物流成本的增加；又如，新鲜的水果、鲜花需要冷藏储存和运输，通常需要使用费用高昂的航空运输。而产品价值高的产品在运输仓储时的防盗措施必不可少。总之，由于产品的风险性而在物流过程中引起特殊防护作业，会增加物流成本。

（二）物流环节对物流成本的影响

物流环节的多少、经历时间的长短将直接影响着物流成本的大小。有资料显示，在物料形成产品的总生产时间中，真正的加工时间只有10%～20%，其余时间都消耗在物料运输、等待时间(如在库时间、设备调整准备时间)上。所以，一般而言，对于物流环节，原则是中间环节尽可能减少，在中间环节停留的时间也要尽可能少，每段运输距离尽可能短，而运输速度尽可能提高。而这也正是在运输中要“直达直线运输”、“四就直接运输”的原因所在。

（三）物流服务对物流成本的影响

物流服务对企业物流成本也是有影响的。随着市场竞争的加剧，物流服务越来越成为企业创造持久竞争优势的有效手段。更好的物流服务会增加收入，但同时也会提高物流成本。例如，为改进顾客服务水平，通常使用溢价运输，这对总成本的影响是双方面的：运输成本曲线将向上移动以反映更高的运输费用；库存费用曲线将向下移动以反映较低的临时库存而导致平均库存的减少。在一般情况下，这些成本变化后的净值是总成本的增加，但如果改进服务能增加收入，则这样的成本调整(增加)通常可视为合理的。当然，决不能为提供更令人“满意”的服务而导致物流成本的急剧增加，而且其增加值大于长期销售收入增长所创造的利润。

（四）物流运作方式对物流成本的影响

企业的物流运作方式分为自营物流和外包物流两种。随着市场竞争的加剧，企业的物流运作方式从最初的所有物流业务全部自营，逐渐发展为部分物流业务外包直至全部外包。其重要原因就是希望通过外包寻求企业物流成本的降低。当然，外包能降低企业的物流成本，但这并不是一概而论的。对于规模大、物流设施较齐全，且物流运作已经较为成熟的企业，保持自营的方式更能充分利用企业的资源，提高企业的资金利用水平，减少物流成本的支付。

（五）核算方式对物流成本的影响

各企业不同的会计记账需要导致了对于物流成本目前存在着很多不同的核算方式，从而导致了各企业的物流成本除了"量"的差异外，还存在着"质"的差异。

第二节　物流成本管理及控制

一、物流成本管理的意义

物流成本管理的意义主要是通过对物流成本的有效把握，利用物流要素之间的效益背反关系，科学、合理地组织物流活动，加强对物流活动过程中费用支出的有效控制，降低物流活动中的物化劳动和活劳动的消耗，从而达到降低物流总成本、提高企业和社会经济效益的目的。

1. 宏观角度

物流成本就是指用金额评价物流活动的实际情况。现代物流成本主要是指从原材料供应开始一直到将商品送达到消费者手上所发生的全部物流费用。物流成本没有被列入企业的财务会计制度，制造企业习惯将物流费用计入产品成本，而商业企业则把物流费用与商品流通费用混在一起。无论是制造企业还是商业企业，不仅难以按照物流成本的内涵完整地计算出物流成本，而且连已经被生产领域和流通领域分割开来的物流成本，也不能单独真实地计算并反映出来。

2. 微观角度

企业经营的一个重要目标是以最小的投入换取最大的收益。实现这一目标的最好途径是成本管理，物流成本控制是对成本限额进行预算，将实际成本与目标成本限额加以比较，纠正存在的差异，提高物流活动的经济效益。

单项物流活动的成本降低必将导致其他部分成本增加，如果处理不当，甚至有可能导致总成本的上升。物流总成本分析是进行一体化物流管理的关键，运用总成本分析法可以有效管理和实现真正意义上的成本降低。

物流总成本是企业管理物流运作的主要指标。但是物流总成本本身并不能反映企业的物流运作好坏。通过对物流总成本的统计分析，使企业可以从全局的角度了解自身的物流运作现状，明确目前关键的瓶颈问题以及突破口，提出解决的方法，以提高企业整体的运作绩效。

二、物流成本管理的内容和方法

（一）物流成本管理的内容

物流成本管理，就是通过成本去管理物流。管理的对象是物流而不是成本，物流成本管理可以说是以成本为手段的物流管理方法。这主要是因为：其一，成本能真实地反映物流活动的实态，一旦用成本去掌握物流活动，物流活动方法上的差别就会以成本差别的形式明显地表现出来；其二，成本可以成为评价所有活动的共同尺度，用成本这个统一的尺度来评价各种活动，可以把性质不同的活动放到同一场合进行比较，是有效管理物流的一种新思路。

物流成本管理按其目的和方法可分为物流成本控制和物流成本降低两种。

1. 物流成本控制

物流成本控制是指运用预算的方法，设定成本费用标准，将实际物流成本(费用)与预算标准作比较，发现并纠正不利差异，提高经济效益。从总体来说，物流成本的控制由局部控制和综合控制两部分组成。

1)物流成本的局部控制

物流成本的局部控制是指在企业的物流活动中，针对物流的一个或某些局部环节的支出所采取的策略和控制，以达到预期的物流成本目标。物流成本局部控制的基本内容包括：①运输费用的控制；②储存费用的控制；③装卸搬运费用的控制；④包装费用的控制；⑤流通加工费用的控制。

企业物流成本局部控制方式的选择依赖于企业物流的运作模式。如果企业各部门之间的联系不紧密，物流费用的控制效果就不会令人满意。只有按照物流系统化的思想，规划和实施物流各环节的控制策略，方能避免企业仅满足于降低局部费用而忽视物流系统给企业带来的实质性的成本效应。因此，企业物流管理者必须协调各个部门，在符合经济性原则和因地制宜原则的前提下努力实现企业物流过程的综合控制。

2)物流成本的综合控制

物流成本的综合控制包括事前、事中和事后对物流成本进行预算制定、执行监督、信息反馈、偏差纠正等全过程的系统控制，以达到预期管理控制目标。综合控制具有系统性、综合性、战略性的特点，有较高的控制效率。综合控制的目标是局部控制的集成，是实现企业物流成本最小化的基本条件和保证。

企业物流成本综合控制的主体是企业的物流管理组织和结构，客体是企业经济活动中发生的整体物流费用。

在企业的财务会计中，向企业外部支付的物流费用能够从账面上反映出来，企业内部消耗的物流费用一般是制造费用或经营费用而难以单独反映，这一部分的物流费用比人们想象的要大得多。物流成本的控制不仅仅针对向外支付的物流费用，还要控制企业内部的物流费用。具体而言，对物流成本的计算，除了通常提到的运输、包装等传统物流费用外，还包括流通过程中的基础设施建设、商品在库维持、企业物流信息系统的投资等一系列费用。对物流费用的管理不能仅从物流本身的效率来考虑，费用、质量、价格、销量之间存在联动关系，使费用控制无法单独着眼于费用本身。

综合考虑物流费用与它所提供的服务，以及物流投入给企业所带来的相对竞争优势等因素，即理解和确定企业物流成本控制目标，要将成本控制放在一个更广阔的背景中考察，考虑在真正意义上控制物流总成本。

2. 物流成本降低

物流成本降低，是指为不断降低企业物流成本而做出的努力。

1)物流成本降低与物流成本控制的区别

(1)物流成本控制以完成预定成本限额为目标；而物流成本降低以物流成本最小化为目标。

(2)物流成本控制仅限于有成本限额的物流项目；而物流成本降低不受这种限制，涉及企业的全部物流活动。

(3)物流成本控制是在执行决策过程中努力实现成本限额，包括成本预算、控制和分析；而物流成本降低应包括正确选择经营方案，涉及制定决策过程，包括成本预测和决策。

(4)物流成本控制是指降低物流成本支出的绝对额，故又称为绝对成本控制；而物流成本降低还包括统筹安排物流成本和物流服务水平的相互关系，以求物流服务水平的提高超过物流成本的增长，实现成本的相对节约，因此又称为相对成本控制。

2)物流成本降低的途径

(1)物流合理化。物流合理化是使一切物流活动和物流设施趋于合理，以尽可能低的成本获得尽可能好的物流服务。根据物流成本的效益背反理论，物流的各个环节的成本往往此消彼长，若不综合考虑，必然会造成物流成本的增大，造成物流费用的极大浪费。对于一个企业来说，物流合理化是降低物流成本的关键因素，它直接关系到企业的效益，也是物流管理追求的总目标。物流的合理化要根据实际的流程来设计、规划，不能单纯地强调某环节的合理、有效、节省成本，而是要系统地考虑。

(2)提高物流速度。提高物流速度，可以减少资金占用，缩短物流周期，降低存储费用，从而节省物流成本。可以通过加快采购物流、生产物流、销售物流的速度来缩短整个物流周期，通过加大资金利用率来提高物流速度。美国生产企业的物流周期为平均每年 16～18 次，而我国目前还不到 2 次，也就是说，生产同样的物品，我们需要的资金是美国的 8～9 倍。由此可见，在我国通过提高物流周转速度来降低物流成本的空间非常之大。

(3)优化物流服务水平和成本水平。提高对客户的物流服务水平是企业确保长期收益的最重要手段，提高客户服务水平是降低物流成本的有效方法之一。但是超过必要量的物流服务不仅不能带来物流成本的降低，反而有碍于物流效益的实现。因此，在正常情况下，为了既保证提高对客户的物流服务质量，又防止出现过剩的物流服务，企业应当在考虑客户产业特性和商品特性的基础上，与客户充分协调，探讨有关物流配送的组合、降低物流成本等问题，以寻求在提高物流服务质量的前提下，降低物流成本的最佳途径。

(4)建立物流信息系统。建立物流信息系统主要是为了企业在各项经营活动开展过程中，对从接受订货到发货的各种物流职能进行控制，使之实现高效率。其目标首先是提高为客户服务的质量，也就是将接受订货的商品迅速、准确地交给客户；其次是降低物流成本，消除与物流各种活动有关的浪费现象，运用协调而有效率的物流系统，以降低总成本。

(5)实行共同配送。企业间建立共同配送关系，资源共享，可以得到以下几个方面的好处：达到配送作业的经济规模，降低企业的营运费用；不需投入大量资金、设备、土地、人力等，可以节省企业资源；企业可以集中精力经营核心业务。

(6)建立物流子公司。物流子公司将本来分散于企业中的物流职能分离出来，形成专门的经营物流的行业，从而大幅度地降低物流成本。

（二）物流成本管理的综合方法

1. 物流成本横向管理法

物流成本横向管理法是对物流成本进行预测和编制预算。物流成本预测是在编制物流成本预算之前进行的，主要是通过对本年度物流成本进行分析，充分挖掘降低物流成本的潜力，寻求降低物流成本的有关技术、经济措施，从而保证物流成本预算的先进性和可靠性。物流成本预算按时间标准进行划分，有月度计划、季度计划、年度计划以及短期计划(半年或 1 年)、中期计划(3 年)、长期计划(5 年或 10 年)等。

2. 物流成本纵向管理法

物流成本纵向管理法是对物流过程的优化管理。物流过程是一个创造时间价值和空间价值的经济活动过程，为使整个过程提供最佳的价值效能，就必须保证物流各个环节的合理化和物流过程的迅速、通畅。物流系统是一个庞大而复杂的系统，要对它进行优化，需要借助于先进的管理方法和管理手段，先在其单项活动范围内进行，再发展到对整个物流系统进行模拟，采取最有效的方法来组织物流系统，使之合理化。

3. 计算机管理系统

计算机管理系统将物流成本的横向、纵向连接起来，形成一个不断优化的物流系统的循环。通过一次循环、计算、评价，整个物流系统不断地优化，最终可找出其总成本最低的最佳方案。

三、物流成本计算

（一）物流成本计算的特点

1. 计算要素难以确定

物流成本计算要素难以确定主要有以下原因：

(1)物流成本的计算内容难以归纳。对于向外部支付的运输费、保管费、装卸费等费用各企业一般都会计入物流成本，而且也比较容易计入物流成本。但是企业内部发生的物流费用，如与物流有关的人工费、设施建设费、设备购置费及折旧费、维修费等混于企业所发生的所有人工费、设施建设费、设备购置费以及折旧费、维修费中，是否也计入物流成本，怎样取舍，企业在实际操作计算时，无统一规范，难以计算。

(2)物流费用很难清楚界定。有些企业的物流部门对于一些物流成本无法掌握和控制。例如，物流成本中过量服务所发生的费用与标准服务所发生的费用是混合在一起的；很多企业将促销费用列在物流成本中；对于保管费用中的过量进货、过量生产等在库维持费用，以及紧急送达等产生的费用，一般也是纳入物流成本的，这无疑增加了物流成本计算与管理的难度。

(3)物流成本的计算范围太大。从供应链的角度，物流包括原材料的物流、工厂内部的物流、从工厂到仓库和配送中心的物流、从配送中心到商店的物流等过程，涉及的单位很多，应用范围很广，实践跨度大，在计算物流成本时难免有所遗漏，很难做到准确。

(4)以不同的对象计算物流成本的结果相差很大。物流涉及的过程和环节较多，在以物流的过程为对象计算物流成本时，哪些过程应该作为成本的计算对象，哪些过程不应该作为成本的计算对象，难以确定。如果只将运输和保管费用计入物流成本，与将运输、保管、装卸、信息等各个物流过程以及各物流过程间的协调费用全部计入物流成本进行计算相比，两者的计算结果相差极大。

2. 按照现行会计核算制度计算物流成本难度很大

现行的财务会计制度和会计核算方法对物流成本没有分列记账，物流费用在企业财务会计制度中没有单独的科目。一般采用的方法是将企业所有的成本都列在不同的成本费用项目中，如将其分散到“材料采购”、“管理费用”、“销售费用”及“财务费用”等账户中进行混合核算，所以不能掌握物流费用的实际情况。

按照现行会计核算制度，购买原材料所支付的物流费用是计算在原材料成本中的，工厂生产的产品从工厂运到商业部门的物流成本是计算在主营业务成本中的，自运运输费用和自用保管费是计入营业费用中的，另外与物流有关的利息是计入财务费用中的。

3. 核算方法难以统一

我国对物流成本计算的范围和具体计算方法还没有形成统一的规范。不同企业的物流成本项目不同，在如何统一物流成本计算项目方面也没有统一的标准。各企业对物流成本的计算和控制是分散进行的，即各企业根据自己不同的理解和认识计算和控制本企业的物流成本，企业间无法就物流成本进行比较分析，也无法得出行业平均物流成本值。

国外一些发达国家物流成本的计算是按照统一标准进行的。

（二）物流成本计算的原则

1. 合法性原则

合法性原则是指计入成本的支出都必须符合国家法律、法令、制度等关于成本支出范围和标准的规定，不符合规定的支出不能计入成本。成本支出范围是指哪些支出可计入成本，哪些支出不可计入成本；所谓成本支出标准，是指可计入成本范围的支出的数据限制。

2. 相关性原则

相关性原则包括成本信息的有用性和及时性。有用性是指成本核算要为管理当局提供有用的信息，为成本管理、预测、决策服务。及时性是指强调信息取得的时间性。

3. 可靠性原则

可靠性原则包括真实性和可核实性。真实性是指所提供的成本信息与客观的经济事项相一致，不应掺假，或人为地提高、降低成本。可核实性是指成本核算资料按一定的原则由不同的会计人员加以核算，都能得到相同的结果。

4. 分期核算的原则

企业为了取得一定期间所发生的物流成本，必须将连续进行的生产经营活动按一定阶段(如月、季、年)划分为各个时期，分别计算各期的物流成本。成本核算的分期，必须与会计年度的分月、分季、分年相一致，这样可以便于利润的计算。

5. 权责发生制原则

权责发生制原则是指成本核算应以权责发生制原则为基础。对于应由本期成本负担的支出，不论其是否在本期已经支付，都要计入本期物流成本；不应由本期物流成本负担的支出(即已计入以前各期的成本，或应由以后各期成本负担的支出)，即使是在本期支付，也不应计入本期物流成本。凡应当由本期负担而尚未支出的费用，作为预提费用计入本期成本、费用；凡已支出，应当由本期和以后各期负担的物流费用，应当作为待摊费用，分期摊入物流成本、费用。

6. 按实际成本计价的原则

企业在生产经营过程中所发生的各项费用，应当以实际发生数计入成本、费用。生产经营所耗用的原材料、燃料、动力要按实际耗用数量和实际单价计算成本。在成本发生的确认、分配、归集和结转的全过程中都应遵循按实际成本计价的原则，以保证成本信息的真实性。

7. 一致性原则

成本核算对象、成本项目和成本计算方法前后各期一致，其目的是为了使各期的成本资料有统一的口径，前后连贯，互相可比，以提高成本信息的可利用程度。

8. 重要性原则

重要性原则是指在物流成本核算过程中，应基于管理要求，区分主次，对于那些对物流成本有重大影响的项目应作为管理重点，力求精确。而对于那些不太重要的琐碎项目，则可以从简处理。

(三)物流成本计算程序

物流成本计算是按照国家有关的法规、制度和企业经营管理的要求，对物流服务过程中实际发生的各种劳动耗费进行计算，提供真实、有用的物流成本信息。

成本核算的一般程序是对企业在生产经营过程中发生的各项物流费用，按照成本核算的要求，逐步进行归集和分配，最后计算出各项期间费用、物流总成本和各种成本对象的物流成本的基本过程。根据前述的物流成本计算原则、要求和费用的分类，可将物流成本计算的一般程序分为以下几个步骤。

1. 明确物流范围

物流范围作为成本的计算领域，是指物流的起点和终点之间。其具体包括以下几个方面：原材料物流，即原材料从供应商转移到工厂时的物流；工厂内物流，即原材料、半成品、产成品在企业的不同工序、不同环节的转移和存储；从工厂到仓库的物流；从仓库到客户的物流，这个范围相当广阔。因此，从哪里开始到哪里为止，作为物流成本的计算对象，会使物流成本发生很大的变化。

2. 确定物流功能范围

物流功能范围是指在运输、保管、配送、包装、装卸、信息管理等众多的物流功能中，把哪种物流功能作为计算对象。把所有的物流功能作为计算对象的成本与只把运输、保管这两种功能作为计算对象所得到的成本会相差悬殊。

3. 审核原始记录

成本核算是以有关的原始记录为依据的，如计算材料费用的领料单或领料登记表，计算工资费用的考勤记录和业务量记录等。为了保证成本核算的真实、正确和合法，成本核算人员必须严格审核有关的原始记录，审核其内容是否填写齐全，数字计算是否正确，签章是否齐全，费用应不应该开支，所耗费用的种类和用途是否符合规定，用量有无超过定额或计划等。这些方面只有经过审核无误后的原始记录才能作为成本计算的依据。

审核原始记录是要对企业发生的各项支出进行严格的审核和控制，并按照国家的有关规定确定其应否计入物流成本，以及应计入生产成本还是期间费用。要在对各项支出的合理性、合法性进行严格审核、控制的基础上，对不符合制度和规定的费用，以及各种浪费、损失等加以制止或追究经济责任。

4. 确定成本计算对象

成本计算的过程是指按照一定的成本计算对象分配、归集物流费用的过程。成本计算对象是指成本计算过程中归集、分配物流费用的对象，即物流费用的承担者。不同的生产经营类型从客观上决定了不同的成本计算对象。企业可以根据自己生产经营的特点和管理要求的不同，选择不同的成本计算对象来归集、分配物流费用。确定成本计算对象，是设置成本明细账、分配物流费用和计算物流成本的前提。不同的成本计算对象，也是区分不同成本计算方法的主要标志。

5. 确定成本项目

为了正确反映成本的构成，必须合理地规定成本项目。成本项目要根据具体情况与需要设置，要有利于加强成本管理，又要便于正确核算物流成本。企业一般应设置直接材料、燃料及动力、直接人工和间接费用等成本项目。在实际工作中，为了使成本项目更好地适应企业的生产经营特点和管理要求，企业可以对上述成本项目进行适当的调整。

6. 处理跨期费用的摊提工作

跨期费用是指按照权责发生制原则，虽在本期支付但应由本期和以后各期共同负担的物流费用，以及本期尚未支付但应由本期负担的物流费用。对于这类物流费用，在会计核算上采用待摊或预提的办法处理。

7. 进行成本归集和分配

将应计入本月物流成本的各项物流费用，在各种成本对象之间按照成本项目进行分配和归集，计算出按成本项目反映的各种成本对象的成本，这是本月物流费用在各种成本对象之间横向的分配和归集。

8. 设置和登记成本明细账

为了使成本核算结果真实、可靠、有据可查，成本计算的过程必须要有完整的记录，也就是说，通过有关的明细账或计算表来完成计算的全过程。要正确计算各种对象的成本，必须正确编制各种费用分配表和归集的计算表，并且登记各类有关的明细账，这样才能将各种费用最后分配、归集到成本的明细账中，算出各种对象的成本。

（四）物流成本计算方法

1. 物流成本计算的一般方法

1)会计核算方法下的物流成本计算

采用会计核算方法计算物流成本，是指通过凭证、账户、报表对物流耗费予以连续、系统、全面的记录、计算和报告的方法。其具体包括两种形式：

(1)双轨制。双轨制是指把物流成本核算与其他成本核算截然分开，单独建立物流成本核算的凭证、账户、报表体系。在单独核算的形式下，物流成本的内容在传统成本核算和物流成本核算中得到双重反映。

(2)单轨制。单轨制是指物流成本核算与企业现行的其他成本核算如产品成本核算、责任成本核算、变动成本核算等结合进行，建立一套能提供多种成本信息的共同的凭证、账户、报表核算体系。在这种情况下，要对现有的凭证、账户、报表体系进行较大的改革，需要对某些凭证、账户、报表的内容进行调整，同时还需要增加一些凭证、账户和报表。

2)统计计算方法下的物流成本计算

通过统计方法计算物流成本是指不要求设置完整的凭证、账户、报表体系，而主要是通过对企业现行成本核算资料的解析分析，从中抽出物流耗费部分(即物流成本的主体部分)，再加上一部分现行成本核算没有包括进去，但要归入物流成本的费用，如物流利息、外企业支付物流费等，然后再按物流管理要求对上述费用重新归类、分配、汇总，加工成物流管理所需要的成本信息。

2. 产品成本计算方法

1)品种法

品种法是指以产品的品种(如劳务作业种类)作为成本计算对象来归集生产经营费用，计算产品成本的一种成本计算方法。其主要适用于单步骤大量大批经营的企业，也用于不需要分步骤计算成本的多步骤大量大批经营的企业。在品种单一的情况下，可采用简单法计算产品成本。在生产经营多品种的情况下，就需要按产品的品种分别设置成本明细账。

2)分批法

分批法是按照产品批别(如劳务作业的批次)归集生产经营费用，计算产品成本的一种方法。其主要适用于单件小批，管理上不要求分步骤计算成本的多步骤的作业。

3)分步法

分步法是指按照产品的生产步骤归集生产经营费用，计算产品成本的一种方法。其适用于大量、大批的多步骤生产，即适用于多环节、多功能、综合性营运的物流企业。

四、物流成本控制

(一)物流成本控制的作用

1. 能够激发职工对物流成本控制的责任感

建立物流责任成本控制制度，把物流成本按相关标准划分成经济责任，落实到部门、物流过程以至个人；把物流成本信息处理及工作考核与各有关的物流成本控制指标紧密联系到一起。这样可以增强各部门、单位、个人的责任感，促使他们在各自的责权范围内，对物流成本行使控制权，达到降低物流成本、提高企业经济效益的目的。

2. 加强企业管理部门对物流各部门的业绩考核监督

物流成本控制使物流各部门、单位明确责任权限之后，有考核业绩的目标，能够有效地改变物流过程中职责不清的现象。由于功过分明，便于奖惩，能充分调动物流部门的积极性和创造性，达到物流成本控制的目的。

3. 促使节约资金并合理利用资金

物流成本在企业成本中占有很大的比重，需要投入大量的人力、物力和财力，如果组织和处理不当，就会造成大的损失和浪费。努力提高物流效率，可以减少资金占用，缩短物流周期，降低储存费用，从而节省物流成本。

物流成本控制是物流成本管理的重要环节，它贯穿于整个物流过程之中。物流成本控制制度能够把事前物流成本预算与日常的物流成本控制有机结合起来，因此，它是加强物流成本管理、提高物流效率的关键问题。

(二)物流成本控制的原则

1. 经济性原则

经济性原则是指节约，即对人力、物力和财力的节省，它是提高经济效益的核心，因而，经济性原则是物流成本控制的最基本原则。

2. 责、权、利相结合原则

只有切实贯彻责、权、利相结合的原则，物流成本控制才能真正发挥作用。企业管理当局在要求企业内部各部门和单位完成物流成本控制职责的同时，必须赋予其在规定的范围内决定某项费用是否可以开支的权力。如果没有这种权力，也就无法进行物流成本控制。同时，还必须定期对物流成本业绩进行评价，据此实行奖惩，以充分调动各单位和职工进行物流成本控制的积极性和主动性。

3. 目标控制原则

目标控制原则是指以目标物流成本为依据，对企业经济活动进行约束和指导，力求以最小的物流成本获取最大的盈利。

4. 全面性原则

在物流成本控制中实行全面性原则，具体有以下三点：

(1)全过程控制。物流成本控制不限于生产过程，而是从生产向前延伸到投资、设计，向后延伸到用户服务成本的全过程。

(2)全方位控制。物流成本控制不仅对各项费用发生的数额进行控制，而且还对费用发生的时间和用途加以控制，讲究物流成本开支的经济性、合理性和合法性。

(3)全员控制。物流成本控制不仅要有专职的物流成本管理机构和人员参与，而且还要发挥广大职工群众在物流成本控制中的重要作用，使物流成本控制更加深入和有效。

5. 重点控制原则

重点控制是指对超出常规的关键性差异进行控制，其目的是保证管理人员将精力集中于偏离标准的一些重要事项上。企业日常出现的物流成本差异成千上万、头绪繁杂，管理人员对异常差异实行重点控制，有利于提高物流成本控制的工作效率。

（三）物流成本控制的基本程序

1. 制定物流成本标准

物流成本标准是指物流成本控制的基准，主要包括物流成本预算中规定的各项指标。但其中的一些指标通常都比较综合，不能满足具体控制的要求，必须规定一系列具体的标准。确定标准的方法通常来说有以下三种。

(1)计划指标分解法。计划指标分解法，即将大指标分解为小指标。分解时，可以按部门、单位分解，也可以按功能分解。

(2)预算法。预算法就是用制定预算的办法来制定控制标准。有的企业基本上是根据年度的生产销售计划来制定费用开支预算，并把它作为物流成本控制的标准。采用这种方法特别要注意从实际出发来制定预算。

(3)定额法。定额法就是建立起定额和费用开支限额，并将这些定额和限额作为控制标准来进行控制。在企业里，凡是能建立定额的地方，都应把定额建立起来。实行定额控制的办法有利于物流成本控制的具体化和经常化。

在采用上述方法确定物流成本控制标准时，一定要进行充分的调查研究和科学计算。此外，还要正确处理物流成本指标与其他技术经济指标的关系(如与质量、生产效率等的关系)，从完成企业的总体目标出发，综合平衡，防止片面性。必要时，还应进行多种方案的择优选用。

2. 监督物流成本的形成

这是指根据控制标准，对物流成本形成的各个项目，经常地进行检查、评比和监督。不仅要检查指标本身的执行情况，而且要检查和监督影响指标的各项条件，如设备、工作环境等。因此，物流成本日常控制要与生产作业控制等结合起来进行。日常控制不仅要有专人负责和监督，而且要使费用发生的执行者实行自我控制，还应当在责任制中加以规定。这样才能调动全体职工的积极性，使物流成本的日常控制有群众基础。

3. 及时纠正偏差

针对物流成本差异发生的原因，查明责任者，区分情况，区分轻重缓急，提出改进措施，加以贯彻执行。对于重大差异项目的纠正，一般采用下列程序：

(1)提出课题。从各种物流成本超支的原因中提出降低物流成本的课题。这些课题首先应当是那些物流成本降低潜力大、各方关心、可能实行的项目。所提出的课题要求包括课题的目的、内容、理由、依据和预期达到的经济效益。

(2)讨论和决策。课题选定以后，应发动有关部门和人员进行广泛的研究和讨论。对重大课题，可能要提出多种解决方案，然后进行各种方案的对比分析，从中选出最优方案。

(3)确定方案实施的方法步骤及负责执行的部门和人员。

(4)贯彻执行确定的方案。在执行过程中也要及时加以监督检查。方案实现以后，还要检查方案实现后的经济效益，衡量是否达到了预期的目标。

本章小结

本章主要介绍了物流成本以及物流成本管理与控制的相关知识点。其具体包括：物流成本的概念、基本构成以及影响因素；物流成本管理的内容和方法、物流成本的计算以及物流成本控制。

本章思考题

1. 物流成本的基本构成有哪些？
2. 宏观物流成本与微观物流成本有哪些区别？
3. 简述产品因素对物流成本的影响。
4. 物流成本管理的内容包括哪些？
5. 物流成本控制的基本程序是什么？

第三篇

物流领域篇

企业物流

导引案例

与通用、福特、戴姆勒·克莱斯勒三大汽车巨头主打大众型汽车不同，宝马以豪华汽车为主。宝马生产的汽车中绝大多数都是根据顾客的个性化要求进行定制的，如新车型 X5 SUV(运动型多功能车)为车主提供了 8 种车体结构、12 种颜色、19 个发动机型号和其他 60 多个个性化要求以供选择。因此，宝马在全球各地的经销商处只保有很有限的车辆，它把销售工作的重心放在汽车展厅上，在那里顾客可以进行观摩，并综合个性需求进行下单。

1998 年，宝马建立了一个新的车身制造车间，扩充了组装线，专门用来装配 X5 SUV。2001 年，宝马又一个新的车身制造车间落成，专门用来制造和装配双排座 Z4 敞篷跑车。Spartanburg 制造厂是宝马唯一的同时生产这两个车型的工厂，生产出的车辆面向全球销售。这也是 Spartanburg 唯一的两个车型。

为了适应定制生产的需要，宝马对 Spartanburg 制造厂进行了扩充，重新设置了厂内布局，对物料搬运系统进行改进，实施新的软件系统，在整个制造流程中实行实时信息掌控，并实行接单生产和柔性生产。

增加生产线以后，组装车间备用件储存量增大，摆在宝马面前的问题是，要么扩大存储面积，要么找出创造性解决这个问题的方法。面临货物处理量大和空间有限的两难境地，宝马最终在车间里实行立体仓储方式，安装了 5 个立体存储单元。采用立体存储方式使宝马省去了 800 平方英尺(1 平方英尺＝0.093 平方米)的车间地面仓储面积。同时为了便于操作工人提取货物，立体存储单元中存放的货物的高度可自动调节。

2002 年 7 月，Spartanburg 制造厂开始采用接受顾客个性化订单、接单后 10 天内交货的拉式供应链模式。宝马把这种新的模式叫做“以顾客为导向的销售和生产”。在如此短的时间内完成订单交付，延迟策略发挥了至关重要的作用。采用延迟策略，推迟个性化订单送上组装线的时间，大大缩短了订单交付的前置期。现在，当车身喷漆完毕、暂时存储风干后，再送上装配线，这意味着车主在最终装配开始前6天提交的定制要求都是有效的。这是对组装完成再喷漆的作业模式的改革。

采用以市场为导向的拉式供应链系统，借助排序中心进行接单生产，宝马在提高生产效率的同时，大大缩短了订单交付的前置期，在控制成本和改善服务两方面都确立了新的竞争优势。

资料来源：http://www.chinawuliu.com.cn/xsyj/201304/10/219633.shtml

第一节　生产物流

一、生产物流系统的构成

（一）生产物流的概念

1. 从生产工艺角度分析

生产物流是指企业在生产工艺中的物流活动。也就是说，物料不断地离开上一工序，进入下一工序，不断发生搬上搬下、向前运动、暂时停滞等活动。这种物流活动是与整个生产工艺过程伴生的，已构成了生产工艺过程的一部分。其过程大体分为：原材料、燃料、外构成件等物料从企业仓库或企业的“门口”开始，进入到生产线的开始端，再进一步随生产加工过程并借助一定的运输装置，一个一个环节地“流”，在“流”的过程中，本身被加工，同时产生一些废料余料，直到生产加工终结，再“流”至制品仓库。

2. 从物流范围分析

企业生产系统中物流的起点始于原材料、外构成件的投入，终止于成品仓库，贯穿于生产全过程，横跨整个企业(车间、工段)，其流经的范围是全厂性的、全过程的。物料投入生产后即形成物流，并随着时间进程不断改变自己的实物形态(如加工、装配、储存、搬运、等待状态)和场所位置(各车间、工段、工作地、仓库)。

3. 从物流属性分析

企业生产物流是指生产所需物料在空间和时间上的运动过程，是生产系统的动态表现，也就是说，物料(原材料、辅助材料、零配件、在制品、成品)经历生产系统各个生产阶段或工序的全部运动过程就是生产物流。

总之，企业生产物流是指伴随企业内部生产过程的物流活动，即按照工厂布局、产品生产过程和工艺流程的要求，实现原材料、配件、半成品等物料，在工厂内部供应库与车间、车间与车间、工序与工序、车间与成品库之间流转的物流活动。

（二）生产物流的类型

一般情况下，企业生产的产品产量越大，产品的品种数则越少，生产的专业化程度也越高，而物流过程的稳定性和重复性也就越大。因此，生产物流类型与决定生产类型的产品产量、品种和专业化程度有着内在的联系。

1. 从生产专业化的角度分类

从生产专业化的角度分类，可以根据产品在工作地生产的重复程度把生产物流划分为单件、大量、成批三种类型。

(1)单件生产(项目型)：生产品种繁多，但每种仅生产一台，生产重复度低。

(2)大量生产(连续或离散型)：生产品种单一，产量大，生产重复度高。

(3)成批生产(连续或离散型)：介于上述两者之间。即品种不单一，每种都有一定批量，生产有一定的重复性。通常其又可划分为大批生产、中批生产和小批生产。

2. 从物料流向的角度分类

从物料流向的角度分类，可以根据物料在生产工艺过程中的特点，把生产物流划分为项目型、连续型、离散型三种类型。

1)项目型生产物流

项目型生产物流(固定式生产)即物流凝固：当生产系统需要的物料进入生产场地后，几乎处于停止的“凝固”状态，或者说在生产过程中物料流动性不强。

项目型生产物流又可分为两种状态：

(1)物料进入生产场地后就被凝固在场地中和生产场地一起形成最终产品，如住宅、厂房、公路、铁路、机场、大坝等。

(2)在物料流入生产场地后，“滞留”时间很长，形成最终产品后再流出，如大型的水电设备、冶金设备、轮船、飞机等。

管理的重点是按照项目的生命周期对每阶段所需的物料在质量、费用以及时间进度等方面进行严格的计划和控制。

2)连续型生产物流

连续型生产物流：物料均匀、连续地进行，不能中断；生产出的产品和使用的设备、工艺流程都是固定且标准化的；工序之间几乎没有在制品储存。

管理的重点是保证连续供应物料和确保每一生产环节的正常运行。由于工艺相对稳定，有条件采用自动化装置实现对生产过程的实时监控。

3)离散型生产物流

离散型生产物流：产品由许多零部件构成，各个零部件的加工过程彼此独立；制成的零件通过部件装配和总装配最后成为产品，整个产品的生产工艺是离散的，各个生产环节之间要求有一定的在制品储备。

管理的重点是在保证及时供料和零件、部件的加工质量基础上，准确控制零部件的生产进度，缩短生命周期，既要减少在制品积压，又要保证生产的成套性。

3. 从物料流经的区域和功能角度分类

从物料流经的区域和功能角度分类，可以把生产过程中的物流细分为两部分，即工厂间物流和工序间物流。

(1)工厂间物流。工厂间物流是指大型企业各专业厂间的运输物流或独立工厂与材料、配件供应厂之间的物流。

(2)工序间物流。工序间物流也称工位间物流、车间物流，是指生产过程中车间内部和车间、仓库之间，各工序、工位上的物流，主要包括：接受原材料、零部件后的储存活动；加工过程中间的在制品储存活动；成品出厂前的储存活动；仓库向生产车间运送原材料、零部件的搬运活动；各种物料在车间、工序之间的搬运活动。

二、生产物流系统的特点

制造企业的生产过程实质上是每一个生产加工过程“串”起来时出现的物流活动，一个合理的生产物流系统应该具有以下 6 个基本特征，才能保证生产过程始终处于最佳状态。

1. 比例性、协调性

生产过程的各个工艺阶段之间、各工序之间在生产能力上要保持一定的比例，以适应产品制造的要求。比例关系表现在各生产环节的工人数、设备数、生产面积、生产速率和开动班次等因素之间相互协调和适应。

2. 平行性

物料在生产过程中应实行平行交叉流动。平行是指相同的在制品同时在数道相同的工作地(机床)上加工流动；交叉是指一批在制品在上道工序还未加工完时，将已完成的部分在制品转到下道工序加工。平行交叉流动可以大大缩短产品的生产周期。

3. 连续性、流畅性

物料总是处于不停的流动之中，包括空间上的连续性和时间上的流畅性。空间上的连续性要求生产过程各个环节在空间布置上合理紧凑，使物料的流程尽可能短，没有迂回往返现象。时间上的流畅性要求物料在生产过程的各个环节的运动，自始至终处于连续流畅状态，没有或很少有不必要的停顿与等待现象。

4. 均衡性、节奏性

这是指产品从投料到最后完工都能按预定的计划(一定的节拍、批次)均衡地进行，能够在相等的时间间隔内(如月、旬、周、日)完成大体相等的工作量或稳定递增的生产工作量，很少有时松时紧、突击加班现象。

5. 准时性

这是指生产的各阶段、各工序都按后续阶段和工序的需要生产，即在需要的时候，按需要的数量，生产所需要的零部件。只有保证准时性，才有可能推动上述连续性、平行性、比例性、均衡性的实现。

6. 柔性、适应性

这是指加工制造的灵活性、可变性和可调节性，即在短时间内以最少的资源从一种产品的生产转换为另一种产品的生产，从而适应市场的多样化、个性化要求。

三、MRP 技术

MRP(material requiring planning，物料需求计划)按照基于产品结构的物料需求组织生产，根据产品完工日期和产品结构规定生产计划，以产品零件为计划对象，以完工日期为计划基准倒排计划，按各种零件与部件的生产周期反推出它们的生产与投入时间和数量，按提前期长短区别各个物料下达订单的优先级，从而保证在生产需要时所有物料都能配套齐备，不到需要的时刻不要过早积压，达到减少库存量和减少占用资金的目的。

按照 MRP 的基本原理，企业从原材料采购到产品销售，从自制零件的加工到外协零件的供应，从工具和工艺的准备到设备的维修，从人员的安排到资金的筹措与运用等，都要围绕 MRP 进行，从而形成一整套新的生产管理方法体系。

MRP 的基本任务是：

(1)从最终产品的生产计划(独立需求)导出相关物料(原材料、零部件等)的需求量和需求时间(相关需求)。

(2)根据物料的需求时间和生产(订货)周期来确定其开始生产(订货)的时间。

MRP 系统的基本逻辑流程如图 8-1 所示。

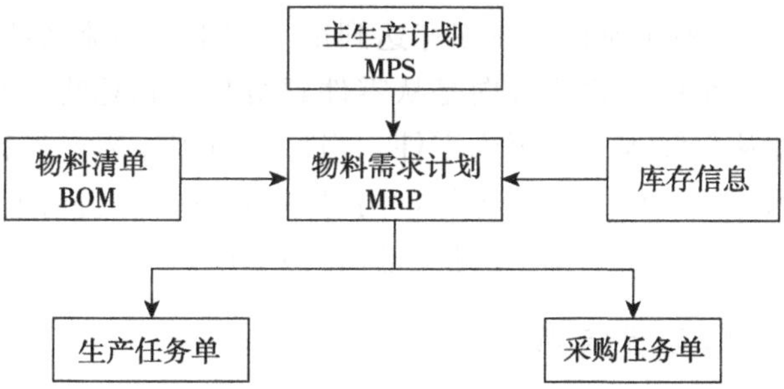

图 8-1 MRP 系统的基本逻辑图

MRP 的依据为主生产计划(master production schedule，MPS)、物料清单(bill of material，BOM)和库存信息。

(1)主生产计划。主生产计划是确定每一具体的最终产品在每一具体时间段内生产数量的计划。这里的最终产品是指对于企业来说最终完成、要出厂的完成品，它要具体到产品的品种、型号。这里的具体时间段，通常是以周为单位，在有些情况下，也可以是日、旬、月。主生产计划详细规定生产什么、什么时段应该产出，它是独立需求计划。主生产计划根据客户合同和市场预测，把经营计划或生产大纲中的产品系列具体化，使之成为展开 MRP 的主要依据，起到了从综合计划向具体计划过渡的承上启下作用。

(2)产品结构与物料清单。MRP 系统要正确计算出物料需求的时间和数量，特别是相关需求物料的数量和时间，首先要使系统能够知道企业所制造的产品结构和所有要使用到的物料。产品结构列出了构成成品或装配件的所有部件、组件、零件等的组成、装配关系和数量要求。它是 MRP 产品拆零的基础。

(3)库存信息。库存信息是保存企业所有产品、零部件、在制品、原材料等存在状态的数据库。在 MRP 系统中，将产品、零部件、在制品、原材料甚至工装工具等统称为“物料”或“项目”。为便于计算机识别，必须对物料进行编码。物料编码是 MRP 系统识别物料的唯一标识。

四、JIT技术

（一）JIT的产生

在20世纪后半期，石油危机迫使整个市场进入了一个市场需求多样化的新阶段，而且对质量的要求也越来越高。制造业面临的问题是，如何有效地组织多品种小批量生产，否则的话，生产过剩所引起的不仅仅只是设备、人员、库存费用等一系列的浪费，而是影响到企业的竞争能力以至于生存。1953年，日本丰田公司考虑到当时日本国内市场环境、劳动力以及第二次世界大战之后资金短缺等原因，综合了单件生产和批量生产的特点和优点，创造了一种在多品种小批量混合生产条件下高质量、低消耗的生产方式，即准时生产、即时配送(JIT)，表述为："只在需要的时候，按需要的量，生产所需的产品"，也就是追求一种无库存，或库存达到最小的生产物流系统。

一般来说，制造系统中的物流方向是从零件到组装再到总装。而JIT方式却主张从反方向来看物流，即从总装到组装再到零件。当后一道工序需要运行时，才到前一道工序去取正好所需要的那些坯件或零、部件，同时下达下一段时间的需求量，这就是JIT的基本思想——适时、适量、适度(针对质量而言)生产。

（二）JIT的目标及其特点

1. JIT的目标

对于整个系统的总装线来说，JIT的目标是彻底消除无效劳动和浪费，具体包括以下内容：

(1)废品量最低(零废品)。JIT要求消除各种引起不合理的原因，在加工过程中每一工序都要求达到最好水平。

(2)库存量最低(零库存)。JIT认为库存是生产系统设计不合理、生产过程不协调、生产操作不良的证明。

(3)准备时间最短(零准备时间)。准备时间长短与批量选择相联系，如果准备时间趋于零，准备成本也趋于零，就有可能采用极小批量。

(4)生产提前期最短。短的生产提前期与小批量相结合的系统，其应变能力强，柔性好。

(5)减少零件搬运，搬运量低。零件送进搬运是非增值操作，如果能使零件和装配件运送量减小，搬运次数减少，可以节约装配时间，减少装配中可能出现的问题。

(6)机器损坏低。

(7)批量小。

2. JIT系统的特点

(1)JIT是一种积极的动态的系统，强调在批量、准备时间、提前期、废品率、成本及质量方面的持续进取，全面地对整个生产过程进行分析，消除一切浪费，减少不必要的操作，降低库存，减少工件等待和移动的时间，对于问题采取事前预防而不是事后检查。该系统没有必须达到的标准，所有的业绩都是前进的过程而不是终点。

(2)JIT 系统是拉动方式。以看板管理为手段，采用“取料制”即后道工序根据“市场”需要的产品品种、数量、时间和质量进行生产，一环一环地“拉动”各个前道工序，对于本工序在制品短缺的量从前道工序取相同的在制品量，从而消除生产过程中的一切松弛点，实现产品“无多余库存”以至“零库存”，最大限度地提高生产过程的有效性。这种拉动方式有助于在工序间实现前一工序的操作是把下一工序作为顾客来对待，下一工序是用客户的眼光来检查上一道工序传来的零件，而这恰恰是实行全面质量管理过程的有效前提。

(3)JIT 采用强制性方法解决生产中存在的不足。由于库存已降低到最低状态，生产无法容忍任何中断，所以，整个生产过程必须精心组织安排，避免任何可能出现的问题。传统的 MRP 系统没有这种解决问题的机制，因为库存的存在，不仅可以把许多问题隐藏起来，而且还会使生产费用大幅度增长。

五、约束理论

生产系统是将一定投入的生产要素转换为特定输出的产品或服务的有机整体，也是物流的输入—输出系统。系统的特征表明，在一定的目标下，任何系统都可以想象成由一连串的环构成，环环相扣，并且存在着一个或者多个相互矛盾的约束关系。因此，要想提高系统产出，必须尽可能打破各种约束，找到整个系统强度中最弱的一环。这就是约束理论(theory of constraint，TOC)的出发点。

(一)约束理论的产生

约束理论是以色列物理学家及企业管理顾问高德拉特于 20 世纪 70 年代提出的，是继 MRP 和 JIT 后的又一项组织生产的新方式。其最初被称做最优生产时间表，后改称为最优生产技术，最后进一步发展成为约束理论，并在美国企业界得到很多应用，在 20 世纪 90 年代逐渐形成完善的管理体系。美国生产及库存管理协会非常关注约束理论，称其为“约束管理”(constraint management)，并专门成立了约束管理研究小组。由于其是一种持续改善、解决“瓶颈约束资源”的管理哲学，该理论目前不仅已应用到包括航天工业、汽车制造、半导体、钢铁、纺织、电子、机械五金、食品等营利行业，还应用于学校、医院、财团法人等非营利的机构。约束理论也应用到分销、供应链、项目管理等其他领域，且获得了很好的成效。

(二)约束理论的基本思想及核心内容

约束理论把企业看做一个完整的系统，认为任何一种体制至少都会有一个约束因素。犹如一条链子，链条中最虚弱的那环决定着整个链条的作用一样，正是各种各样的制约(瓶颈)因素限制了企业生产产品的数量和利润的增长。因此，基于企业在实现其目标的过程中现存的或潜伏的制约因素，通过逐个识别和消除这些约束，使得企业的改进方向和改进策略明确化，从而更有效地实现其“有效产出”目标才是最关键的。

为了达到这个目标，约束理论强调以下内容：

(1)在能力管理和现场作业管理方面寻找约束因素(约束是多方面的，有市场、物料、能力、工作流程、资金、管理体制、员工行为等，其中，市场、物料和能力是主要的约束)。

(2)应该把重点放在瓶颈工序上，保证瓶颈工序不发生停工待料，从而得到最大的有效产出。

(3)根据不同的产品结构类型、工艺流程和物料流动的总体情况，设定管理的控制点。例如，如果约束来自于市场，则根据市场的约束制定物料的初步生产规划，同步地用能力约束修订，生成主生产计划；MRP/CRP(capacity requirements planning，能力需求计划)也同步运行。

第二节 采购物流

一、采购的定义及分类

(一)采购的含义

采购就是购买生产和生活所需的物资，其过程包括提出采购需求、选定供应商、谈妥价格、确定交货及相关条件、签订合同并按要求收货付款。

采购包括两个基本意思：一是“采”，二是“购”。因此，从学术的角度上说，采购比购买的含义更广泛、更复杂。采购主要包含以下基本含义。

1. 所有采购都是从资源市场获取资源的过程

无论是生活还是生产，采购对于人们的意义，就在于能为他们解决他们所需要，但是自己又缺乏的资源问题。这些资源，既包括生活资料，也包括生产资料；既包括物资资源(如原材料、设备、工具等)，也包括非物资资源(如信息、软件、技术、文化用品等)。能够提供这些资源的供应商形成了一个资源市场。而为了从资源市场获取这些资源，必须通过采购的方式。也就是说，采购的基本功能，就是帮助人们从资源市场获取他们所需要的各种资源。

2. 采购既是一个商流过程，也是一个物流过程

采购的基本作用，就是将资源从资源市场的供应者手中转移到用户手中。在这个过程中，一是要实现将资源的所有权从供应者手中转移到用户手中；二是要实现将资源的物质实体从供应者手中转移到用户手中。

3. 采购是一种经济活动

采购是企业经济活动的主要组成部分。所谓经济活动，就是要遵循经济规律，追求经济效益。在整个采购活动过程中，一方面，通过采购，获取了资源，保证了企业正常生产的顺利进行，这是采购的效益；另一方面，在采购过程中也会发生各种费用，这就是采购成本。我们要追求采购经济效益的最大化，就要不断降低采购成本，以最少的成本去获取最大的效益。而要做到这一点，关键的关键，就是要努力追求科学采购。科学

采购是实现企业经济效益最大化的基本利润源泉。

(二)采购的分类

1. 按照价格分类

(1)招标采购。货物采购的所有条件(如物资名称、规格、品质要求、数量、交货期、付款条件、处罚规则、投标押金、投标资格等)详细列明,刊登公告。投标厂商按公告的条件,在规定的时间内,交纳投标押金,参加投标。

(2)询价现购。采购人员选取信用可靠的厂商将采购条件讲明,并询问价格或寄发询价单并促请对方报价,比较后现价采购。

(3)比价采购。采购人员请数家厂商提供价格后,从中加以比价后,决定厂商进行采购。

(4)议价采购。采购人员与厂商经讨价还价后,议定价格进行采购,一般来说,询价、比价和议价是结合使用的,很少单独进行。

(5)定价收购。当购买物资数量巨大,非几家厂商所能全部提供,如纺织厂订购棉花、糖厂订购甘蔗等,或当市场上该物资匮乏时,则定价现款收购。

(6)公开市场采购。采购人员在公开交易或拍卖时随机机动地采购,因此大宗采购物资时,价格变动频繁。

2. 按照采购主体分类

我们从逻辑上将采购按采购主体分类,则可以形成一个采购主体类型体系:

(1)个人采购,是指个人生活用品的采购。一般是单一品种、单次、单一决策、随机发生的,带有很大的主观性和随意性,即使采购失误,也只影响个人,造成的损失不至太大。

(2)集团采购,一般是两个以上的人共用的用品的采购。一般是多品种、大批量、大金额、多批次甚至持续进行的,直接关系到多个人的集团利益,所以集团采购一般要非常慎重、非常严格、非常科学,因而也非常受到重视。

二、现代采购流程

采购的基本流程会因为采购品的来源(国内采购、国外采购)、采购的方式(议价、招标)及采购的对象(物料、工程发包)等不同,而在作业细节上有若干差异,但基本的程序则大同小异。

在采购过程中,作为制造业的购买方,首先要寻找相应的供应商,调查其产品在数量、价格、质量、信誉等方面是否满足购买要求;在选定了供应商后,要以订单方式传递详细的购买计划和需求信息给供应商并商定结款方式,以便供应商能够准确地按照客户要求的性能指标进行生产和供货;最后,要定期对采购物料的管理工作进行评价,寻求提高效率的采购流程创新模式。因此,采购领域需要制定一系列标准化运作程序,以便于处理日常手工和计算机操作工作。组成任何一个良好的采购程序体系的关键步骤包括以下几项。

（一）发现需求

企业中某个部门的确切需求是采购需求的来源。业务活动负责人应该清楚地知道本部门需要什么、需要多少、何时需要。因为，采购部门需要收到这个部门发出的物料需求单。如果该部门对这类物料急需，也可以由其他部门的富余物料来满足，但是企业迟早都需要进行新的物料采购。

部门在发现需求之后往往因为紧急需求，或者金额较小等方面的原因，而无法发出正常的订单，而导致紧急订单采购等采购形式的出现。为了避免出现太多的紧急订单，采购部门还可以采用部门预测物料需求，督促有关部门尽早地预测需求。采购部经理应要求需求部门在填写请购单时尽可能采用标准化格式及尽可能少发特殊订单。另外，采购部门和供应商早期参与合作会带来更多信息，从而可以削减成本，加速产品推向市场的进度，并能带来更大的竞争优势。

（二）描述需求

描述需求也就是对所需的物品、商品或服务的特点和数量准确地加以说明。如果采购部门不清楚使用部门到底需要些什么，采购部门不可能进行采购。如果通过对需求描述作某种调整，公司可能获得更多的满足，那么采购部门就应该对现存的需求描述提出质疑。同时，采购部门和提出具体需求的部门进行交流也是很有必要的，尤其是在确定需求的早期阶段。否则，可能由于需求描述不够准确而浪费时间，严重时会产生严重的财务后果并导致供应的中断及公司内部关系的恶化。描述需求是采购工作的任务来源。因此，准确描述需求是很重要的，它是采购部门和使用部门，或是跨职能采购团体的共同责任。

（三）制定采购任务单， 制订采购工作计划

通常是企业各个部门把采购任务向采购科汇报，采购科把所要采购的物资汇总，再分配到各个采购员，采购科给各个采购员下达采购任务单。也有很多是采购科主动根据企业的生产销售的任务情况，自己主动安排各种物资的采购计划，给各个采购员下达采购任务单。采购员在接到采购任务单之后，要制订具体的采购工作计划。首先是进行资源市场调查，包括对商品、价格、供应商的调查分析，选定供应商，确定采购方法、采购日程计划以及运输方法、货款支付方法等。

（四）确定可能的供应商

供应商是企业外部影响企业生产运作系统运行的最直接因素，选择恰当的供应商是保证企业产品的质量、价格、交货期和服务的关键因素。企业在确定自己所需物料后要根据需求说明选择成绩良好的厂商。因此，在确定需求后寻找可能的供应商并对其做出正确评价也是很重要的。

采购方对供应商能否满足自己的质量、价格、数量、交付、服务目标等的观察将支配其决策结果。选择供应商一般应考虑以下几点。

1. 质量

其主要是看供应商能否提供符合采购要求的产品。这并不是说品质越高越好，而是要符合企业真实需求，能够给企业带来预期利益。因此，选择供应商时，要从以下多方面来考虑它是否能提供符合采购要求的产品。

(1)供应商企业的设备与技术力量、组织与管理、生产流程、员工的工作态度、企业的凝聚力等。

(2)供应商的历史记录、声誉等。例如，是否有不良记录，是否给某些有知名度的企业供过货。

(3)供应商企业是否通过了国际环境管理体系认证、国际质量体系认证，或者是否达到了行业内的质量标准等。

2. 服务

服务分为售前服务、售中服务和售后服务三种。售前服务是指为了宣传产品、推广业务而进行的一些活动，包括介绍产品的品质、制造流程、价格、售后服务，向可能的采购企业定期发放宣传资料等，这是采购方了解供应商情况的渠道之一。售中服务是指直接发生在交货过程中的服务活动，包括向采购方快速、准确地提供所购商品的库存信息、订货周期、预计的运送日期，可向采购方提供特殊货运等。售后服务是指在双方达成合作意向之后，供应商向采购方提供免费的安装调试、维护修理、操作培训、退货换货、更新换代等服务，有些企业也提供产品的运送等物流服务以及技术难题的咨询服务等。服务越是细致完善，说明供应商企业越正规，对于采购方来说，也更安心、更方便。

3. 价格

对于具体的供应商而言，在制定价格时也要考虑成本结构及当时的市场情况。采购方会在确认采购需求、制作购货订单说明书时就进行价格预算，因此在审核供应商价格的时候应该以此为依据。成本结构是影响价格的内在因素，包括生产流程、原材料价格、劳动力价格、技术水平、设备折旧程度等。市场情况是指所采购货物的供求关系，供大于求自然价格下降，供不应求价格就要相应上升。供应商定价时所采用的策略会根据所依据的重点，因地制宜，因而，采购人员首先要弄清供应商的定价方法。

4. 其他因素

(1)供应商所处的位置是否交通便利对于送货时间、运输成本、紧急订货反应速度等都有影响，并关系到是否能形成良好的商业气氛。同时，选择与自己企业同一地域范围的供应商有利于促进该区域的经济繁荣，便于自己企业的良性发展，也有助于开展相应的服务。

(2)供应商的生产规模及生产能力决定了其能否按时按量提供采购方所需的货物，特别是在大型项目采购中，供应商的生产能力是一个需要准确了解的信息，其将决定采购方应该与几家供应商进行合作。

(3)供应商的订单反应系统、存货管理体制等决定了供应商对于采购方紧急需求及突发状况的反应能力。例如，一些大型商场面对千变万化的市场，商品的供应很容易出现预料之外的情况，这就要求它的供应商们具有很好的应急能力。如果其与供应商建立了完善的订单反应系统，而且在存货管理中保持相应的存货，那么面对突如其来的订单变化就不会束手无策，从而保证了企业的正常运转。

(4)供应商的技术力量及生产柔性能够回应采购方需求的技术改变。对于一些量身定做大型精密仪器或技术含量较高的设备的企业来说，它们更需要能够解决高水平的技术问题、提供符合需求的设计并及时按照设计改变和转换生产的供应商。

（五）签订订货合同

要和供应商反复进行磋商谈判，讨论价格、质量、送货、服务及风险赔偿等各种限制条件，最后把这些条件用合同形式规定下来，形成订货合同。这一步是采购工作的核心步骤。订货合同签订并经双方签字盖章以后，才意味着已经成交。

（六）运输进货，进货控制

订货成交以后，接着就是履行合同，即开始运输进货。可以由供应商运输，也可以由运输公司运输或者自己提货。采购员要督促、监督进货过程，确保准时到货。

（七）验收货物、入库

到货后，采购员要督促有关人员进行货物验收和入库，包括数量和质量的检验和入库。

（八）处理验收中的不合格产品并进行退货处理

一般不合格货物分为致命缺陷货物、严重缺陷货物和轻微缺陷货物三种。对于这三种不合格货物的处理因采购方的要求和货物的品质而异。例如，对于电脑配件、精密仪器等这些产品本身品质要求就比较高的货物，只要有轻微缺陷也是废品；又如，对质量严格控制的供应商，他们不会冒险把有缺陷的产品摆放在卖场里。如果没有以上严格的要求，对于有致命缺陷和严重缺陷的货物，采购方一般可以要求供应商换货；对于轻微缺陷的货物，经过检验人员、制造部门、设计部门、销售部门等协商后，视生产、销售等的紧急程度，可以确定是否可以暂用。如果采购方在验收过程中发现厂商所交货品与合约规定不符，应拒收该批货物，依据合约规定退货，并立即办理重新购买手续。

（九）支付货款

货物到达后按合同规定支付货款。

（十）登记入档案

凡经过结案批示后的采购案件，应列入档案登记编号和分类保管，以便参阅或事后发生问题时参考。档案应该有关于保管期限的规定。

成功地实施这些活动，对于买卖双方来说，都能取得尽量大的价值，因此它使得供应链的价值最大化。但是不同类型的企业，在采购时有不同的特点，具体步骤活动也有所不同。这里给出了一般采购过程所包括的基本活动，这些活动通常跨越企业内部的功能边界，如果在交易中不是所有组织都投入，就不能有效地完成采购过程，这些活动对于货物与服务的采购都是适用的。

三、采购物流技术

1. 订货点采购

订货点采购是根据需求的变化和订货提前期的大小，精确确定订货点、订货批量或订货周期、最高库存水准等，建立起连续的订货启动、操作机制和库存控制机制，达到既满足需求又使得库存总成本最小的目的。

2. MRP 采购

MRP 采购主要应用于生产企业。它是生产企业根据主生产计划和主产品的结构以及库存情况逐步推导出生产主产品所需要的零部件、原材料等的生产计划和采购计划的过程。该采购计划规定了采购的品种、数量、采购时间和采购回来的时间，计划比较精细、严格。它也是以需求分析为依据，以满足库存为目的。

3. JIT 采购

JIT 采购，也称准时化采购，是一种完全以满足需求为依据的采购方法。它对采购的要求，就是要供应商恰好在用户需要的时候，将合适的品种、合适的数量送到用户需求的地点。它是以需求为依据，改造采购过程和采购方式，使它们完全适合于需求的品种、需求的时间和需求的数量，做到既灵敏响应需求的变化，又使得库存向零库存趋近。这是一种比较科学和理想的采购模式。

4. 供应链采购

供应链采购是一种供应链机制下的采购模式。在供应链机制下，采购不再由采购者操作，而是由供应商操作。采购者只需要把自己的需求规律信息即库存信息向供应商连续及时传递，供应商根据自己产品的消耗情况不断及时地连续小批量补充库存，保证采购者既满足需要又使总库存量最小。供应链采购对信息系统、供应商操作要求都比较高。它也是一种科学的、理想的采购模式。

5. 电子商务采购

电子商务采购也就是网上采购，是在电子商务环境下的采购模式。它的基本特点是在网上寻找供应商、寻找品种、网上洽谈贸易、网上订货甚至在网上支付货款，但是在网下送货进货。这种模式的好处是，扩大了采购市场的范围，缩短了供需距离，简化了采购手续，减少了采购时间，减少了采购成本，提高了工作效率。

第三节 销售物流

一、销售物流的概念

企业的产品只有经过销售才能实现其价值，从而创造利润。销售物流是指生产企业至用户或消费者之间的分销物流。它是企业物流系统的最后一个环节。销售物流是企业在销售过程中，将产品的实体转移给用户的物流活动，是产品从生产地到用户的时间和空间的转移，是以实现企业销售利润为目的的。销售物流是储存、运输、配送等诸环节的统一。对销售物流概念的理解包括以下几个方面：

(1)销售物流是一个系统，具有一体化特征。它是企业为保证自身的经营利益，不断伴随销售活动，将产品所有权转给用户的物流活动，包括订货处理、产成品库存、发货运输、销售配送等物流活动。

(2)销售物流是连接生产企业和用户的桥梁。销售物流是企业物流的一部分，是企业物流活动的一个重要环节，它以产品离开生产线进入流通领域为起点，以送达用户并经售后服务为终点。

(3)销售物流是企业物流与社会物流的另一个衔接点。作为连接生产企业与用户的桥梁，企业销售物流与社会销售系统相互配合，共同完成企业的分销和销售任务。

(4)销售物流是生产企业赖以生存和发展的条件。对于生产企业来讲，物流是企业的第三利润源，降低销售物流成本是企业降低成本的重要手段。销售物流成本占据了企业销售总成本的20%左右，销售物流的好坏直接关系到企业利润的高低。企业一方面依靠销售物流将产品不断运至消费者和用户，另一方面通过降低销售过程中的物流成本，间接或直接增加企业利润。

(5)销售物流具有很强的服务性。在现代社会中，市场环境是一个完全的买方市场，只有满足买方要求，卖方才能最终实现销售。在这种市场前提下，销售往往以送达用户并经过售后服务才算终止，因此，销售物流具有很强的服务性。

二、销售物流的模式

销售物流有三种主要的模式：生产企业自己组织销售物流；第三方物流企业组织销售物流；用户自己提货的形式。

(一)生产企业自己组织销售物流

这是在买方市场环境下的主要销售物流模式之一，也是我国当前绝大部分企业采用的物流形式。

生产企业自己组织销售物流，实际上把销售物流作为企业生产的一个延伸或者是看成生产的继续。生产企业的销售物流成了生产者企业经营的一个环节。而且，这个经营环节是和用户直接联系、直接面向用户提供服务的一个环节。在企业从“以生产为中心”转向以“市场为中心”的情况下，这个环节逐渐变成了企业的核心竞争环节，已经逐渐不再是生产过程的继续，而是企业经营的中心，生产过程变成了这个环节的支撑力量。

生产企业自己组织销售物流的好处在于，可以将自己的生产经营和用户直接联系起来，信息反馈速度快、准确程度高，信息对于生产经营的指导作用和目的性强。企业往往把销售物流环节看成开拓市场、进行市场竞争的一个环节，尤其在买方市场前提下，其格外看重这个环节。

生产企业自己组织销售物流，可以对销售物流的成本进行大幅度的调节，充分发挥它的“成本中心”的作用，同时能够从整个生产企业的经营系统角度，合理安排和分配销售物流环节的力量。

在生产企业规模可以达到销售物流的规模效益的前提下，采取生产企业自己组织销售物流的办法是可行的，但不一定是最好的选择。其主要原因，一是生产企业的核心竞争力的培育和发展问题，如果生产企业的核心竞争能力在于产品的开发，销售物流可能占用过多的资源和管理力量，对核心竞争能力造成影响；二是生产企业销售物流专业化程度有限，自己组织销售物流缺乏优势；三是一个生产企业的规模终归有限，即便是分销物流的规模达到经济规模，延伸到配送物流之后，就很难再达到经济规模，因此可能反过来影响市场更广泛、更深入的开拓。

（二）第三方物流企业组织销售物流

由专门的物流服务企业组织企业的销售物流，实际上是生产企业将销售物流外包，将销售物流社会化。

由第三方物流企业承担生产企业的销售物流，其最大优点在于，第三方物流企业是社会化的物流企业，它向很多生产企业提供物流服务，因此可以将企业的销售物流和企业的供应物流一体化，可以将很多企业的物流需求一体化，采取统一解决的方案。这样可以做到：一是专业化；二是规模化。这两者可以从技术方面和组织方面强化成本的降低和服务水平的提高。在网络经济时代，这种模式是一个发展趋势。

（三）用户自己提货的形式

这种形式实际上是将生产企业的销售物流转嫁给用户，变成了用户自己组织供应物流的形式。对销售方来讲，已经没有了销售物流的职能。这是在计划经济时期广泛采用的模式，将来除非是十分特殊的情况下，否则这种模式不再具有生命力。

三、销售物流管理的主要环节

销售物流管理是对销售物流环节所进行的计划、组织、协调、指挥和控制活动。销售物流管理包括对产品进行包装，对产成品进行储存，为客户提供订单并进行信息处理，对用户所订货物进行运输以及货物的装卸搬运等。

（一）产品包装

包装是企业生产物流系统的终点，也是销售物流系统的起点。包装分为销售包装和运输包装。销售包装又称小包装或内包装，目的是向消费者展示，以吸引顾客，方便零售。运输包装又称大包装或外包装，目的是保护商品，便于运输和储存。运输包装在销售物流过程中对产成品起到保护、仓储、运输、装卸的作用。实体分配中包装形式的确定以及包装材料和方法的选择，都要与实体分配的其他要素相适应。例如，不同的装卸方式、仓库堆码的高度、商品特性、运输工具及运送距离等都对包装提出了不同的要求。

（二）产品储存

保持合理的库存水平，及时满足客户需求，是产成品储存最重要的内容，具体包括仓储作业、物品养护和库存控制。在仓储作业中，应努力提高作业质量，提高作业生产率。在物品养护时要用科学的方法来养护物品。库存控制应以市场需求为导向，合理控制成品存储量，并以此指导生产。

（三）货物运输与配送

企业的产成品都要通过运输才能到达客户或消费者指定的地点，而运输方式的确定需要参考产成品的批量、运输距离、地理条件等。对于由生产者或供应者送货的情况，应考虑发货批量的大小问题，它将影响到物流成本费用。在各种方式中，配送是一种较先进的形式，在保证客户需要的前提下，不仅可以提高运输设备的利用率，降低运输成本，还可以缓解交通堵塞，减少车辆废气对环境的污染。

（四）装卸搬运

运输和仓储都离不开装卸搬运，其基本内容包括商品的装上、卸下、移动、分类、堆码等。装卸次数的多少、装卸质量的好坏对销售的成本影响很大。

客户希望在物料搬运设备方面的投资最小化，例如，客户要求供应商以其规定尺寸的托盘交货，也有可能要求将特殊货物集中在一起装车，这样他们就可以直接再装运，而不需要重新分类。

（五）流通加工

流通加工是根据需要进行分割、计量、分拣、刷标志、拴标签、组装等作业的过程。其主要考虑流通加工方式、成本和效益、与配送的结合运用、废物再生利用等。

（六）订单及信息处理

订单处理包括接收、查核、记录、整理、汇集订单和准备发运商品等工作，制造商收到订单后，首先检查订单是否正确，然后按订单需求的商品品种、数量、式样、规格、型号，把商品发送给顾客，订单处理每一环节所用的时间及工作质量都直接影响着货物分配的效率和对顾客的服务水平。

为使库存保持最低水平，客户会在考虑批量折扣、订货费用和存货成本的基础上，合理地频繁订货。企业为客户提供的订货方式越方便、越经济，越能影响客户，如免费电话服务、预先打印好订货表，甚至为客户提供远程通信设备。客户非常关心交货日期，希望供货方能够将订单处理与货物装运的进程及时通知客户，特别是当与预期的服务水平已经或将要发生偏差时，更是这样。随着计算机和现代化通信设备的广泛应用，电脑订货方式被广泛采纳，企业跟踪订货状态的能力也大大提高，使得客户与供应商的联系更加密切。对于购买生产线产品的工业客户来说，了解订货与装运状态虽然重要，但他们最关心的还是保持生产原料的可靠和连续供应，因此他们更关心交货日期的可靠性。

信息处理是指完善销售系统和物流系统的信息网络，加强二者协作的深度和广度，并建立与社会物流沟通和联系的信息渠道，建立订货处理的计算机管理系统及顾客服务体系。

（七）销售物流网络规划与设计

销售物流网络，是以配送中心为核心，连接从生产厂出发，经批发中心、配送中心、中转仓库等，一直到客户的各个物流网点的网络系统。其主要考虑市场结构、需求分布、市场环境等因素。

本章小结

本章主要介绍了生产物流、采购物流以及销售物流的相关知识点。其具体包括：生产物流系统的构成、特点、MRP技术、JIT技术以及约束理论；采购物流的定义、分类、流程以及采购物流技术；销售物流的内涵、销售物流管理的主要环节。

本章思考题

1. 试从三个角度分析生产物流的概念。
2. 分析MRP的基本原理。
3. 分析现代采购的流程。
4. 简述JIT采购技术。
5. 销售物流管理的主要环节有哪些？

社会物流

导引案例

2013 年春节前夕，哈尔滨—叶卡捷琳堡的航班从哈尔滨太平国际机场起飞，正式开启了哈尔滨对俄航空货运业务。而今日的哈尔滨机场内，对俄航线的工作人员再次忙碌着打包货物，新年后的首趟对俄货运班机即将在几天后飞往俄罗斯。哈尔滨对俄货运航线新年的起航，填补了哈尔滨对俄航运的空白，更标志着哈尔滨对俄贸易大通道的正式打通运行。哈尔滨市还筹划开通陆海联运通道，届时，哈尔滨将成为全国对俄贸易启运港和目的港，国内商品将通过冰城直销俄罗斯。

黑龙江省民贸货物运抵俄罗斯不必再绕道。哈尔滨市作为国家确定的对俄贸易重点城市，目前对俄辐射范围从远东至乌拉尔地区有人口 3000 多万人，中国商品市场几十个，在俄经商华人 10 万人以上，但这一区域基本以国际铁路货运为主，国际航空货运市场没有得到有效开发。目前，在北京的对俄物流企业逾千家，其中六成以上为黑龙江省企业，而这些企业想向俄罗斯运送商品只能绕道北京运输。

首航的线路是俄罗斯乌拉尔航空公司 U6-755 哈尔滨—叶卡捷琳堡的航班，首批装载的是 1.5 吨出口俄罗斯的包裹。哈尔滨市商务局对俄经贸推进办公室工作人员表示："此次货运航线的开通告别了我省民贸货物必须通过东部口岸城市绕道运抵俄罗斯一些城市的历史，对于哈尔滨市打通向西贸易通道、发展国际物流产业具有十分重要的意义。"

"借助贸易通道，我们计划与俄罗斯开展更多领域合作。"哈尔滨市商务局对俄经贸推进办公室工作人员介绍道，未来哈尔滨将把中医旅游、保健旅游推广至俄罗斯。

据介绍，哈尔滨市目前已出台旅游、教育、科技、文化等方面的合作计划。在文化方面，哈尔滨市计划推动俄罗斯文化产品及产业进口，为俄罗斯文化演出、艺术展示及特色食品、餐饮企业与哈尔滨市交流和在哈尔滨市落户牵线搭桥。2013 年，哈尔滨市将推动俄罗斯蓝陶瓷歌舞团与伏尔加庄园的旅游演出项目的合作，并推动金源文化、民俗文化、冰雪文化、湿地文化、音乐文化等特色文化走出去，扶持柳编、剪纸和麦秸制品等民间工艺品的对俄出口。

资料来源：http://www.chinawuliu.com.cn/xsyj/201302/25/209950.shtml

第一节 废弃物流

一、废弃物流的概念

废弃物流是指将经济活动中失去原有使用价值的物品，根据实际需要进行收集、分类、加工、包装、搬运、储存等，并分别送到专门处理场所时所形成的物品实体流动。它仅从环境保护的角度出发，不管对象物有没有价值或利用价值，而将其妥善处理，以免造成环境污染。

二、发展废弃物流的意义

废弃物流的作用是无视对象物价值或对象物已没有再利用价值，仅从环境保护的角度出发，对其进行焚烧、化学处理，或运到特定的地点堆放、掩埋。

（一）发展废弃物流的经济意义

随着社会的发展，回收物流和废弃物流的经济价值也逐步得到显现，国外许多知名企业把这两种物流战略作为强化其竞争优势、增加顾客价值、提高其供应链整体绩效的重要手段。

废弃物资是一种资源，但和自然资源不同，它们曾有过若干加工过程，本身凝聚着能量和劳动力的价值，因而常被称为载能资源。回收物资重新进入生产领域作为原材料会带来很高的经济效益。回收废旧产品的价格低，来源充足，对这些产品回购加工可以大幅度地降低企业的物料成本。特别是随着经济的发展，资源短缺日益严重，资源的供求矛盾更加突出，回收物流越来越显示其优越性。蓝带啤酒开展啤酒瓶的回收工作，将经过清洗、消毒后的啤酒瓶再次投入使用，比生产一只新瓶可降低成本20％～40％。

（二）发展废弃物流的社会意义

企业通过回收物流提高顾客对产品或服务的满意度，从而增加其竞争优势。对于最终顾客来说，回收物流能够确保不符合订单要求的产品及时退货，有利于消除顾客的后顾之忧，增加顾客对企业的信任感，扩大企业的市场份额。

由于废弃物的大量产生影响人类赖以生存的环境，必须有效地组织回收物流与废弃物流，使废弃物得以重新进入生产、生活循环或得到妥善处理。回收物流和废弃物流的实施，不仅有助于促进企业对已生产的产品进行全方位的控制，塑造良好的企业形象，而且也能增加社会公众的健康收益，在一定程度上节约了资源。

当前社会最关切的问题就是环境问题，而环境污染的根本问题是废弃物造成的。良好的垃圾处理系统是文明的标志之一，城市垃圾如果没有环卫系统的处理工作，数日之间将变得又脏又臭，很好的生活环境和工作环境将受到破坏。造纸厂和化工厂的废水如果任其流入自然界的水源中，将污染河流、海洋，不仅水生动植物受到致命打击，也危害人类。核废料的处理已成为国际公害，受到世界舆论的密切关注。因此，回收物流和废弃物流的管理不完全是从经济效益考虑，更重要的是从社会效益考虑。

回收废旧资源再生利用虽然比开发使用现成的资源成本高，但它同时带来了环境利益和社会长远发展的利益，如减少了污染和废物的排放，减少了污染物的处理处置费用，节省了许多有限的自然资源。因此，环境效益和社会效益应当得到计量和相应的补偿。目前国际上普遍使用的排污权交易就是一种补偿方式。为此，应建立绿色核算体系和制度。我国财政部已于 2001 年 3 月成立了环境会计与绿色专业委员会。随着人们环保意识的增强和环保法规约束力度的加大，企业被迫承担起更多回收产品的责任。

三、废弃物流系统的基本环节

废弃物资和普通物资一样，也有收集、分类、包装、搬运、储存的过程。以下通过物流的各个子系统，来研究废弃物流形成的基本框架，并提出一些具体措施。

1. 废弃物的收集和分类

城市垃圾的收集一直是定期收集和随时收集两种，但收集方式大多是混合收集。为了废弃物的顺利流动，应全面实行垃圾分类收集，将可回收物、不可回收物和危险物进行分类收集管理，并迅速送往不同的处理场地。例如，国外垃圾中的玻璃瓶，就根据不同的颜色分类，送往不同的玻璃回收工厂，既有利于资源回收，降低了处理成本，又减少了危险废物对环境造成的潜在污染。实行垃圾分类和科学管理，可使我国固体废物的鉴别、分类和收集体系更加标准化和专业化。

2. 废弃物的运输

废弃物的及时清运，是实现废弃物流的重要保证。固体废弃物可根据产生地、中转站距处置场地的距离，以及废弃物的特性和数量来选择适宜的运输方式和处置方法。在搬运和运输途中产生的散状物和粉尘会对铁路货场、车站、机场造成污染，因此，垃圾运输的效率与收集车辆的数量和类型、收集工具和劳动力的配备、收集时间等因素有关。这些因素若与科学设计的收集路线结合起来，会使人力、财力、运输工具得到更加合理的配置，收到更好的效果。

3. 废弃物的包装与储存

废弃物的存储有“物资中转站”之意，废弃物的保管是将收集的废弃物分类后，利用一定的设备设施进行短期的储存和防护，如中大型中转站、容器等，以便集中运输到其他处理场所。因此，废弃物的保管一般应采取防止其飞散、流出、地下渗透、散发恶臭等措施。对于不同状态的废弃物，在保管时应该选择使用与之相适应的保管容器进行“包装”。对于放射性废弃物，必须选择有安全防护屏蔽的包装容器。优良合适的包装可以减少对运输途中、车站、中转站的污染。

4. 废弃物的回收加工与资源化

在性质上、形态上和用途上丧失其原有使用价值而可以回收再生的废弃物品，形成了回收物流，包括工业方面的边角废料和设备、人们消费的残留物等。与废弃物流不同，回收物流的内涵在于，回收是基础，加工是手段，利用是最终目的。

5. 废弃物的中间处理与最终处理

将废弃物中的有用物质回收之后，最终仍然有相当多的无利用价值的固体废物存在。及时清运这些废物，将其送到中间处理和最终处理场地，尽量减少停留在环境中的时间并对其进行管理，是非常重要的。否则，废弃物无控地排放、堆存和倾倒，会使其污染成分进入环境并参与生物圈的循环，导致对环境的破坏。最终处理废弃物，就是使其安全化、稳定化和无害化，通过填埋、灌注的方式回归自然。

第二节 逆向物流

一、逆向物流概述

（一）逆向物流的定义

目前，理论界对逆向物流概念的表述也有很多，较专业、准确地概括其特点的定义是：与传统供应链反向，为价值恢复或处置合理而对原材料、中间库存、最终产品及相关信息从消费地到起始点的有效实际流动所进行的计划、管理和控制过程。

（二）逆向物流的构成

逆向物流有退货和回收两个过程。退货是指下游顾客将不符合要求的产品退回给上游供应商，其流程与常规产品流向正好相反。回收是指将最终顾客所持有的废旧物品回收到供应链上各节点企业。

（三）逆向物流的分类

1. 按逆向物流形成原因分类

按成因、途径和处置方式的不同，根据不同产业形态，逆向物流可以被区分为投诉退货、终端退回、商业退回、维修退回、生产报废和副品以及包装六大类别。

(1)投诉退货。此类逆向物流的形成可能是由于运输差错、质量问题等，它一般在产品出售短期内发生。通常情况下，客户服务部门会首先进行受理，确认退回原因，做出检查，最终处理的方法包括退换货、补货等。电子消费品如手机、家用电器等通常会由于这种原因进入回流渠道。

(2)终端退回。终端退回的主要是经完全使用后需处理的产品，通常发生在产品出售之后较长时间。终端退回可以是出自经济的考虑，最大限度地进行资产恢复，如可以再生产、再循环的产品的退回，也可能是受制于法规条例的限制，对诸如超过产品生命期的一些白色和黑色家电等仍具有法律责任的产品的退回。

(3)商业退回。其是指未使用商品退回还款，如零售商的积压库存，包括时装、化妆品等，这些商品通过再使用、再生产、再循环或者处理，尽可能进行价值的回收。

(4)维修退回。其是指有缺陷或损坏的产品在销售出去后，根据售后服务承诺条款的要求，退回制造商，它通常发生在产品生命周期的中期。典型的例子包括有缺陷的家用电器、零部件和手机。一般是由制造商进行维修处理，再通过原来的销售渠道返还给用户。

(5)生产报废和副品。生产过程的废品和副品，其产生一般来说是出于经济和法规条例的原因，发生的周期较短，而且并不涉及其他组织。通过再循环、再生产，生产过程中的废品和副品可以重新进入制造环节，得到再利用。生产报废和副品在药品行业和钢铁业中普遍存在。

(6)包装。包装品的回收在实践中已经存在很久了，逆向物流的对象主要是托盘、包装袋、条板箱、器皿，它考虑经济的原因，将可以重复使用的包装材料和产品载体通过检验和清洗、修复等流程进行循环利用，降低制造商的制造费用。

2. 按回收物品特征分类

按照逆向物流回流的物品特征和回流流程，可以将逆向物流分成以下三类：

(1)低价值产品的物料，如金属边角料或者副品、原材料回收等。这种逆向物流的显著特征是它的回收市场和再使用市场通常是分离的，也就是说，这种物料回收并不一定进入原来的生产环节，而是可以作为另外一种产品的原材料投入到另一个供应链环节中。从整个逆向物流过程来看，它是一个开环的结构。在此类逆向物流管理中，物料供应商通常扮演着重要的角色，他们将负责对物料进行回收、采用特殊设备再加工，而除了管理上的要求外，特殊设备要求的一次性投资也比较庞大。这些要求决定了物料回收环节一般是集中在一个组织中。高的固定资产投入一般都会强调规模经济的重要性，在这里也不例外，此类逆向物流对供应源数量的敏感性非常强，另外，所供应物料的质量如纯度等对成本的影响比较大，因此，保证供应源的数量和质量将是物流管理的重心。

(2)高价值产品的零部件，如电子电路板、手机等。出于降低成本和获取利润等经济因素的考虑，这些价值增加空间较大的物品回收通常由制造商发起。此类逆向物流与传统的正向物流结合得最为紧密，它可以利用原有的物流网络进行物品回收，并通过再加工过程，还将进入原来的产品制造环节，在严格意义上，这才是真正的逆向物流。但是，如果回收市场的进入壁垒较低，第三方物流组织也可以介入其中。

(3)可以直接再利用的产品。最明显的例子便是包装材料的回收，包括玻璃瓶、塑料包装、托盘等，它们通过检测和清洗处理环节便可以被重新利用。此类逆向物流由于包装材料的专用性属于闭环结构，供应时间是造成供应源质量不确定性的重要因素，因而管理的重点将会放在供应物品的时点控制上，例如，制定合理的激励措施进行控制，通过标准化产品识别标志简化物品检测流程。不仅如此，我们还可以看到，由于在此类逆向物流的物品回收阶段对管理水平和设备的要求不高，因此可以形成多个回收商分散管理的格局，由原产品制造商对这些回收商统一管理，这种情况下，我们也可以应用供应链伙伴关系理论对他们之间的合作机制进行研究。

（四）逆向物流的特点

1. 逆向性

逆向物流中退回的商品或报废的物品的流动与正常的商品流的方向刚好相反，即消费者→中间商→制造商→供应商。

2. 不确定性

不确定性表现在逆向物流产生的地点、时间和数量是不确定的。正向物流则不然，按量、准时和指定发货点是其基本要求。

3. 复杂性

复杂性表现为发生逆向物流的地点较为分散、无序，不可能集中一次向接受点转移；另外，退货商品或报废的商品处理过程复杂，从而导致管理的复杂。

4. 处理费用高

这主要是因为这些商品通常缺少规范的包装，又具有不确定性，难以充分利用运输和仓储的规模效益；另一个重要原因在于许多商品需要人工的检测、判断和处理，极大地增加了人工费用，同时效率也低下。

5. 价值的递减性

对于退回或召回的商品而言，由于在逆向流动过程中产生一系列的运输、仓储、处理等费用，会冲减其价值，因此，这类产品的价值具有递减性。

6. 价值的递增性

对于有的报废的商品而言，它对消费者没有价值，但通过逆向流动再处理后，又重新获得它们的价值，因此，这类产品的价值具有递增性。

二、逆向物流产生的驱动因素

1. 政府立法

在工业界中，政府的环境立法有效地推动了企业对他们所制造的产品的整个生命周期负责。同时，顾客对全球气候变暖、温室效应和环境污染的关注加深了这种趋势。有前瞻性的企业不仅仅执行强制性法规，而且在产品开发阶段就考虑到它们在产品管理上的地位、责任和机会。这样做主要是为将来在产品使用寿命终结之时，对它的处理负全部责任。

2. 日益缩短的产品生命周期

逆向物流主要是指处理消费过的产品和废弃物。产品生命周期的缩短带来了更多的消费过的产品和废弃物，逆向物流的作用就是考虑到消费过的产品或废弃物具有再利用价值，将其进行加工、分拆、整修，使其成为有用的产品或转化为原料而重新投入生产和生活循环系统。而那些不具有可利用价值的产品或废弃物，仅从环境保护的角度出发，将其运到指定地点进行填埋或焚化。

3. 新的分销渠道

消费者可以更加便捷地通过新的分销渠道来购买商品。电视直销和互联网的出现使商品直销成为可能。但是直销产品也增加了退货的可能性，要么是因为产品在运输过程中被损坏，要么是由于实际物品与在电视或网上看到的商品不同。直销渠道给逆向物流带来了压力。一般零售商的退货率是 5%～10%，而通过产品目录和销售网络销售的产品的退货比例则高达 35%。由于直销渠道面对的顾客是全球范围的，而不仅仅局限于本地、国内或者某一区域，退货物品管理的复杂性就会增加，管理成本也将上升。

新的分销渠道使得产品退货的比例提高，对退货产品的管理要求也日益迫切。企业必须通过逆向物流管理来提高对退货产品的管理，尽可能地降低管理成本。

4. 日益宽松的退货政策

产品回收大部分来自于消费者的退回。宽松的退货政策成为零售企业吸引顾客的有效策略。竞争的压力使得越来越多的零售商放宽退货政策，如家乐福采取一周内无理由退货来刺激消费。与此同时，由于零售商在供应链中的地位上升，大多数的退货商品(要么来源于消费者，要么是因为未售出)都被最初的供应商收回，由他们对这些产品进行再加工和处理。

这些退货政策使得供应商不得不重视对逆向物流的管理，从而提高产品的利用率和降低退货成本。

三、逆向物流的经济价值

1. 逆向物流可以保护环境，节约社会资源

由于各国都制定了许多环境保护法规，为企业的环境行为规定了一个约束性标准，企业的战略发展逐渐顾及环境保护。环境保护业绩已成为评价企业运营绩效的重要指标。逆向物流自身的环保特点决定了许多企业纷纷采取逆向物流战略，以减少产品对环境的污染及资源的消耗。

2. 通过企业逆向物流策略的实施，更好地满足顾客需要，增加竞争优势

在顾客决定企业发展的经济环境下，顾客价值是决定企业生存和发展的关键因素。众多企业通过逆向物流策略的实施来提高顾客对产品或服务的满意度，赢得顾客的信任，从而增加其竞争优势。对于最终顾客来说，逆向物流能够确保不合格产品及时退货，有利于消除顾客的后顾之忧，增加其对企业的信任感，扩大企业的市场份额。由于竞争的压力，许多零售商和制造商放开产品退回的政策。产品退回政策放开的趋势使得众多企业意识到满意的客户是企业最重要的资产。另外，对于供应链上的企业来说，上游企业采取宽松的退货策略，能够减少下游企业的经营风险，改善供需关系，促进企业间战略合作，强化整个供应链的竞争优势。特别对于时效性强的产品，退货策略所带来的竞争优势更加明显。

3. 使企业形象增值

企业通过实施逆向物流战略可改善企业的环境行为，提高企业在公众心目中的形象。同时，企业也采用逆向物流战略来做有利于社区和公众的事情。例如，耐克公司通

过给予顾客一些回扣来回收旧鞋，将这些旧鞋碾碎用于篮球场和跑道场的建设。运作这些回收产品的成本是很高的，但这些活动提升了品牌的价值，从而促进了产品的销售。

4. 降低企业的资源损失率和长期包装成本

企业在减少物料耗费时往往只考虑企业内部的物料利用率，不重视企业外部废旧产品及其物料的有效利用，造成大量可再用性资源的闲置和浪费。由于废旧产品的回购价格低、来源充足，对这些产品回购加工可以大幅度降低企业的物料成本。特别是随着经济的发展，资源短缺日益加重，资源的供求矛盾更加突出，逆向物流将越来越显示其优越性。短期内可能包装物的回收成本高于包装物的成本，但从长期来看，循环使用回收的包装物可以减少企业的包装成本，从而降低企业的产品成本，提高产品的竞争优势。

5. 有效的逆向物流可以成为企业新的利润源

逆向物流可以防止企业利润的流失，故其已成为企业可以开发的新的利润源泉。企业有效地进行逆向物流管理，一般主要是对退货产品的管理，可以降低退货率。同时，可以通过加工、整修退货产品，从而再次投入使用，降低企业的资源损失率，相应地防止企业利润的流失。

四、逆向物流系统的业务和技术

（一）逆向物流系统的业务

1. 收集

收集是指将分散在沿路的废弃物收集起来，运往处理的地点。该步骤可能包括收集、运输和仓储等环节。由于从分散的地点处收集废弃物涉及大量的小批量运输，因而导致收集费用很高，在逆向物流总成本中占据相当大的比重。此外，该过程的运输也是逆向物流中引起环境污染的关键因素之一。因此，要采取合理的运输策略，以减少不必要的运输和费用。

2. 检测和分类

物品的种类繁多，相应价值也不相同，必须对其进行有效分类后才能进行后续处理。很多的产品或者废弃物需要经过测试和分类才能投入使用。

3. 再处理

再处理是指对回收产品或其零部件进行处理，以重新获取价值。例如，砂石的清洗、废旧路面的再利用、道路桥梁中的钢材的循环使用都需要经过再处理。再处理是否能够及时以及处理成本高低都在很大程度上决定着整个逆向物流系统的经济可行性。因此，一般要求回收品数量较大且集中处理，以形成规模经济效益。

4. 废弃处置

废弃处置是指对那些出于经济或技术上的原因无法再利用的废旧物品进行销毁。该步骤可能包括运输、填埋或焚毁等环节。

5. 再配送

再配送是指将处理后的再生产品分配使用。该步骤可能包括销售、运输和仓储等环节。

（二）逆向物流系统的技术

1. 面向逆向物流的产品设计

从产品和生产系统的设计开始就应充分考虑逆向物流的需要，使其便于将来的回收、利用和再制造，如部件数减少、材料数减少、结构易于装卸和分解。为了达到这个目标，产品设计可采取以下思路：

首先，用可分解的思路设计产品，即不仅要求设计可分解的产品，还要考虑现有产品如何分解，以及怎样增加回收产品及部件的机会。

其次，采用模块化的设计技术并使用标准化的产品接口。由大量标准化零部件组装而成的产品可以方便地进行升级，而不是废弃，仅仅用新部件替代过期部件就可以达到这样的目的。

另外，从激励角度来考虑，将可拆卸度等作为评估产品设计的指标，以减少逆向物流成本。

2. 产品跟踪管理

产品跟踪的几种常用方法有：根据产品的产地编码进行跟踪；利用保修卡的信息(只适用于部分使用卡片的产品)跟踪；利用计算机等信息技术，如条形码、卫星通信、产品控制和识别系统、自动化跟踪系统、移动卫星通信与定位-报告系统、无线射频识别技术(即电子标签)等跟踪。部分技术服务效率较高，但投资较大。

3. 再制造生产计划和调度

再制造的环境对传统的生产计划提出了新的要求。传统的MRP是一种自上而下的基于物料清单的分解递推方法，不能直接适用于再制造的环境，所以必须在MRP中加入逆向物料清单，记录每个回收品包含的零件及需要的处理时间。这种扩展了的MRP需要大量有关产品结构树、拆卸成本和处理时间的信息。

再制造生产调度主要包括拆卸调度规则和维修调度规则。常用的拆卸调度规则有先拆先加工、先拆后加工、批量加工和交货期优先等，也可混合使用；维修调度规则包括先来先维修等一般的调度规则。

五、逆向物流的发展趋势

虽然逆向物流在企业中占有非常重要的地位，但是对于大部分中小企业来讲，还是无力投资进行逆向物流系统的建设，从而第三方物流就显得尤为重要。第三方物流利用其规模经济优势和成本优势，使企业节省费用，减少了资金占用，从而降低了成本；此外，第三方物流还能利用其精心策划的物流计划和适时的装运手段，最大限度地减少企业库存；同时，第三方物流的先进的物流技术手段可以使厂商对商品进行追踪，进一步降低退货率。

逆向物流的另一个发展趋势就是延长产品的生命周期。企业可以在生产产品的时候适当地做到将产品的科技含量延伸到最新的地方，以此来延长产品的生命周期；此外，还可以采用模块化的设计技术并使用标准化的产品接口，从而使大量标准化的零部件组装而成的产品可以方便地进行升级，而不是废弃。

伴随着人们环保意识的增强和环保法规约束力度的加大，绿色物流应运而生。绿色物流的目标除了一般物流活动的经济利益外，更是追求节约资源、保护环境这一既具有经济属性，又具有社会属性的目标。从短期来看，节约资源、保护环境与经济利益的目标是矛盾的，但是从宏观角度和长远利益看则是一致的。

另外，电子信息技术的快速发展和广泛应用也促进了逆向物流的信息化进程。这不仅能够给逆向物流的管理带来极大的便利，也使企业节约了相应的各项资源，从而给企业带来了巨大的经济利润。

第三节　区域物流

一、区域物流产生的背景

20 世纪 80 年代以来，在区域经济一体化的趋势下，区域经济合作成为一种普遍的经济现象，区域间物流、商流、信息流、资金流等不断涌现，物流活动日趋频繁。如何减少物流距离、缩短物流时间、降低物流费用，成为区域经济协调发展亟须解决的问题。在这个背景下，区域物流成为现代物流发展中的一个重要领域，受到全世界的广泛关注，各国十分重视区域物资流通的研究。

区域物流涉及物资在区域内的实体流动、区域间的货物集散过程，重点解决一个区域内的物流系统优化问题，保障整个区域的物流活动满足生产活动和消费生活的需要，提高区域经济运行质量，促进区域经济协调发展。

区域物流作为区域经济社会的一个子系统，涉及区域物资的运输配送、仓储保管、现代包装、装卸搬运、流通加工、信息处理等领域，其产生和发展是随着社会分工协作和地区经济专业化的发展而发展的。第一次社会大分工，以自给自足为特征的自然经济仍占统治地位，商品生产和交换的比重很小，地区间的联系很弱，一般只在农业部落和游牧部落之间存在零星的、分散的物资流动。第二次社会大分工之后，手工业、矿业、小规模原材料工业、简单制造业等应运而生，商品生产和交换不断发展，但是受交通条件、运输条件等经济基础的制约，物资流通范围较小，物质条件薄弱。第三次社会大分工，出现了专门从事商品交换的商人，商品交换向纵深发展，物资流通日趋频繁，一个或少数几个条件优越的地区与其他地区开始两极分化，产生一个或几个区域性的、以条件优越地区为中心、其周围地区为外围的二元结构。随着商品经济的发展，中心区经济迅速发展，对资源需求大幅度扩张，与其他地区之间的物流联系不断加强，其外围地区也逐渐得到开发，成为区域的次级中心，形成主中心、次中心相互衔接的多核结构区域经济。

在经济社会发展过程中，不同中心区之间的外围地区逐渐被纳入中心区的物资流通循环中，区域经济在空间上实现一体化。区域物流被融入一个统一而又相互依赖的体系之中，区域物流发展呈现网络系统化态势。区域物流网络系统化是一个动态的发展过程，深刻影响着区域工农业生产、居民生活和经济社会的正常运行。

二、区域物流的特点

1. 空间资源分布的差异性

空间资源分布的差异性是形成区域物流的经济基础。空间资源包括自然资源和社会资源。自然资源是天赋的，如土地、山脉、河流、湖泊、海洋、森林、矿产、耕地、水源、日照、风雨雷电等，并非人力所能轻易改变；社会资源是指劳动力、资金、科技教育、各种知识、经营管理、专门人才、工艺水平、文化习俗、风土人情乃至思想观念等，是在长期历史过程中形成的，各地都有自身的特殊性。每个不同的区域都存在由特定的自然资源和社会资源所构成的空间资源。任何一个国家或地区的空间资源分布都不可能完全等量、均质，因而在现实生活中，区域物流就表现出了巨大的差异性和多样性。当然，在一个物流区域内部，空间资源分布也是有差异的，但大体相同，否则就不会成为同一个物流区域了。

2. 物流发展程度的差异性

物流发展程度的差异性是划分物流区域的重要标准。物流服务水平的高低总是与社会经济发展程度相适应，因此，物流区域的划分主要根据经济发展程度来确定，而经济发展程度又主要考察GDP(GNP)、人均GDP(人均GNP)、财政收入(人均财政收入)、固定资产投资规模、社会消费水平、劳动生产率等经济指标。在现实经济生活中，经济发展程度相差悬殊的地区将形成各自不同的物流区域，换句话说就是，在一个物流区域内部，物流在不同地方的发展程度是相近的，而不同的物流区域其物流发展程度往往差距很大。物流发展程度与空间资源分布状况联系紧密，丰富的自然资源是物流得以发展的必要条件，而充足的社会资源则是提高物流发展程度的经济基础。

3. 物流利益的相对独立性

毫无疑问，区域物流尤其是地区物流、地方物流，作为区域经济大系统的子系统，都是相对独立的经济利益主体，每个区域或地区都有其自身的经济利益。区域物流的形成与物流水平的提高是区域或地区经济利益的反映，因而，区域或地区之间的物流竞争是合理的，符合市场经济发展要求，有利于提高整个国民经济发展水平，应当受到鼓励、保护和正确引导。但在一国之内，区域物流应当接受国家宏观调控，相互之间的支持、帮助也是必要的。即使经济发达地区，长期以来也得到了经济落后地区在自然资源、劳动力、资金等多方面的帮助，其发展起来后对落后地区的支持和帮助也是义不容辞的。另外，经济发达地区发展到一定水平后，在市场经济规律的作用下也会产生生产要素由发达地区向相对落后地区流动的需要。只有这样，才能实现区域经济的共同、协调与可持续发展。

4. 物流系统的完整性

在当今信息时代，区域物流内部由于自然资源基础和社会资源现实的不同，都形成了自身的物流系统，而且具有一定的完整性。每一个区域物流都追求区域内各种物流活动结构上的合理组合与功能上的互补配套，对区域内外资源进行调剂余缺、优化配置，从而推动区域整体物流的增长与发展，产生任何单一经济组织都无法实现的物流系统。

三、城市物流

城市物流是指物品在城市内部的实体流动，以及城市与外部区域的货物集散和城市废弃物清理的过程。城市物流系统是在综合考虑多种运输方式、调整城市用地规划、调整城市路网规划的基础上，使物流资源得到最大程度的集成和优化配置，并通过考虑城市物流对社会、环境、经济、金融和能源的影响，使城市物流活动达到整体最优。

城市作为物流活动的汇聚地，成为发展现代物流的切入点。但由于不同城市的功能、地位、经济水平、基础条件等在客观上存在较大差异，其发展现代物流的途径也不同，因此存在着不同模式。

1. 交通主导型模式

此种模式主要有航港带动型模式和铁路带动型模式两种。航港城市发展现代物流可以依托城市的港口(或空港)等资源，通过港内物流要素的集成化、规模化、高效化，建立围绕港口(或空港)的集输运系统、港口保税区及国际性分拨中心等物流枢纽中心，促进城市及其区域现代物流的发展。铁路具有载运量大、运价低、受气候季节变化影响小等优点，对于大宗、散装、低值、中长距离的物流运输服务具有不可替代的优势。铁路枢纽城市一般处于两条或两条以上干线交汇地点，通过客货列车到发、中转、换装换乘等物流作业，保障物流畅通。

2. 工业主导型模式

工业作为城市兴起的原动力，通过汽车、化工、冶金、机械、电子、建材、医药等工业体系的形成，带动配套服务业的发展，促进城市交通运输、物资流动的发展。有关研究指出，工业经济发达的城市可以通过规模化组织工业支柱产业，挖掘工业企业原材料、半成品、产成品的物流发展潜力，提高物流工业企业物流管理水平，降低物流成本，带动城市现代物流发展。

3. 商业主导型模式

城市商业具有购物、休闲、文化、旅游等多种功能，它通过百货商店、连锁超级市场、专卖店、便利店等不同商业业态，促进城市内外的商流、物流、人流、资金流、信息流的发展，发挥城市辐射功能。随着城市居民收入水平和消费水平不断提高，消费需求日益多样化，商业活动高度集中，物流服务需求大幅度提高，城市可以通过商业物流的合理组织推动现代物流快速发展。

四、物流园区

(一)物流园区的产生

物流园区作为物流业发展到一定阶段时产生的新兴物流集疏方式，在日本、德国等发达国家已经得到了快速发展。它经历了从货物配送转运中心到物流中心、配送中心，最后到物流园区、物流园地、货运村等阶段。随着我国传统储运业向现代物流业发展的转变，国家有关主管部门开始制定促进物流园区发展的宏观政策，一些发达地区和省份也纷纷开始筹建物流园区。

伴随着物流业的进一步发展，各个企业都逐渐意识到配送转运中心分散建设、各自为政所带来的资源浪费，各级政府也发现这种方式不利于充分发挥城市的总体规划功能。物流园区作为物流业发展到一定阶段的必然产物，在日本、德国等物流业较为发达的国家和地区相继出现。物流园区在日本称为物流园区，在德国称为货运村。虽然名称不同，各国的定义表述也不完全一样，但是它们的建设目的、服务功能是基本相同的。

（二）物流园区的分类

由于物流的组织功能因园区的地理位置、服务地区以及企业的物流组织内容和形式、区位交通运输地位及条件等存在着较大差异，物流园区的功能和定位不应有整齐划一的界定点。从主要功能上讲，物流园区大致可分为以下四大类型，即转运型物流园区、存储配送型物流园区、流通加工型物流园区以及综合物流园区。

(1)转运型物流园区是指可实现运输方式转换(海—陆、空—陆、公路—铁路)的物流园区。其代表园区有上海国际航空物流园区、深圳华南国际物流中心、北京空港物流园区。

(2)存储配送型物流园区是指以大规模的仓库群为基础，形成以存储和配送功能为主的物流园区。其代表园区有深圳笋港—清水河物流园区、北京华通物流园区。

(3)流通加工型物流园区是指承担了一部分生产加工功能，实现了从厂商生产的标准产品部件到客户所需个性化产品转换衔接的物流园区。其代表园区有宁波物资流通中心。

(4)综合物流园区是指同时具有以上几种功能，规模庞大、功能齐全的物流园区。其代表园区有深圳平湖物流基地，上海西南、西北综合物流园区，北京通州物流园区。

（三）物流园区的功能

1. 货物集散功能

此功能主要是指接收通过各种方式运输的到达货物，并进行分拣、储存，同时，将本地发出的货物进行集中，通过直接换装方式向外发运。

2. 货物中转功能

结合中转物流需求大的特点，物流园区将充分体现商品中转中心的作用。一方面，物流园区要以连接各种运输方式实现多式联运，为进出口货物国内跨海运输提供便利条件，如将集装箱海运与铁路或公路运输方式相结合；另一方面，物流园区也将起到衔接干线运输与支线配送的作用。

3. 配送功能

物流园区向配送中心、配载中心或区域物流节点实施日常配送，针对工商企业提供配送服务。

4. 流通加工功能

这主要包括商品的包装整理、加固、换装、改装、条形码印制等。通过流通加工，可提高物流对象的附加价值。

5. 口岸功能

可设置海关、卫检、动植物检验检疫机构，为当地的生产、加工基地或者最终销售市场的制造商、分销商提供储存、保管、运输、加工、货代、卫生检疫等服务。

6. 商品检验功能

物流园区可提供商品检验与养护、商品检疫等服务。

7. 物流信息服务功能

物流信息服务是指建设物流公共信息平台，完善物流信息网络建设，通过信息系统完成物流状态查询、物流过程跟踪、物流要素信息记录与分析、物流客户关系管理、物流决策支持等工作，方便报关、结算、保税等单据处理，提高工作的准确性及工作效率，简化手续。

8. 物流咨询与培训功能

物流咨询与培训主要包括物流系统规划与设计、物流培训、物流项目咨询等服务内容。

9. 商品展示的商流功能

物流园区将通过设立商品展示厅，为商家提供贸易机会，以实现其商流功能。

10. 电子商务的辅助功能

物流园区可以利用巨大的仓储资源和专业的配送服务，开展电子商务的试点工作。

11. 其他功能

物流园区还提供保安、银行、邮局、餐饮、住宿、废弃物处理、人力外包等其他服务。

第四节 国际物流

一、国际物流的产生

1. 经济的迅速增长

第二次世界大战以来，经济飞速发展，厂商的收入利润每年都按几十个百分点在增长。如今，主要的工业化国家的经济增长率已基本稳定甚至有所下降，并且，传统的营销战略已不能再支持大多数厂商的收入和盈利的持续增长。但是，在工业化国家经济增长率下降的同时，由于新技术的开发，制造业和物流业的生产率开始提高，造成过度的生产能力。在这种情况下，企业必须通过全球化向其他发达地区和发展中国家扩展，才能增加其收入和利润。但是，这类扩展需要把全球化制造和全球化营销能力综合起来，并通过综合物流的支持才能实现。于是，对发展和利润的追求就成为驱使企业进入国际市场、发展国际物流的根本动力。

2. 供应链战略联盟思想

从历史上看，企业经理们曾致力于企业内部如何降低采购成本和制造费用，因此，在制定物流资源和产品来源的决策时，与其他渠道成员之间发生的费用往往被忽略了。厂商在传统上尽可能通过内部承担必要的活动来寻找对物流活动的控制，而这些内部活动通常会导致自营的仓库、运输车队和信息系统等的产生。这些内部活动虽然能实现最大限度的控制，但同时也增加了所需要的资金来支持物流作业。而现在，物流经理们发现，可以利用外部资源承担范围更广的物流活动以减少资金配置。这种业务外包的方法被证明对全球化扩展至关重要。厂商们愿意与全球化物流服务商一起构建供应链，这些物流服务商能以合理的成本在诸如国际整合运输和转运、国际仓储、物流单证以及便利作业等方面提供专门知识和物流服务，因此，通过有效的供应链管理，就能获得竞争中的整体优势。

3. 全球区域化经贸交流增加

当企业发展达到一定规模，国内市场已经满足不了企业发展需要时，本国附近的一些国家或地区往往会成为企业最初的海外市场选择。为了提升区域内经贸交流及保护区域内经贸伙伴，全球各主要贸易区域纷纷组成区域内经贸协议，包括欧洲共同市场、北美自由贸易协议以及正拟定推动的东盟自由贸易协议等。这些区域内经贸协议使国与国之间的货物流通更便利，区域内的国家贸易成本更低，企业国际化后获利的机会也更大。

在区域化的过程中，国家间行政区划的设定阻碍了贸易的发展。为了适应政治上的要求，跨国企业既增加了时间成本也增加了物流成本，但并没有给最终消费者带来增值。尽管区域化的努力旨在便利区域内国家间的贸易，但政府的限制和要求在一定程度上削弱了这种努力。然而，纯区域化的努力仍然促进着国际贸易和国际物流的发展。

4. 全球资源的不均匀分布

全球资源的不均匀分布主要是指资源丰富的原料区域、生产成本最低的制造来源与获利最大的市场，多分布在不同区域，企业为充分利用资源，达到最具经济效益的生产与最大的获利，必须将全球运作的范围扩大，逐步扩大全球化资源的采购，并为产品寻找最适当的生产地与市场。因亚洲拥有低廉的劳动力与自然资源，自然成为企业最适当的原料采购与生产地点，欧美各国企业于是在亚洲积极成立全球采购中心，使亚洲成为全球低劳力零件或成品的提供国家，并运输至高消费的欧美市场销售，这些跨国运作的企业趋势，使得企业国际化的推力增加。

5. 信息与通信技术的进步

通信技术和信息技术是鼓励国际物流发展的动力之一。一方面，信息与通信技术的进步，使全球性的文件往来更为畅通与快速，缩短了厂商间订货的时间，增加了厂商间商业往来的机会；另一方面，信息与通信技术的进步，使消费者对流行事物的接受度增加，对国际性产品的接受度也跟着提高，这种趋势使全球的消费形态趋于一致，也进一步刺激厂商提供全球性的产品，以满足全球消费者的需求。

6. 全球运输与金融解除管制

在一些主要行业中解除管制也是国际物流发展的动力之一，其中金融业和运输业是解除管制的两个主要行业。

二、国际物流的概念、特点及其系统组成

（一）国际物流的概念

国际物流是指在两个或两个以上国家(或地区)之间所进行的物流。例如，意大利有一家专门经营服装的公司，它有5000家专卖店，分布在60个国家，每年销售的服装约5000万件。其总部在意大利，所有的工作都是通过80家代理商进行。若某一专卖店发现某一款式的服装需要补货，立即通知所指定的某一代理商，该代理商立即将此信息通知意大利总部，总部再把这一信息反馈给配送中心，配送中心便根据专卖店的需求在一定的时间内进行打包、组配、送货。整个物流过程可在一周内完成。

（二）国际物流的特点

国际物流具有以下几个特点。

1. 物流环境存在差异

国际物流的一个非常重要的特点是各国物流环境的差异，尤其是物流软环境的差异。不同国家的不同物流适用法律使国际物流的复杂性远高于一国的国内物流，甚至会阻断国际物流；不同国家的不同经济和科技发展水平会造成国际物流处于不同科技条件的支撑下，甚至有些地区根本无法应用某些技术而迫使国际物流全系统水平的下降；不同国家的不同标准，也造成国际间“接轨”的困难，因而使国际物流系统难以建立；不同国家的风俗人文也使国际物流受到很大局限。

物流环境的差异迫使一个国际物流系统需要在几个不同法律、人文、习俗、语言、科技、设施的环境下运行，这无疑会大大增加物流的难度和系统的复杂性。

2. 物流系统范围广

物流本身的功能要素、系统与外界的沟通就已是很复杂的，国际物流再在这复杂系统上增加不同国家的要素，这不仅是地域广阔和空间广阔的问题，而且所涉及的内外因素更多，所需的时间更长，广阔范围带来的直接后果是难度和复杂性增加，风险增大。

当然，也正是因为如此，国际物流一旦融入现代化系统技术之后，其效果会比以前更显著。例如，开通某个“大陆桥”之后，国际物流速度成倍提高，效益显著增加，就说明了这一点。

3. 国际物流必须有国际化信息系统的支持

国际化信息系统是国际物流，尤其是国际联运非常重要的支持手段。国际化信息系统建立的难点在于，一是管理困难，二是投资巨大，再加之世界上有些地区物流信息水平较高，有些地区较低，所以会出现信息水平不均衡，因而信息系统的建立更为困难。

当前国际化信息系统一个较好的建立办法是与各国海关的公共信息系统联机，以及

时掌握有关各个港口、机场和联运线路、站场的实际状况，为供应或销售物流决策提供支持。国际物流是最早发展EDI的领域，以EDI为基础的国际物流将会对物流的国际化产生重大影响。

4. 国际物流的标准化要求较高

要使国际间物流畅通起来，统一标准是非常重要的，可以说，如果没有统一的标准，国际物流水平是提不高的。目前，美国、欧洲基本实现了物流工具、设施的统一标准，如托盘采用1000×1200毫米，集装箱使用几种统一规格等，这样一来，大大降低了物流费用，降低了转运的难度。而不向这一标准靠拢的国家，必然在转运、换车底等许多方面要多耗费时间和费用，从而降低其国际竞争力。

（三）国际物流系统的组成

国际物流系统由商品的包装、仓储、运输、检验、外贸加工和其前后的整理、再包装以及国际配送等子系统构成。其中，国际货物的运输子系统和国际货物的仓储子系统是国际物流的两大支柱。通过运输克服了商品生产和消费的空间距离，通过仓储消除了其时间差异，满足了国际贸易的基本需要。

三、我国国际物流现状及发展趋势

（一）我国国际物流的现状

我国的物流业起步相对来说比较晚，在20世纪70年代末才正式引入物流概念，在此之前也出现了一些国际物流企业，如对外贸易运输公司、远洋运输公司等。随着国际贸易的发展，我国的物流企业不断增加，物流部门的设立日益增多，交通运输业发展也十分迅速，同时还出现了集装箱运输、大型散装运输及联合运输等形式，并建立了自动仓库。

随着改革开放的不断深入以及我国加入世界贸易组织后，我国的国际贸易规模不断壮大，国际物流也随之得到了迅速发展。据国家发展和改革委员会、国家统计局、物流与采购联合会统计，2012年，我国全年货物进出口总额为38 668亿美元，比上年增长6.2%。其中，出口额为20 489亿美元，增长7.9%；进口额为18 178亿美元，增长4.3%。进出口差额(出口减进口)为2311亿美元，比上年增加762亿美元。

2012年全国社会物流总额为177.3万亿元，按可比价格计算，同比增长9.8%，增幅较上年回落2.5个百分点。分季度看，第1季度为10.9%，上半年为10%，前三季度为9.6%，呈逐季回落之势，第4季度则明显趋稳回升，全年总体保持较快增长。

从构成情况看，工业品物流总额为162万亿元，按可比价格计算，同比增长10%，是推动社会物流总额增长的主要动力。受网购等电子商务快速发展的推动，快递等与民生相关的物流发展势头良好，全年单位与居民物品物流总额按可比价格计算，同比增长23.5%，增幅高于社会物流总额13.7个百分点。进口货物物流总额为11.5万亿元，按可比价格计算，同比增长7.8%。农产品物流总额和再生资源物流总额同比分别增长4.5%和10.2%。

2012年物流业增加值占GDP的比重为6.8%，占服务业增加值的比重为15.3%。

（二）我国国际物流的发展趋势

我国国际物流业应进入一个新的历史发展阶段，有关国际物流的基础建设、技术水平和现代化管理都应有很大的提高和发展，才能适应世界经济竞争发展的需要。

1. 加快现代化国际物流基础设施建设

当前，我国物流基础设施还比较落后，与物流机械化、现代化的要求还有差距，这在很大程度上影响了我国国际物流业的发展。例如，各种运输设施的系列配套和衔接，尤其是集装箱专用码头、深水泊位及进出港的装卸能力都还不能满足国际物流业的需要。另外，缺乏一定量的相适应的自动化高层货架仓库，仓储条件及存储能力都有待提高。为了适应国际物流作业连续性、快速化的特点，还应积极发展高科技物流技术设备。例如，建设集装箱及散装货物的专用船、火车和汽车工具等，对于提高国际物流的运输效率也十分重要。

2. 国际物流业应早日步入信息新时代

国际物流生产过程具有环节繁杂、层次结构多、收发信息大、技术性强等特点，而且，国际间各种国际物流信息是伴随着国际物流生产活动的开始而产生并瞬间消失的，必须准确、及时、高效地捕捉各种信息并进行处理，才能科学地指挥国际物流的高效运转。因此，以支持国际物流系统为目的构筑起的包括国际物流各种功能子系统及生产、批发、零售、金融、法律等的综合信息网络总体，将使我国国际物流业早日步入信息新时代。

3. 提高国际物流企业科技开发的积极性，增加高科技含量

目前世界上一些经济发达国家科技活动的重点之一是流通业，它们不仅是国际经济的基本细胞，也是科技成果转化的主体。在我国，从事国际物流业的企业也多是运输、仓储等流通企业，虽然这些企业在科技成果转化方面有一定成效，但从整体上看科技成果的应用率和转化率还很低，科技成果的转化仍然速度慢、转化率低、覆盖面积小，远远不能适应国际物流发展的需要，因此，我们应大力提高国际物流企业科技开发的积极性。

4. 培养国际物流专门人才

从我国国际物流业的现状看，除设备陈旧、技术落后外，缺乏专门人才也是影响我国国际物流业发展的重要原因。大力培养国际物流专门人才，特别是高、中级管理和技术人才，早日形成一支具有现代化国际物流理论知识和管理才能的国际物流专家、企业家队伍，才能适应现代国际物流业发展的需要，以开展我国国际物流业的新局面。

本章小结

本章主要介绍了废弃物流、逆向物流、区域物流和国际物流的相关知识点。其具体包括：废弃物流的概念、经济意义、社会意义和基本环节；逆向物流的含义、构成、分类、形成的原因和特点、产生的驱动因素和经济价值、业务和技术以及发展趋势；区域物流产生的背景、特点以及城市物流和物

流园区的相关知识；国际物流的产生、我国国际物流的现状及发展趋势。

本章思考题

1. 废弃物流系统的基本环节有哪些？
2. 简述逆向物流的分类。
3. 举例说明逆向物流形成的原因。
4. 简述区域物流产生的背景及特点。
5. 简述物流园区的功能。
6. 简述国际物流的特点及其系统组成。
7. 简述我国国际物流的发展趋势。

第四篇

物流前沿篇

第十章

第三方物流

导引案例

中国著名的家电企业海尔集团从1999年年初开始物流改革，将物流重组定位到增强企业的竞争优势的战略高度上来，希望通过物流重组有力地推动海尔的发展。因为零部件库的管理不太先进，库存资金占用比较大，甚至有些呆滞，所以海尔集团选择零部件作为首要的突破点，建立了现代化的立体库，开发了库存管理软件，使其达到最先进水平。之后，发现车间、分货方和经销商的管理水平跟不上，于是又向他们推荐先进的作业方法。立体库带动了机械化搬运和标准化包装，采用标准的托盘和塑料周转箱，都符合国际标准。因海尔生产的零部件种类繁多，所以就用标准的容器将其规范化，便于机械化搬运及管理。这些做好后，又发现检验是一个薄弱环节。检验时间长，造成大量库存积压。于是又把检验集中起来，尽量分散到分货方和第三方仓库去检验。这样企业中的物流就没有检验这一环节，减少了大量的库存，目前只有3天的库存量，库存资金也大大减少。海尔从1999年年初开始实施物流发展计划，不到一年的时间，效果已非常明显。同时，海尔也利用第三方物流进行内部配送，企业物流把社会力量整合起来了。当然，在实施物流的过程中，海尔也遇到了一些困难，其中最主要的是人们头脑中的习惯思维问题，还不适应整合起来后总的效果，只从自身是否方便来考虑问题。为解决这个问题，海尔成立了物流推进本部，专门从事物流改革的推进工作，由集团见习总裁亲自负责。该事业本部下属采购、配送、运输三个事业部，专门从事海尔全集团的物流活动，使得采购、生产支持、物资配送从战略上一体化。由于国内研究物流的专业公司还不多，大部分从事的还只是物流中某个部分，可以借鉴的经验很少。因此，海尔计划在尽可能短的时间内，摸索出一套海尔独有的物流管理模式，创立海尔独特的物流体系。目前，海尔正努力建设企业内部的物流事业部门，并在为海尔集团服务的基础上，使其最终社会化，使海尔的企业物流最终成为海尔的物流企业。

资料来源：http://wenku.baidu.com/view/9893ede39b89680203d8250b.html

第一节　第三方物流理论

一、第三方物流的概念

第三方物流是指生产经营企业为集中精力搞好主业，把原来属于自己处理的物流活动，以合同方式委托给专业物流服务企业，同时通过信息系统与物流企业保持密切联系，以达到对物流全程管理控制的一种物流运作与管理方式。

第三方物流，英文表达为 third-party logistics，简称 3PL，也简称 TPL，是相对“第一方”发货人和“第二方”收货人而言的。第三方物流是由第三方物流企业来承担企业物流活动的一种物流形态。第三方物流既不属于第一方，也不属于第二方，而是通过与第一方或第二方的合作来提供专业化的物流服务，它不拥有商品，不参与商品的买卖，而是为客户提供以合同为约束，以结盟为基础，系列化、个性化、信息化的物流代理服务。

随着信息技术的发展和经济全球化趋势，越来越多的产品在世界范围内流通、生产、销售和消费，物流活动日益庞大和复杂，而第一、二方物流的组织和经营方式已不能完全满足社会需要；同时，为参与世界性竞争，企业必须确立核心竞争力，加强供应链管理，降低物流成本，把不属于核心业务的物流活动外包出去。于是，第三方物流应运而生。我国最早的理论研究之一是第三方物流的模式与运作。最常见的第三方物流服务包括设计物流系统、EDI、报表管理、货物集运、选择承运人和货代人、海关代理、信息管理、仓储、咨询、运费支付、运费谈判等。由于第三方物流的服务方式一般是与企业签订一定期限的物流服务合同，所以有人称第三方物流为“合同契约物流”(contract logistics)。

二、第三方物流企业的类型

第三方物流企业是指为公司提供全部或部分物流服务的外部供应商。其类型有以下几种。

1. 以运输为基础的物流公司

这类公司大都是大型运输公司的分公司，有些服务项目是利用其他公司的资产完成的。其优势在于公司能利用母公司的运输资产，扩展其运输功能，提供更为综合性的一整套的物流服务。

2. 以仓库和配送业务为基础的物流公司

这类传统的公共或合同仓库与配送物流供应商已经将物流服务扩展到了更大的范围，以传统的业务为基础，这些公司已介入存货管理、仓储与配送等物流活动。经验表明，基于设施的公司要比基于运输的公司转为综合物流服务更容易与简单些。

3. 以货物代理为基础的物流公司

这些公司一般没有自己的资产，非常不独立，它们与许多物流服务供应商有来往。

它们具有把不同物流服务项目组合，以满足客户需求的能力。更多情况下它们已从货运中间人角色转为更广范围的第三方物流服务公司。

4. 以托运人和管理为基础的物流公司

这一类型的公司是从大公司的物流组织发展而来的。它们将物流专业的知识和一定的资源作为第三方作业的优势来源。这些供应商具有管理母公司物流的经验，因此，它们具有很强的管理能力。

5. 以财务或信息管理为基础的物流公司

这种类型的第三方供应商能提供运费支付、审计、成本会计与控制、监控、采购、跟踪和存货管理工具。

这种分类虽然较为明确，但由于各国发展状况的不同，现在仍不能统一适用于整个第三方物流产业。

三、第三方物流的利润来源

第三方物流的利润来源表现在以下四个方面。

1. 作业利益

第三方物流服务的第一类利益来源就是“作业改进”。这类利益基本包括两种因作业改进而产生的利益：

(1)通过第三方物流服务，顾客可以获得自己组织物流活动所不能提供的服务或物流服务所需要的生产要素，这就是产生外协物流服务并获得发展的重要原因。在企业自行组织物流活动的情况下，或者限于组织物流活动所需要的特别的专业知识，或者限于技术条件，企业内部的物流系统可能并不能满足完成物流活动的需要，而要求企业自行解决所有的问题显然是不经济的。第三方物流通过提供这些服务要素获得相应的利益。

(2)通过改善前述企业内部管理的运作表现获得利益。这种作业改进的表现形式可能是增加作业的灵活性，提高质量、速度和服务的一致性及效率。

2. 经济与财务利益

第二类利益为与经济或财务相关的利益。一般低成本是由于低要素成本和规模经营、范围的经济性，其中包括劳动力要素成本。因此，通过外协，既可将不变成本转变成可变成本，又可避免盲目投资，将资金用于其他方面而降低成本。

3. 管理利益

第三类利益为与管理相关的利益。外协可以习得其他企业的管理技能，也可以使得自身企业的资源得以更好地利用。外协可使得公司的人力资源集中于公司核心活动中去，而同时获益于其他公司的核心经营能力。此外，如单一资源和减少供应商的数目所带来的利益也是外协的潜在原因。

4. 战略利益

物流外协还能产生战略性利益，即灵活性，包括地理范围跨度的灵活性及根据环境变化进行其他调整的灵活性。集中主业在管理层次与战略层次高度一样具有重要性。共担风险的利益也能通过使用拥有多种类型客户的服务供应商来获得。

四、第三方物流与第四方物流

（一）第四方物流概述

第四方物流(fourth party logistics，4PL)是1998年美国埃森哲咨询公司率先提出的，是专门为第一方、第二方和第三方提供物流规划、咨询、物流信息系统、供应链管理等活动。第四方物流并不实际承担具体的物流运作活动。埃森哲公司对第四方物流的定义是："4PL是一个集成商，它整合自己及其他组织机构的资源、能力和技术，以构建并实施一个综合的供应链解决方案。"

从该定义中可以看出：①第四方物流提供商具有提供综合供应链物流解决方案的能力；②其以优化客户所在的供应链为出发点来提供物流服务。它帮助企业实现降低成本和有效整合资源，并且依靠优秀的第三方物流供应商、技术供应商、管理咨询以及其他增值服务商，为客户提供独特的和广泛的供应链解决方案。

（二）第三方物流与第四方物流的区别和联系

第四方物流是在第三方物流不能满足客户日益增长的高要求、多方位物流需求情况下产生的，是现代物流管理运营模式的新发展，与第三方物流存在很大的不同。

从服务目的上来看，第三方物流着眼于降低单个企业的物流运作成本；第四方物流则以降低整个供应链的物流运作成本，提高物流服务的能力为目的。

从服务范围上来看，第三方物流主要针对单个企业的采购物流或者销售物流的全部或部分物流提供物流服务；第四方物流则提供基于供应链的物流规划方案，并负责实施与监控。

从服务内容上来看，第三方物流主要负责单个企业的采购或销售物流系统的设计、运作，如物流信息系统、运输管理、仓储管理及其他增值物流服务；第四方物流则着眼于企业的战略分析、业务流程重组、物流战略规划、衔接上下游企业的综合一体化物流方案、包含物流信息系统模块的企业信息系统。

在与客户的合作关系方面，第三方物流与企业主要是一般合同关系、契约关系，一般在一年以上，多的有三五年；第四方物流则与企业有着长期的战略合作关系，一般有较长的合作协议，这也是第四方物流成功的关键之一。

在运作特点方面，第三方物流功能单一，专业化强，集成化低；第四方物流则是多功能集成化。

在服务对象上，第三方物流面向各种类型的企业；第四方物流主要针对大、中型物流企业。在服务支持上，第三方物流主要提供运输、仓储、配送、加工、信息传递等增值服务；第四方物流更侧重于企业物流系统的设计、管理，企业信息系统的搭建，综合物流业务运作能力，甚至涉及企业管理方式的变革。

第四方物流与第三方物流之间也存在着联系。第三方物流主要是为企业提供实质性的具体的物流运作服务，具有丰富的物流装备资源和运作经验，而主要的不足是本身的技术水平不高，综合物流知识不够丰富，能为客户提供的技术增值服务比较少。第四方物流为客户提供一体化物流服务，因此具有丰富的物流管理经验和供应链管理技术、信息技术等；它的不足在于自身不能提供实质的物流运输和仓储服务。第四方物流的思想必须依靠第三方物流的实际运作来实现并得到验证；第三方物流又迫切希望得到第四方物流在优化供应链流程与方案方面的指导。因此，只有二者结合起来，才能更好地全面提供完善的物流运作和服务。二者联合成为一体以后，将第三方物流与第四方物流的外部协调转化为内部协调，使得两个相对独立的业务环节能够更和谐、更一致地运作，物流运作效率会得到明显改善，进而增大物流成本降低的幅度，扩大物流服务供应商的利润空间。

第二节　第三方物流服务的选择与控制

一、第三方物流服务的特性

1. 关系契约化

第三方物流通过契约形式来规范物流经营者和物流消费者之间的关系。

2. 服务个性化

从服务的内容上看，个性化的物流服务是指物流企业从客户的具体需求出发，选择和整合仓储、运输、包装、配送、信息处理、流通加工等物流基本活动和增值活动；从技术层面上看，物流服务的个性化体现在根据物品在价值、密度、形状、易腐性、危险性等方面的性状，选择适宜的运输工具、运输路线、堆放方式、包装方法等。个性化物流服务的实质是物流企业在合理的利润水平条件下，实现客户“满意度”最大化。与传统物流活动相比，现代物流的最大革新不在于服务内容的拓展，而在于物流管理理念的确立以及物流运作方式的变化。

3. 功能专业化

第三方物流所提供的是专业的物流服务，从物流设计、物流操作过程、物流技术工具、物流设施到物流管理必须体现专业化和专业水平，这既是物流消费者的需求，也是第三方物流自身发展的基本要求。

4. 管理系统化

第三方物流应具备系统的物流功能，这是第三方物流生产和发展的基本要求；第三方物流需要建立现代管理系统才能满足运行和发展的基本要求。

5. 信息网络化

信息技术是第三方物流发展的基础。物流服务过程中，信息技术发展实现了信息实时共享，促进了物流管理的科学化，极大地提高了物流效率和物流效益。

二、第三方物流服务的选择

1. 企业将物流业务外包给第三方物流公司的物流运作成本

这是企业在进行外包选择时考虑的一个重要方面。企业将物流业务外包的一个主要原因就是降低企业的物流运作成本，提高企业的服务和产品质量。如果外包的成本高于企业自营物流的成本，那么企业将很难选择物流业务的外包。而第三方物流公司作为物流资源的整合者，降低企业的物流成本是其一大优势。企业现在越来越意识到将物流业务外包可以降低企业的成本。中国物流市场第三次调查报告显示，在第三方物流进行物流运作的情况下，企业因对其运作成本高而不满的，生产企业为7%，而工商企业为0，这也说明了第三方物流公司的确能够降低企业的成本。第三方物流公司提供较低的物流运作成本是企业选择它的一个主要因素。

2. 第三方物流公司的物流服务水平和质量

企业也非常关心物流运作的服务水平和质量。其主要体现为以下指标：

(1)满意程度比率 S。

$$S=满足客户需求次数/客户需求次数\times 100\%$$

(2)货物及时交货率 J。

$$J=按照预期时间到货单数/总的发货单数\times 100\%$$

(3)信息及时跟踪率 F。

$$F=能跟踪上信息的单数/需要跟踪的总单数\times 100\%$$

(4)发货准确率 R。

$$R=1-在一周期内发错货物的单数/同一时段的发货总单数$$

(5)货损货差赔偿率 C。

$$C=货损货差赔偿总额/同期业务收入总额$$

现在企业希望减少仓库的面积甚至达到零库存，这样一来就对第三方物流公司进行运输和配送有较高的要求。如果经常无法及时送货，那么企业将无法进行正常的生产和销售，进而影响企业的声誉。单据的准确率和货物的完好率也将影响企业的产品质量，没有良好的运输、配送和仓储物流服务，企业将无法运作。因此，第三方物流公司的物流服务水平和质量也是企业进行外包选择的一个重要因素。

3. 第三方物流公司与企业的合作关系

只有企业与物流公司有一个良好的合作关系，才能让合作双方更好地相互协调和沟通。企业往往对物流的运作有一定的要求，企业与第三方物流公司建立良好的合作关系，使得第三方物流公司更容易理解企业的需求，更好地为企业服务。双方的良好合作能够真正促成双方共同发展，以达到双赢的目的。

4. 物流信息的可得性

随着信息技术的发展，信息的交流变得越来越方便，这也使得物流过程中库存积压、送货延时、运输不可控制等危险大大减少。目前，世界上最先进的物流系统已经使用了全球定位系统(global positioning system，GPS)、卫星通信等技术。国际互联网的发展使得信息的交换变得更加便利。优秀的第三方物流公司必须有能力与企业之间建立基于互联网和EDI的物流信息系统。它可以帮助物流公司及时跟踪货物的运输过程，掌握库存的准确信息，从而合理调配和使用车辆、库房、人员等各种资源。通过为企业提供实时的信息查询，可以在有效沟通企业生产与顾客需求的同时为企业和顾客提供优良的客户服务，使物流公司占有更多的市场。所以信息的可得性也是企业选择第三方物流公司的首要条件。

5. 第三方物流公司的服务态度和企业文化

随着企业物流外包的发展，企业可以选择的第三方物流公司越来越多，对其的要求也相应提高。第三方物流公司的服务态度也影响着企业的选择决策。第三方物流公司员工服务态度差，必然影响到企业与物流公司的业务往来，给业务的顺利进行带来障碍。而一个公司的企业文化也反映了公司员工的精神面貌和整个企业的形象。企业在选择合作伙伴时当然希望与一个各方面都不错的公司合作。这也是企业在选择第三方物流公司过程中的一个新的要求。

以上是企业在选择合作伙伴时考虑的主要因素，当然还有许多因素也是企业进行选择的依据，如顾客对物流公司服务的满意度、物流公司的附加服务、物流人才的培养等。

三、第三方物流服务的控制

物流服务项目的控制是以成本和效益为基础的，对物流服务的提供方而言，控制的目标包括以下三个方面：

(1)物流配送系统必须以精确的时间、准确的地点以及优质的服务方式满足客户的要求。

(2)物流配送系统的运作必须以不断降低存货水平为前提，而计划、生产、物流的重新组合可以减少周转时间。

(3)低成本和高效率的运作已成为最佳物流配送系统的衡量标准。

第三方物流服务提供者对物流配送系统的合理控制对被服务企业的物流管理十分重要。控制系统必须建立以下考评指标：①准时发货率；②准时交货率；③提货准确率；④订货完成率；⑤产品线完成率；⑥库存准确率；⑦缺货损失；⑧每千米成本；⑨货物进库时间；⑩仓储运营成本。

第三节　第三方物流企业的发展战略和整合策略

一、第三方物流企业的发展战略

(一)准时制物流战略思想

所谓准时制物流，顾名思义，就是指物流管理做到准时采购、准时生产和准时销售。这一概念引自于准时制管理，即 JIT。JIT 是一种产生于日本丰田公司的生产方式，其中心内容是“在必要的时间，对必要的产品从事必要量的生产或经营”，从而消减各种浪费，直至实现零库存。JIT 应用于物流领域，就是指要将正确的商品以正确的数量在正确的时间送到正确的地点，这里的“正确”就是“just”的意思，既不多也不少，既不早也不晚，刚好按需要送货。这当然是一种理想化的状况。在多品种、小批量、多批次、短周期的消费需求的压力下，生产者、供应商及物流配送中心、零售商都要调整自己的生产、供应、流通流程，按下游的需求时间、数量、结构及其他要求组织好均衡生产、供应和流通，在这些作业内部采用看板管理中的一系列手段来削减库存，合理规划物流作业。

当然，我们也必须看到，准时制物流战略是建立在正常的经济贸易秩序之上的，任何一个环节出现问题，都会给企业带来巨大的损害。形象一点说，就是其中任何一个环节中断或脱节，就可能使企业破产。现代企业发展就是建立在这种高压力、紧节奏的基础之上的，这也是现代企业发展的方向之一。

（二）第三方物流战略联盟思想

物流联盟是为了达到比单独从事物流活动更好的效果，企业间形成相互信任、共担风险、共享收益的物流伙伴关系。企业之间不完全采取导致自身利益最大化的行为，也不完全采取导致共同利益最大化的行为，只是在物流方面通过契约形成优势互长、要素双向或多向流动的中间组织。狭义的物流联盟只存在于非物流企业之间，广义的物流联盟还包括第三方物流。由于第三方物流自身规模与能力的限制，往往需要通过联盟的形式提高整个物流行业或区域的物流水平，进而通过合理的多赢机制获得企业效益。

1. 提供公路运输和城市配送服务的第三方物流企业间的共同配送

共同配送是物流配送企业之间为了提高配送效率以及实现配送合理化所建立的一种配送联合体。共同配送的优势在于有利于实现配送资源的有效配置，弥补配送功能的不足，促使企业配送能力的提高和配送规模的扩大，更好地满足客户需求，提高配送效率，降低配送成本。

2. 提供国际远洋运输服务的第三方物流企业间的大规模运营

大规模运营的主要目的是增加船舶靠离港密度，这样可使集装箱在码头堆场的存放时间变短，进而也就降低了成本。单个船公司可以实现规模运营，几个船公司也可以通过联盟来实现规模运营，如互租舱位等。例如，假设现有 A、B、C、D、E、F、G 这 7 家船公司同时经营上海至洛杉矶的航线，每家公司每周各有一条船从上海开出，这 7 家公司的船期分别为周一、周二、周三、周四、周五、周六、周日。每家船公司的班期相隔 6 天。假设集装箱货物每天到港的概率是相同的，如果各船公司所揽的货由各自船公司的船舶运载，则出运的集装箱在港的平均存放时间为 3 天。但是，若这 7 家公司通过互租舱位的形式进行合作，即每家船公司的货都可以由其他船公司的船出运，则集装箱在港的堆存时间为 0 天。当然这只是理论上的，实际上，由于存在多种原因，集装箱堆存时间不一定为 0 天。不过，通过互租舱位或其他方式来扩大运营规模，确实能够降低集装箱在港堆存时间，从而为船公司节约成本。

联盟的关键是联盟伙伴间的信任，而信任是逐步建立起来的。对于我国第三方物流企业的战略联盟，不能急于求成。现阶段的联盟以股权参与为主，随着企业的发展及其对联盟性质认识的推进，企业将建立越来越完善的联盟规则和监督制度，逐渐向契约联盟转变，最终将建立起最具灵活性的动态联盟合作模式。

（三）创新的战略思想

1. 树立一体化物流服务理念

一体化物流服务不是对各个功能服务报价的简单汇总，而是从整个系统的角度出发，形成一个完整的“价值链”，通过对从原料、半成品和成品的生产、供应、销售直到最终客户的整个过程中物流与资金流、信息流的协调，以降低客户物流总成本为目标制定解决方案，并根据优化的方案进行整体服务报价，以此来满足客户的需求。第三方物流企业应把客户的需求作为一个整体，为客户设计物流系统，选择和评价运输商、仓储商及其他物流服务提供商，为其提供多种物流管理和决策服务，不断创造新的盈利机会。

2. 加强物流服务管理创新

面对国外物流企业纷纷抢占中国市场的局面，我国第三方物流企业必须迅速进行服务管理创新，才能在激烈的市场竞争中生存和发展。现代物流不仅仅是实物流，更是信息流、资源流、人才流和商流的协调运作。任何一个环节出了问题，都会大大降低物流活动的效率，进而影响企业的经济效益。因此，第三方物流企业必须认清形势，充分发挥企业自身优势，以客户为核心，超越传统功能性物流服务的辖区，为其量身定制适合其自身发展的服务管理方案，提供个性化、差异化、专业化的物流服务。同时，还要注重售后服务，开展服务稳定性的调查，检查以往的客户服务的工作实绩，更重要的是要发现服务工作中的不足，这是新一轮售前服务的开始。通过改进服务，巩固已有的客户关系，发掘潜在的新客户，最终将扩大市场占有率。

3. 提供个性化的增值服务

增值服务是根据客户的需求为客户提供的超出常规的服务，或者是采用超出常规的服务方法提供的服务。当前，第三方物流企业应从自身的组织机构和决策机制入手，努力整合各种物流功能，变单项服务为全方位服务，将目前市场上的“分包”逐步转化成一条龙的“全包”或“总包”。也就是说，借助信息系统和网络，发挥专业物流管理人才的经验与技能优势，为客户提供高效、快捷的配送和有效的增值服务，降低终端客户的机会成本，创新地、超常规地满足客户需求。

二、第三方物流企业的整合策略

第三方物流整合方式分为两种，即纵向整合策略和横向整合策略。

纵向整合策略是指物流行业中的第三方物流企业与从事不同物流业务的上游或下游物流企业之间的整合，其目标是通过整合增强物流服务的一体化能力。

横向整合策略是指彼此相互独立地从事相同物流业务的第三方物流企业之间的整合，其目标是通过整合实现规模扩张及物流的网络化和规模化。

（一）纵向整合策略

纵向整合策略根据整合方式可以分为上行整合和下行整合。上行整合是指第三方物流企业与其上游物流企业之间的整合。下行整合是指第三方物流企业与其下游物流企业之间的整合。

纵向整合策略根据整合形式可以分为紧密整合和松散整合。紧密整合是指以产权的转移为标志的购并型整合。松散整合是指以业务和市场为纽带的虚拟型整合。

1. 一类整合——纵向上行紧密整合

(1)整合条件：①第三方物流企业为整合主体的条件。第三方物流企业业务层面上移，由操作层面的管理向物流管理和规划方向延伸。②第三方物流企业为被整合主体的条件。以物流管理和技术咨询服务为核心的经营主体，欲延伸服务到物流管理和实际运作。

(2)整合方式：兼并或被兼并。

(3)可行性分析：在国外，大型的物流企业一般都同时具备咨询规划和管理运作的能力，而我国由于物流发展的时间较短，物流企业还不具备包容两个经营层面的能力，因此，通过实施兼并策略，增强第三方物流企业的管理水平和技术含量，应该是一个可行的选择。

2. 二类整合——纵向上行松散整合

(1)整合条件：①第三方物流企业为整合主体的条件。第三方物流企业业务层面上移，由操作层面的管理向物流管理和规划方向延伸。②第三方物流企业为被整合主体的条件。以物流管理和技术咨询服务为核心的经营主体，欲延伸服务到物流管理和实际运作。

(2)整合方式：共同开发市场；业务层面协作。

(3)可行性分析：在国外，大型的物流企业一般都同时具备咨询规划和管理运作的能力，而我国由于物流发展的时间较短，物流企业还不具备包容两个经营层面的能力，因此，通过实施松散整合策略，提高第三方物流企业物流服务的档次，应该是一个可行的选择。相对于第一类整合，松散整合风险较小，但市场影响力也比较小。同时，在业务合作过程中，要注意处理双方的利益均衡问题。

3. 三类整合——纵向下行紧密整合

(1)整合条件：①第三方物流企业为整合主体的条件。第三方物流企业业务层面下移，提升其业务操作能力和市场形象。②第三方物流企业为被整合主体的条件。功能性物流企业欲提高其综合物流服务能力和市场营销能力。

(2)整合方式：兼并或被兼并。

(3)可行性分析：此类整合是未来物流市场主流的整合方式，具备良好的前景。这是因为，管理型公司掌握了先进的物流理念和管理手段，并有好的市场营销队伍和较大的客户资源。而由于本身不占有运作资源，在物流市场还不规范的情况下，服务质量保障是个问题。而传统的货运企业、仓储企业，尽管掌握着大量的运作资源，但由于观念、技术和管理落后，营销能力不强，只能在低层市场上拼价格，经营非常困难。两者的结合带有很强的互补性，因而可行性比较强。

4. 四类整合——纵向下行松散整合

(1)整合条件：①第三方物流企业为整合主体的条件。第三方物流企业业务层面下移，提升其业务操作能力和市场形象。②第三方物流企业为被整合主体的条件。功能性物流企业欲提高其综合物流服务能力和市场营销能力。

(2)整合方式：共同开发市场；业务层面协作。

(3)可行性分析：此类整合是目前比较成熟的一类。有些物流企业同车队或仓储企业保持着密切的合作关系，并逐渐在服务标准上统一，应该说这种合作就是初步整合的一种形式。除了这种合作形式之外，还出现了基于策略联盟的整合方式。由此可见，这种松散的整合方式是可行的，而且还有很广阔的发展空间。

（二）横向整合策略

与纵向的功能性整合不同，横向整合是和与自己同质的第三方物流企业进行整合。可以说，横向整合是外延式的发展策略，其关注的目标是规模的扩张和网络的拓展。

横向整合主要有横向购并紧密整合、横向联盟紧密整合和横向联盟松散整合三种模式。

1. 五类整合——横向购并紧密整合

(1)整合条件：第三方物流企业寻求规模的扩张或网络的拓展，树立品牌形象并提高服务能力。

(2)整合方式：兼并或被兼并。

(3)可行性分析：目前，国内发生在第三方物流企业之间的兼并还不多见，但从国际范围内看，这种兼并却比较多。中国物流市场目前还处于成长期，第三方物流企业作为近几年的市场新宠，还处于快速发展期，一般都力图创造自己的品牌，不愿意被兼并掉。但从市场竞争的情况看，未来几年，第三方物流企业之间的兼并整合将不可避免，因为大多数第三方物流企业很难依靠自身的实力完成现代物流的三化——信息化、网络化和规模化。兼并重组，优势互补，形成合力和品牌，将是未来几年第三方物流企业不得不面对的选择。

2. 六类整合——横向联盟紧密整合

(1)整合条件：第三方物流企业寻求网络的拓展，提高物流服务能力。

(2)整合方式：基于公共管理机构的紧密整合。

(3)可行性分析：通过紧密联盟方式整合物流市场，是中国物流业实现自身发展和迎接外来挑战的重要途径。

3. 七类整合——横向联盟松散整合

(1)整合条件：第三方物流企业寻求网络的拓展，提高物流服务能力。

(2)整合方式：基于公共信息平台的松散联盟。

(3)可行性分析：通过公共信息平台建立松散物流联盟，有其可行性，但由于中国物流市场还处于初级阶段，物流企业之间的服务标准、操作规范等还很难统一起来，单纯依靠信息平台建立联盟，还有其脆弱性。

本章小结

本章主要介绍了第三方物流的基本知识，第三方物流是一个服务性的行业，同时也是一个微利的行业。第三方物流企业通过提供仓储、运输、流通加工等服务获得利润。随着竞争的不断加剧，第四方物流的产生将第三方物流的发展推向了一个新的高度。本章介绍了第三方物流的基本概念、类型和利润来源，并对比了第三方物流和第四方物流；详细介绍了第三方物流服务的选择与控制以及第三方物流企业的发展战略和整合策略。

本章思考题

1. 简述第三方物流的概念。
2. 请阐述第三方物流企业的类型。
3. 简述第三方物流的利润来源。
4. 试分析第三方物流与第四方物流的区别。
5. 理解第三方物流服务的特性。
6. 简述第三方物流服务的选择步骤。
7. 分析第三方物流企业的整合策略。

第十一章

供应链物流

➤ 导引案例

某化工企业两年前曾位列国内市场份额前3名，然而随着市场竞争日益激烈，其利润持续下降，已连续两个季度亏损，库存越来越大，销售存货超过3个月，市场库存为7个月，同时公司的市场份额下降到了第10位。公司正面临支付经销商库存补贴和供应商原材料付款违约金的危机，眼看第3季度又要亏损。在该公司总经理王先生的办公桌上，摆着跨国巨头宝洁公司一份成功的供应链管理变革分析报告，宝洁公司在进行供应链管理变革后的一系列数据深深撞击着王总：市场份额增长4%；客户订货数量增加了30%；顾客仓库的库存量从19天降到6天；年库存周转次数从19次增加到60次；存货可得性从96.4%增加到99.2%；退货率降低了60%；货物残损率减少了20%～40%。对于供应链管理，王总并不陌生，他在清华大学学习时曾选修过这门课。企业总是通过一条链条去满足客户需求，企业竞争力的高低与这条链条的管理效率息息相关。王总关注自己公司的供应链管理水平已经好几个月了，宝洁公司成功的管理实践促使王总下定决心进行一次供应链管理变革。

资料来源：http://www.examw.com/wuliu/anli/136520/

第一节　供应链和供应链管理概述

一、供应链概述

（一）供应链的概念

供应链是围绕核心企业，通过对信息流、物流、资金流的控制，从采购原材料开始，到制成中间产品以及最终产品，最后由销售网络把产品送到消费者手中的将供应商、制造商、分销商、零售商直到最终用户连成一个整体的功能网链结构模式。它不仅是一条连接供应商到用户的物流链、信息链、资金链，而且是一条增值链，物料在供应链上因加工、包装、运输等过程而增加其价值，给相关企业带来收益。

（二）供应链的结构模型

根据供应链的定义，其结构可以简单地归纳为如图 11-1 所示的模型。

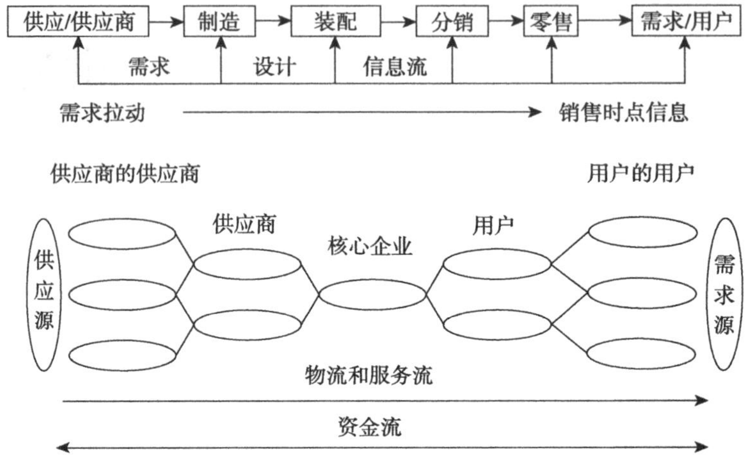

图 11-1 供应链结构模型

从图 11-1 中可以看出，供应链由所有加盟的节点企业组成，其中一般有一个核心企业(可以是产品制造企业，也可以是大型零售企业)，节点企业在需求信息的驱动下，通过供应链的职能分工与合作(生产、分销、零售等)，以资金流、物流和服务流为媒介实现整个供应链的不断增值。

（三）供应链的特征

(1)以物资产品为核心，以产品运作为主要内容。产品运作主要包括产品的制造支持(原材料、零部件、设备工具的供应)、装配或筹集(筹集主要是指产品购进、储存)以及产品分销(销售、配送)等。

(2)由多个单元构成。这里的单元，不仅是指企业，也可以指事业单位、机关、学校等非企业单位，还可以指企业单位内部的各个部门、车间、班组甚至个人。

(3)多层次结构。供应链包括核心企业、供应商、供应商的供应商、分销商、用户、用户的用户等多个层次。

(4)多功能集成。供应链集成了产品运作的多种功能，既包括购进、加工和分销的业务功能，也包括策划、设计和作业等多种操作功能，同时还包括包装、装卸、运输、搬运、储存和信息处理等多种物流功能。

(5)协调配合。供应链是由多个单元结合起来，综合完成多种功能的有机结合体，这就要求供应链各个单元进行很好的协调配合。没有协调配合，供应链就不可能很好地运行。其实，供应链最大的特点和优点就在于各个单元的协调配合。企业内部的各个单元的配合还算不上其特点，供应链的协调配合的特点，主要是指多个企业之间的协调配合。这在通常情况下是不容易实现的。

(6)有特定的目的和宗旨。供应链特定的目的和宗旨是指整个供应链的最终产品以满足最终用户为目的，并使这种满足需求的活动能够做到更低成本、更多、更好。供应链中的每个企业的产品不一定是供应链的最终产品，每个企业的用户也不一定是供应链中的最终用户。但是它们作为供应链中的成员，都要为供应链的最终产品对最终用户的满足做出自己的贡献。

(7)由核心企业操作。供应链一般由核心企业进行操作和管理，只有核心企业才是上游供应链和下游供应链的连接点，又直接同时受到上游供应链和下游供应链企业的制约，所以它既有必要又有可能对它们进行策划、组织和控制，因此整个供应链应当由核心企业进行操作和管理。

其中，供应链最根本的特点是协调配合。它既是整个供应链效率的基础，同时也是供应链的生命力之所在，同时也是供应链最大的特点和优点。没有协调配合，就没有供应链。

供应链成员之间的协调配合有很多具体的内容，例如，在更大的范围内统筹规划、资源共享、分工负责、协调行动、责任共担、利益共享等。

二、供应链管理概述

（一）供应链管理的概念

中华人民共和国国家标准《物流术语》是这样定义的："供应链管理，即利用计算机网络技术全面规划供应链中的商流、物流、信息流、资金流等，并进行计划、组织、协调与控制。"

供应链管理是在现代科技条件下，以及产品极其丰富的条件下发展起来的管理理念，它拆除了企业的围墙，将各个企业独立的信息化古道连接在一起，建立起一种跨企业的协作，并且企业之间作为贸易伙伴，为追求共同经济利益的最大化而共同努力。

（二）供应链管理的基本特征

供应链管理的基本特征可归纳为以下几方面：

(1)"横向一体化"的管理思想。其强调每个企业的核心竞争力，这也是当今人们谈论的共同话题。为此，要清楚地辨别本企业的核心业务，然后狠抓核心资源，以提高核心竞争力。

(2)非核心业务都采取外包的方式分散给业务伙伴，与业务伙伴结成战略联盟关系。

(3)供应链企业间形成的是一种合作性竞争。合作性竞争可以从两个层面理解：一是过去的竞争对手相互结盟，共同开发新技术，成果共享；二是将过去由本企业生产的非核心零部件外包给供应商，双方合作共同参与竞争，这实际上也体现出核心竞争力的互补效应。

(4)以顾客满意度作为目标的服务化管理。对下游企业来讲，供应链上游企业的功能不是简单的提供物料，而是要用最低的成本提供最好的服务。

(5)供应链追求物流、信息流、资金流、工作流和组织流的集成。这几个流在企业日常经营中都会发生，但过去是间歇性或者间断性的，因而影响企业间的协调，最终导致整体竞争力下降。供应链管理则强调这几个流必须集成起来，只有跨企业流程实现集成化，才能实现供应链企业协调运作的目标。

(6)借助信息技术实现目标管理。

(7)更加关注物流企业的参与。在供应链管理环境下，物流的作用特别重要，因为缩短物流周期比缩短制造周期更关键。

(三)供应链管理的基本内容

1. 供应链管理的主要领域

供应链管理主要涉及四个领域，即供应、生产计划、物流、需求。由图 11-2 可见，供应链管理是以同步化、集成化生产计划为指导，以各种技术为支持，尤其以 Internet/Intranet 为依托，围绕供应、生产计划、物流(主要指制造过程)、需求来实施的。供应链管理主要包括计划、合作以及控制从供应商到用户的物料(零部件和成品等)和信息。供应链管理的目标在于提高用户服务水平和降低总的交易成本，并且寻求两个目标之间的平衡(这两个目标往往有冲突)。

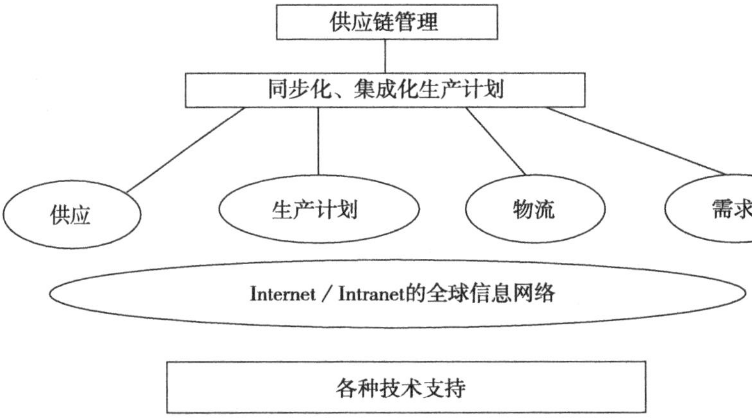

图 11-2 供应链管理涉及的领域

在以上四个领域的基础上，我们可以将供应链管理细分为职能领域和辅助领域。职能领域主要包括产品工程、产品技术保证、采购、生产控制、库存控制、仓储管理、分销管理；而辅助领域主要包括客户服务、制造、设计工程、会计核算、人力资源、市场营销。

由此可见，供应链管理关心的并不仅仅是物料实体在供应链中的流动，供应链管理注重总的物流成本(从原材料到最终产成品的费用)与用户服务水平之间的关系，为此要把供应链各个职能部门有机地结合在一起，从而最大限度地发挥出供应链整体的力量，达到供应链企业群体获益的目的。

2. 供应链管理的主要内容

一个企业的管理无非集中于四个方面(或四个流程)的管理，即商流(买卖的流通)、物流(物资实物的流通)、信息流(信息、知识的流通)和资金流(货币的流通)。企业供应链管理即是运用供应链管理的指导思想对上述四流所进行的规划、组织和控制活动，即对生产过程中的物流、管理过程中的信息流以及决策协调过程中的商流、资金流进行控制和协调。因而供应链管理的主要内容可以归纳为：

(1)供应链网络结构设计(即供应链物理布局的设计)，具体包括链伙伴选择、物流系统设计。

(2)集成化供应链管理流程设计与重组，具体又分为：

第一，各节点企业内部集成化供应链管理流程设计与重组，主要包括三大核心作业流程的设计与重组。

第二，外部集成化供应链管理流程设计与重组。供应链核心主导企业的客户订单完成管理流程与其原材料供应商、产成品销售商、物流服务提供商(物流外包商)等合作伙伴管理流程之间的无缝对接。

第三，供应链交互信息管理。其包括市场需求预测信息、库存信息、销售信息、新品研发信息、销售计划与生产计划信息等的交互共享，以及供应链各节点企业间的协同预测、计划与补给的库存管理技术等。

3. 供应链管理机制的建设

供应链管理机制包括合作协商机制、信用机制、绩效评价与利益分配机制、激励与约束机制、监督预警与风险防范机制等。

第二节　供应链物流管理内容及方法

一、供应链物流管理的概念

供应链物流管理，是指以供应链核心产品或者核心业务为中心的物流管理体系。前者主要是指以核心产品的制造、分销和原材料供应为体系而组织起来的供应链的物流管理，例如，汽车制造、分销和原材料的供应链的物流管理，就是以汽车产品为中心的物流管理体系。后者主要是指以核心物流业务为体系而组织起来的供应链的物流管理，例如，第三方物流，或者配送，或者仓储，或者运输供应链的物流管理。这两类供应链的物流管理既有相同点，又有区别。

二、供应链物流管理的特点

供应链物流管理区别于一般物流管理的特点有：

(1)供应链物流是一种系统物流，而且是一种大系统物流。这个系统涉及供应链这个大系统的各个企业，而且这些企业是不同类型、不同层次的企业，既有上游的原材料供应企业，也有下游的分销企业和核心企业，有供、产、销等不同类型。这些企业既互相区别，又互相联系，共同构成一个供应链系统。这个大系统物流包括企业之间的物流，但是也可能要包括企业内部的物流，直接和企业生产系统相连。

(2)供应链物流是以核心企业为核心的物流，其站在核心企业的立场上，以为核心企业服务的观点来统一组织整个供应链的物流活动，更紧密地配合核心企业运作，满足核心企业的需要。

(3)供应链物流管理应当在更广泛的范围内进行资源配置，包括充分利用供应链各个企业的各种资源，这样可以使供应链物流更加优化。

(4)企业间关系。供应链的企业之间区别于一般企业的特点，就是供应链企业之间是一种相互信任、相互支持、共生共荣、利益相关的紧密伙伴关系。可以在组织物流活动时充分利用这种有利条件，组织更有效的物流活动。

(5)信息共享。供应链本身具有信息共享的特点，供应链企业之间通常都建立起计算机信息网络，相互之间进行信息传输，实现销售信息、库存信息等的共享。组织物流活动时可以充分利用这个有利条件，其在物流信息化、效率化上有较强的支持作用。

三、供应链物流管理方法

(一)联合库存管理

供应链物流管理一个最重要的方面，就是联合库存管理。所谓联合库存管理，就是建立起整个供应链以核心企业为核心的库存系统。具体来说，一是要建立起一个合理分布的库存点体系，二是要建立起一个联合库存控制系统。

这里强调以核心企业为核心，是因为在供应链中很容易形成多中心。如果搞多中心，必然分散精力，分散资源，还可能互相干扰，则必然影响供应链的正常有效运行。所以一个供应链系统必须只有一个中心，所有其他的企业都必须服从这个中心，自觉为这个中心服务。供应链库存系统也必须按照这种思想去组织。

合理分布的库存点体系，指的是库存点的空间分布。这里所谓合理分布，是指对于核心企业来说，其分布是最方便有效的，并且成本最低。

传统的库存设置是每个企业都自设仓库，自发库存，不考虑共享的问题，所以物资从一个生产过程产出以后，必须经过几个仓库的入出库和储存的处理过程才能够到达另一个生产过程的需求点。

而联合库存分布一般是供应商企业取消自己的成品库存，而将自己的成品库存直接设置到核心企业的原材料仓库中，或者直接送上核心企业的生产线。

(二)供应商管理库存

供应商管理库存是供应链管理理论出现以后提出来的一种新的库存管理方式，是供应商掌握核心企业库存的一种库存管理模式，是对传统的由核心企业自己从供应商购进物资、自己管理、自己消耗、自负盈亏的模式的一种革命性变动。

传统的库存都是企业自己的库存自己设立、自己掌握，这样做有以下问题：

(1)自己要花费一笔库存资金，而且在库存没有消耗以前，就一直占用着，不但给企业造成资金紧张，而且要花费一笔资金使用费用(银行利息)。

(2)不但占用仓库、增加保管费用，还增加了采购、进货、入库、保管、出库、检验等许多工作环节和工作量，分散了企业的资金和人力、物力，降低了核心竞争能力。

(3)存在库存风险。自己设立的库存的数量是靠自己的市场未来需求量的预测而确定的，但是预测难免不准确，再加之市场是随时变化的，因此常常出现库存过量或过时滞销的情况，造成库存积压和死库存，给企业造成经济损失。

由供应商管理库存有很大的好处：

(1)供应商是商品的生产者，它掌握核心企业的库存，具有很大的主动性和灵活机动性。它可以根据市场需求量的变化，及时调整生产计划和采购计划，库存消耗速率大，就主动地多生产一些，库存消耗速率小，就少生产一些，所以既不会造成超量库存积压，又可以灵活响应市场的变化，既不存在占用资金的问题，又不会存在增加费用、造成浪费的问题。

(2)供应商管理库存，就可以把核心企业从库存陷阱中解放出来。它们不需要占用库存资金，不需要增加采购、进货、检验、入库、出库、保管等一系列的工作，使它们能够集中更多的资金、人力、物力用于提高它们的核心竞争力，更好地搞它们自身的工作，大大提高效益，扩大市场，从而提高整个供应链的活力，进而为整个供应链包括供应商企业创造一个更加有利的局面。

(3)供应商管理库存，就是掌握市场。核心企业的库存消耗就是市场需求的组成部分，它直接反映了客户的消费水平和消费倾向，这对于供应商改进产品结构和设计、开发销售对路的新产品，对于企业的生产决策和经营决策都起着有力的信息支持作用，使它们也能够获得一个更好的发展局面。

可见，由供应商掌握库存，可以实现核心企业和供应商企业的“双赢”，不但对核心企业，而且对供应商企业自身都是有好处的。

实施供应商管理库存，需要有以下几个前提条件：

第一，供应商要详细掌握核心企业的销售信息和库存消耗信息，也就是核心企业的销售信息和库存消耗信息要对供应商透明。具体说来，供应商应该掌握核心企业的销售时点信息或库存消耗时点信息，因为只有掌握这样的时点信息，供应商才能够掌握库存消耗的规律，才能够根据这个规律来调整生产计划和采购计划，供应商掌握库存才有意义。否则，又要供应商掌握库存，而市场销售变化规律又对它保密，使它不能够根据市场变化规律及时调整生产计划和采购计划，就会彻底地坑害了供应商，供应商管理库存也就不可能实现。

第二，为了使供应商能够及时详细地掌握核心企业的销售信息和库存消耗信息，就要建立起通畅的信息传输网络，建立供应链系统的管理信息系统，实现信息的及时传输和处理。

第三，建立起供应链系统的协商机制和互惠互利的机制，要加强沟通，及时协商处理出现的各种问题，要本着责任共担、利益共享的精神，建立起企业之间的友好协作关系。可以建立起某种组织的或规章制度的保证系统，订立合作框架协议。

(三)供应链运输管理

除库存管理之外，供应链物流管理的另一个重要方面就是运输管理。但是运输管理相对来说，没有像库存管理那样要求严格、关系重大。因为现在运力资源丰富，市场很大。只要规划好了运输任务，很容易找到运输承包商来完成它。因此，运输管理任务的重点就是三个：一是设计规划运输任务；二是寻找合适的运输承包商；三是运输组织和控制。

设计规划运输任务，就是要站在供应链的整体高度，统一规划有关的运输任务，确定运输方式、运输路线，联合运输方案，设计运输蓝图，达到既能够满足各点的运输需要，又使总运输费用最省的目的。因为供应链运输问题是一个多点系统的运输问题，涉及供应商到核心企业、核心企业到分销商以及供应商之间、分销商之间等多个企业、多个品种、多种运输方式、多条运输路线的组织规划等问题。要根据供应链正常运行的节拍，确定各点之间的正常运量，然后统一组织联合运输、配送和准时化供货。通常要建立模型，仔细地优化计算，得出运输方案、建立运输蓝图。具体的做法可以运用运输规划法、配送计划法等方法来完成。这种做法比较完美，但是工作量比较大，需要运用计算机来进行计算和规划。在实际生活中，人们常常习惯于采用实用主义的做法，就是各个运输任务自发产生、单独处理，不进行统筹考虑，这样做虽然简单方便，但是常常造成运输资源不能够充分利用、空车率高、浪费大。

运输任务方案确定下来后，就需要寻找运输承包商。现在运输资源很丰富，容易找，但是一般应当找正规的运输企业或者物流企业，建立稳定的合作关系，甚至可以把它们拉入供应链系统之中来。不要轻易找那些没有资格、没有能力的运输承包者，以避免运输风险。

运输的方式有长途输送运输、短途配送运输和准时化供货等形式。长途输送运输是长距离、大批量的快速运输；短途配送运输是短距离、多用户、多品种的循环送货；准时化供货是更短距离的供应点对需求点的连续、多频次、小批量补充货物。运输组织和控制，就是按照给定的运输方案和运输蓝图对运输承包商的运输活动过程和运输的效果进行组织、管理和控制。

(四)连续补充货物

连续补充货物(continuous replenishment process，CRP)，就是供应点连续地、多频次小批量地向需求点补充货物。它基本上是与生产节拍相适应的运输蓝图模式。其主要包括配送和准时化供货方式。配送供货一般用汽车将供应商下了线的产品按核心企业所需要的批量(日需要量或者半天需要量)进行频次批量送货(一天一次、二次)。准时化供货一般用汽车、叉车或传输线进行更短距离、更高频次的小批量多频次供货(按生产线的节拍，一个小时一次、二次)或者用传输线进行连续同步供应。

(五)分销资源计划

分销资源计划(DRP)主要是指供应商对分销网点或客户有计划地组织供应送货。

该技术主要解决分销物资的供应和调度问题，基本目标是合理进行分销物资和资源配置，以达到既有效地满足市场需要，又使得配置费用最省的目的。

(六)JIT 技术

JIT 技术包括准时化生产、准时化运输、准时化采购、准时化供货等一整套技术。这些在供应链中基本上可以全部用上。它们的思想原理都一样，就是四个“合适”(right)：在合适的时间将合适的货物按合适的数量送到合适的地点，它们的管理控制系统一般采用看板系统。其基本模式都是多频次小批量连续送货。

(七)快速、有效的响应系统

快速响应系统(quick response，QR)是 20 世纪 80 年代由美国塞尔蒙(Kurt Salmon)公司提出并流行开来的一种供应链管理系统，其主要的思想就是依靠供应链系统，而不是只依靠企业自身来提高市场响应速度和效率。一个有效率的供应链系统通过加强企业间沟通和信息共享、供应商掌握库存、连续补充货物等多种手段进行运作，能够达到更高效率，能够以更高速度灵敏地响应市场需求的变动。

有效率的客户响应系统(efficient consumer response，ECR)也是美国塞尔蒙公司于 20 世纪 90 年代提出来的一个供应链管理系统，主要思想是组织由生产厂家、批发商和零售商等构成的供应链系统在店铺空间安排、商品补充、促销活动和新商品开发与市场投入四个方面相互协调和合作，更好、更快并以更低的成本满足消费者需要。

(八)电子化、信息化

强调企业间信息沟通、信息共享，建立 EDI/Internet 系统，进行信息及商务票据的及时传输和处理。这是供应链系统有效率地运作的前提条件。

(九)第三方物流公司

第三方物流公司是指统一承包包括供应商、需求商在内的各种企业的各种物流业务，进行专业化运作的物流公司。第三方物流公司由于具有专业的物流能力和强大的物流基础设施设备，实行统筹化、规模化运作，因此在降低物流成本、提高物流操作质量和效率方面具有优势，因此，生产企业都愿意把它们的物流业务承包给第三方物流公司去操作。

供应链物流管理与第三方物流并没有特别的必然联系。供应链物流管理并不是一定要用第三方物流模式，第三方物流也不是一定要操作供应链物流业务。不过两者之间应当相互联系起来，利用各自的优势，共同协调配合进行运作。供应链物流管理业务最好能够承包给第三方物流公司去运作，以提高效率、降低成本、提高质量。第三方物流公司如果承包了供应链物流管理的业务，就应当根据供应链的特点，按照供应链的管理目标去运作，切实达到供应链物流管理的目标。

本章小结

本章主要介绍了供应链物流以及供应链物流管理的内容与方法。其具体包括：供应链及供应链管理概述；供应链的结构模型；供应链物流管理与一般物流管理相比所具备的特点；供应链物流管理的几种方法。

本章思考题

1. 简述供应链管理的基本概念。
2. 供应链联合库存管理与传统库存管理的区别是什么？
3. 简述供应链的特征。
4. 简述什么是供应商管理库存。

信息化物流

导引案例

沃尔玛的 RFID 计划

沃尔玛在 2001 年就开始进行 RFID(radio frequency identification，射频识别技术)应用的测试和研发工作，使用 EPC(electronic product code，电子产品编码)追踪企业商品物流。2003 年 6 月，沃尔玛宣布将要求其前 100 大供应商于 2005 年 1 月前，供货所用托盘或箱体必须贴有附带各种物流数据的电子标签。尽管目前沃尔玛的前百名供应商 RFID 应用计划遭到推延，但是沃尔玛确实迈出了连锁零售商大规模应用 RFID 技术的第一步，相关供应商的 RFID 计划合作也在逐渐深入，单品(商品个体)电子标签化进程虽暂受挫折，托盘和箱体的 RFID 计划却顺利开展，成效显著。最新的沃尔玛 RFID 试点店的应用研究报告显示，在对 12 个 RFID 试点商店和 12 个不采用 RFID 的商店进行 29 周的研究后发现，实施专卖店 RFID 技术应用后，缺货率降低了 16%；贴有电子标签的货物补货速度比应用条形码技术的货物快 3 倍；自动化订货使得库存量降低了。

资料来源：http://wenku.baidu.com/view/ec578d8f680203d8ce2f24b3.html

第一节　电子商务物流

一、电子商务概述

(一) 电子商务的定义

电子商务这个概念起源于 20 世纪 70 年代。当时一些大公司通过建立自己的计算机网络实现各个机构之间、商业伙伴之间的信息共享，这个过程被称为 EDI——它是电子商务的基础。同一时期，美国军方和运输部门用 ANSI/ASC/X.12 数据交换标准在网络上传递商业信息；20 世纪 80 年代初，欧共体在广域网上从事商贸交易活动。进入 20 世纪 90 年代后，由于互联网技术、电子技术、安全数据交换技术等的提高，电子商务有了革命性的发展。电子商务的发展带来了无限商机，人们创造出各种各样的商务模式，因而使得电子商务这个概念无论在内涵还是外延上与其他商务形式都有所不同。

对电子商务，目前业界提出了多种定义，但至今没有一个完整而统一的定义。为了便于理解，首先给出电子商务的一个较为简单的定义。

电子商务是指两方或多方通过计算机和某种形式的计算机网络(直接连接的网络或互联网等)进行商务活动的过程。更准确一点，电子商务是在技术经济高度发达的现代社会和互联网开放的网络环境里，系统地利用网络提供的各种通信手段，高效率、低成本地实现消费者网上购物，以及企业之间在网上交易，并进行在线电子支付的新型商业运营模式。可见，电子商务不仅仅是网络广告和在线支付，它还包括企业和企业之间的商务活动，以及网上的零售业和金融企业的数字化处理过程。一些专家甚至认为电子商务包括商业活动中的所有内容，从广告发布到打印发票和客户服务。它实现了交易的物质化，避免人为地降低成本，提高了效率，表现了网络最具魅力的地方。通过网络发送电子邮件、视频交换、文件传输、信息数据交换所进行的商业行为，都是电子商务某种形式的表现，可以说，电子商务是它们的应用的集合。

(二)电子商务的应用范围

电子商务可提供比传统商业更为广泛、全面的服务，涉及网上宣传、网上交易、网上支付和管理全过程。其具体内容有以下几方面。

1. 广告宣传

企业可利用自己的 Web 服务器在互联网上发布各类商业信息，利用网上主页和电子邮件在全球范围内进行广告宣传，而用户则可以利用浏览器及网上的检索工具，迅速找到所需的商品信息。与传统广告相比，网上广告成本低、范围广，提供给客户的信息量更为丰富。

2. 售前售后服务

利用网上的信息交换，可提供产品和服务的细节、产品使用技术指南，了解市场和商品信息，征询和回答客户的意见，使生产者和消费者之间的距离缩短。用户能及时反馈意见，参与产品的设计及生产过程；企业则能提高售后服务的水平，使企业获得改进产品、发现市场的商业机会。

3. 咨询洽谈

企业和客户都借助非实时的电子邮件、新闻组和实时的讲座组来咨询、洽谈交易事务，如有进一步的需求，还可利用网上的白板会议(white board conference)来交流即时的图形信息。网上的咨询和洽谈能超越人们面对面交流的限制，提供多种方便的异地交谈形式。

4. 网上订购

企业和客户都可利用电子邮件交互传送信息实现网上订购。网上订购通常都是在产品介绍的网页上提供十分友好的提示信息和订购交互格式框。当用户填完订购单后，通常系统会回复确认信息单来确认订购信息收到与否。订购信息也可采用加密的方式，使客户和商家的商业信息安全交流。

5. 电子支付

客户和商家之间可使用电子资金转账、信用卡账户、电子支票、电子现金等，通过银行实施支付。在网上直接实施电子支付手段，可以省去交易中人员的开销和节约时间。网上支付必须要实行信息传输的安全性控制，以防止欺诈、窃取、修改、假冒和否认等非法行为。

6. 销售服务

对于已付款的客户应将其订购的货物尽快地传递到他们手中。货物可能在本地，也可能在外地，电子商务能在网络中进行物流的调配。而最适合在网上直接传递的货物是信息产品，如软件、电子读物、信息服务等，能直接从电子仓库中将货品发到用户端。

7. 运输服务

为了做好运输服务，必须实现包括海、陆、空运企业之间的联网。运输服务包括运用电子商务对货物及运输工具、班次进行调配，以及货物的发送管理和运输跟踪。

8. 组建虚拟企业

经济活动的数字化和网络化，一方面使空间变小，世界变成了“地球村”；另一方面又使空间扩大，除了物理空间外，又多了一个“媒体空间”(cyber space)。因此，经济活动不仅可以在物理世界中进行，而且可以在媒体空间中进行，可以组建一个物理上不存在的企业，如虚拟商店、虚拟市场、虚拟银行、虚拟公司、虚拟研究中心等。

9. 共享资源

公司和贸易伙伴们可以共同开发、拥有和运营共享的营销方法、软件、数据、信息等资源。

10. 交易管理

整个网上交易的管理将涉及人、财、物、信息等多个方面，包括企业和企业、企业和消费者、企业和政府以及企业内部等各方面的联系与管理。所以，交易管理涉及商务活动全过程的管理。电子商务的发展，将会提供一个良好的交易管理的网络环境以及多种多样的应用服务系统。这样，能保障电子商务获得更广泛的应用。

（三）电子商务的交易步骤

1. 电子商务的交易过程

电子商务的交易过程可分为三个阶段，即交易前、交易中和交易后。

(1)交易前。交易前主要是指交易各方在交易合同签订前的活动，包括在各种商务网络或互联网上发布和寻找交易机会，通过交换信息来比较价格和条件，了解对方国家的贸易政策，选择交易对象。

(2)交易中。交易中主要是指合同签订后的贸易交易过程，涉及银行、运输、税务和海关等方面的电子单证交换，即EDI。

(3)交易后。在交易各方办完各种手续后，货物交付运输公司起运，可以通过电子商务跟踪货物，银行按照合同，依据提供的单证支付资金，出具相应的银行单证，实现整个交易过程。电子商务主要借助互联网展开，包括注册和联机认证以及交易和支付等功能。

2. 电子商务交易的基本步骤

(1)制作订单。购买方根据自己的需求在计算机上操作，在订单处理系统上制作出一份订单来，并将所有必要的信息以电子表格的格式储存下来，同时产生一份电子订单。

(2)发送订单。购买方将此电子订单通过EDI系统传送给供货商，此订单实际上是发向供货商的电子表信箱，优先存放在EDI交换中心上，等待来自供货商的接收指令。

(3)接收订单。供货商使用邮箱接收指令，从EDI交换中心自己的电子信箱中收取全部邮件，其中包括来自购买方的订单。

(4)签发回执。供货商在收妥订单后，使用自己计算机上的订单处理系统，为来自购买方的电子订单自动产生一份回执，经供货商确认后，此电子订单回执被发送到网络，再经由EDI交换中心存放到购买方的电子信箱中。

(5)接收回执。购买方使用邮箱接收指令，从EDI交换中心自己的电子信箱收取全部邮件，其中包括供货商发来的订单回执。整个订货过程至此完成，供货商收到订单，客户(购买方)则收到了订单回执。

二、电子商务与物流的关系

随着信息技术的发展，信息流、商流和资金流的电子化与网络化已经可以通过信息技术和通信网络实现。而物流作为其中最特殊和必不可少的过程，它的逐步完善还需要经历一个较长的时间。同样，电子商务的开展也离不开物流的支持。

(一)电子商务对物流的影响

1. 电子商务可使物流实现网络的实时控制

传统的物流活动在其运作过程中，不管是以生产为中心，还是以成本或利润为中心，其实质都是以商流为中心，从属于商流活动，因而物流的运动方式是紧紧伴随着商流来运动。而在电子商务下，物流的运作是以信息为中心的，信息不仅决定了物流的运动方向，而且也决定着物流的运作方式。

2. 电子商务要求物流实现信息化、自动化和智能化

电子商务的发展要求物流实现信息化。因为电子商务的一个优点是能保证企业与各级客户间的即时互动，企业能与客户一起就产品的设计、质量、包装、交付条件、售后服务等进行交流，这就要求物流系统中每一个功能环节的即时信息的支持。在信息化的基础上，物流才能实现自动化，从而大大提高物流的效率。电子商务也要求物流实现智能化，以提高物流的现代化水平。物流的智能化已成为电子商务下物流发展的一个新

趋势。

3. 电子商务提高物流的运作效率

电子商务使得企业可寻求物流的合理化，使商品实体在实际的运动过程中，达到效率最高、费用最省、距离最短、时间最少的功能。电子商务对物流的最大影响就是提高运输速度，以缩短客户在网络中产生的产品的虚拟可得性与实际产品的可得性之间的差距。

4. 电子商务改变物流企业的竞争状态

在传统经济活动中，物流企业之间的竞争往往是依靠本企业提供优质服务、降低物流费用等方面来进行的。在电子商务时代，这些竞争内容虽然依然存在，但有效性却大大降低了。其原因在于电子商务需要一个全球性的物流系统来保证商品实体的合理流动，而单个企业难以达到这一要求。这就要求物流企业在竞争中形成一种协同竞争的状态，在相互协同实现物流高效化、合理化、系统化的前提下，相互竞争。

5. 电子商务将促进物流基础设施的改善、物流技术与物流管理水平的提高

电子商务高效率和全球性的特点，要求物流改善基础设施，同时也要求提高物流技术水平和物流管理水平，以提高物流的效率。

（二）物流在电子商务中的地位与作用

1. 物流是实现电子商务的根本保证

在电子商务下，消费者通过上网点击购物，完成了商品所有权的交割过程，即商流过程。但电子商务的活动并未结束，只有商品和服务真正转移到消费者手中，商务活动才告以终结。在整个电子商务的交易过程中，物流实际上是以商流的后续者和服务者的姿态出现的。

2. 物流能够扩大电子商务的市场范围

我国加入世界贸易组织后，电子商务的应用将更加重视跨区域物流。只有建立完善的物流系统，才能解决电子商务中跨国物流、跨区物流可能出现的问题，才能扩大电子商务的市场范围。

3. 物流能够提高电子商务的效率与效益，从而支持电子商务的快速发展

通过快捷、高效的信息处理手段，电子商务能较容易地解决信息流、商流和资金流的问题。但只有将商品及时送到用户手中，即完成商品的空间转移，才标志着电子商务过程的结束。因此，物流系统的效率高低是电子商务成功与否的关键，只有高效率的物流系统，才有高效率的电子商务，才能支持电子商务的快速发展。

4. 物流是电子商务企业实现盈利的重要环节

良好的物流管理可以大大降低企业的成本。在传统的商品成本中，物流成本可以占到商品总价值的60%，而现在物流业可以大大地降低该部分的成本。

三、电子商务下的物流管理

（一）电子商务下的物流管理的内容

电子商务作为一种新的数字化生存方式，代表着未来的贸易、消费和服务方式，因此，要完善整体生存环境，就需要打破原有工业的传统格局，发展和建立以商品代理和配送为主要特征，物流、商流、信息流有机结合的社会化物流配送体系。由于电子商务所独具的电子化、信息化、自动化等特点，以及高速、廉价、灵活等诸多好处，电子商务下的物流在其运作、管理等方面也有别于一般物流。

电子商务下的物流管理包括电子商务下的物流系统、电子商务下的物流过程、电子商务下的物流技术、电子商务下的物流费用的管理以及电子商务下的物流管理方法等内容。

（二）电子商务下物流管理的目标

概括地讲，电子商务下的物流管理应实现以下目标。

1. 高水平的企业管理

电子商务物流作为一种全新的流通模式和运作结构，要求达到科学和现代化的管理水平。管理科学的发展为流通管理的现代化、科学化提供了条件，促进流通产业的有序发展。同时要加强对市场的监管和调控力度，使之有序化和规范化。

2. 高素质人员配置

电子商务物流能否充分发挥各项功能和作用，完成应承担的任务，人才配置是关键。电子商务物流的发展需要大量的各种专业人才，从事经营、管理、科研、仓储、配送、流通加工、通信设备和计算机系统维护、贸易等业务。因此，必须加大人才培养的投入，利用各种先进的科学技术和科学方法，促进物流配送产业向知识密集型方向发展。

3. 高水平的装备配置

专业化的生产和严密组织的大流通对物流手段的现代化提出了更高的要求，如对自动分拣输送系统，立体仓库，水平垂直、分层、分段旋转货架，自动导向系统，商品条码分类系统以及悬挂式输送机这些新型、高效、大规模的物流配送机械系统有着广泛而迫切的需求。

4. 全过程的科学管理

实现电子商务下物流全过程的科学管理也是电子商务中至关重要的环节。其中主要内容包括电子商务物流目标的管理、电子商务物流运作流程的管理、电子商务物流运作形态的管理、电子商务物流资源的管理、电子商务客户服务的管理以及电子商务流的成本管理。

第二节 信息化物流常用技术

一、计算机网络技术

（一）计算机网络概念

通信网是由传输、交换、终端设施和信令、协议，以及相应的运行支撑系统组成的。它是通过交换系统将众多的传输系统按一定的拓扑模式组合在一起，以实现在两个或更多的通信端点之间提供连接或非连接传输的通信体系。通信网是实现信息化的中枢，通常通信网对所传递的信息是透明的，有时为了提高信道的传送效率及满足新业务的需求，可对信息进行存储、格式变换及传递过程的信息处理，但以不改变信息的含义为准。目前通信已不再作为单纯的传送信息的工具，而是与多种技术融为一体，特别是数据网的出现，使计算机通信的覆盖范围不断扩大，通信进入网络服务阶段。

计算机网络是将不同地理位置、具有独立功能的计算机、终端及各种附属设备用通信链路连接起来，互连成一个规模大、功能强的网络系统，实现资源共享，从而使众多的计算机可以方便地互相传递信息，共享硬件、软件、数据信息等资源。

国际标准化组织在1979年建立了一个分委员会来专门研究一种用于开放系统互连的体系结构(open systems interconnection，OSI)，只要遵循OSI标准，一个系统可以和位于世界上任何地方的，也遵循OSI标准的其他系统进行连接。该分委员会提出了开放系统互连，即OSI参考模型，它定义了连接异种计算机的标准框架。OSI参考模型分为七层，分别是物理层、数据链路层、网络层、传输层、会话层、表示层和应用层。

（二）计算机网络的组成

计算机网络通俗地讲就是由多台计算机(或其他计算机网络设备)通过传输介质和软件经物理(或逻辑)连接在一起组成的。总的来说，计算机网络的组成基本上包括计算机、网络操作系统、传输介质及相应的应用软件四部分。

虽然网络类型的划分标准多种多样，但是从地理范围划分是一种大家都认可的通用网络划分标准。按这种标准可以把网络划分为局域网、城域网、广域网和因特网四种。

二、自动识别技术

自动识别技术是对数据自动识读且将数据自动输入计算机的重要方法和手段。它是以计算机技术和通信技术发展为基础的综合性科学技术。自动识别技术近几年在全球范围内得到了迅猛发展，初步形成了一个包括条形码技术、磁条(卡)技术、光学字符识别技术、RFID技术、声音识别及视觉识别技术等集计算机、光、机电、通信技术为一体的高新技术学科。

下面介绍几种常用的自动识别输入技术。

1. 条形码技术

条形码由一组规则排列的条、空和相应的字符组成，这种用条、空和相应字符组成的数据编码可以供机器识读，而且很容易译成二进制数和十进制数。这些条和空可以有各种不同的组合方法，从而构成不同的图形符号，即各种符号体系，也称码制，适用于不同的场合。

目前使用频率最高的几种码制是 EAN、UPC、39 码、交插 25 码和 EAN128 码。其中 UPC 条形码主要用于北美地区。EAN 条形码是国际通用符号体系，它是一种定长、无含义的条形码，主要用于商品标识。EAN128 条形码是由国际物品编码协会和美国统一代码委员会联合开发、共同采用的一种特定的条形码符号。它是一种连续型、非定长、有含义的高密度代码，用以表示生产日期、批号、数量、规格、保质期、收货地等更多的商品信息。另有一些码制主要适应于某些特殊场合，如库德巴码用于血库、图书馆、包裹等的跟踪管理。

上述这些条形码都是一维条形码。由于条形码应用领域的不断拓展，对一定面积上的条形码信息密度和信息量提出了更高要求。为了更好地满足这种要求，一种新的条形码编码形式——二维条形码便应运而生了，并且由于其容纳的信息种类和数量大而得到越来越广泛的运用。

2. 光学字符识别技术

光学字符识别已有三十多年历史，近几年又出现了图像字符识别和智能字符识别。实际上这三种自动识别技术的基本原理大致相同。

光学字符识别有三个重要的应用领域，即办公自动化中的文本输入、邮件自动处理以及与自动获取文本过程相关的其他领域。光学字符识别技术的具体应用包括零售价格识读，订单数据输入，单证、支票和文件识读，微电路及小件产品的状态及批号特征识读等。

3. 磁条(卡)技术

磁条(卡)技术应用了物理学和磁力学的基本原理。对自动识别制造商来说，磁条(卡)就是把一层薄薄的由定向排列的铁性氧化粒子组成的材料(也称为涂料)，用树脂黏合在一起并粘在诸如纸或塑料这样的非磁性基片上。

磁条(卡)技术的优点是：数据可读写，即具有现场改变数据的能力；数据存储量大，便于使用，成本低廉；具有一定的数据安全性；能黏附于许多不同规格和形式的基材上。这些优点使之在信用卡、银行 ATM 卡、机票、公共汽车票、自动售货卡、会员卡、现金卡(如电话磁卡)等很多领域得到广泛应用。

4. 声音识别技术

声音识别技术的迅速发展以及高效可靠的应用软件的开发，使声音识别系统在很多方面得到了应用。这种系统可以用声音指令和特定短句实现“不用手”的数据采集，其最大特点就是不用手和眼睛，但比较容易受到噪声的干扰。

5. 视觉识别技术

视觉识别系统可以看做这样的系统：它能获取视觉图像，而且通过一个特征抽取和分析的过程，能自动识别限定的标志、字符、编码结构，或可确切地识别呈现在图像内的其他基础特征。随着自动化的发展，视觉识别技术可与其他自动识别技术结合起来应用。

6. RFID 技术

RFID 的基本原理是电磁理论。射频系统的优点是不局限于视线，识别距离比光学系统远。射频识别卡具有读写能力，可携带大量数据，难以伪造。

该技术适用于物料跟踪、运载工具和货架识别等要求非接触数据采集和交换的场合，由于 RFID 标签具有可读写能力，对于需要频繁改变数据内容的场合尤为适用。

射频识别系统的传送距离由许多因素决定，如传送频率、天线设计等。对于应用 RFID 技术的特定情况应考虑传送距离、工作频率、标签的数据容量、尺寸、重量、定位、响应速度及选择能力等。

7. 便携式数据终端和射频通信

便携式数据终端(portable data terminal，PDT)可把那些采集到的有用数据存储起来或传送至一个管理信息系统。把它与适当的扫描器相连，可有效地应用于许多自动识别系统中。便携式数据终端一般包括一个扫描器、一个体积小但功能很强并带有存储器的计算机、一个显示器和供人工输入的键盘。在只读存储器中装有常驻内存的操作系统，用于控制数据的采集和传送。PDT 一般都是可编程的，允许编入一些应用软件。PDT 存储器中的数据可随时通过射频通信技术传送到主计算机。操作时只要扫描位置标签，货架号码、产品数量就可输入到 PDT 中，再通过射频通信技术把这些数据传送到计算机管理系统，就可以得到客户产品清单、发票、发运标签、该地所存产品代码和数量等。

8. 智能卡

随着集成电路技术和计算机信息系统技术的全面发展，科学家们将具有处理能力和具有安全可靠、加密存储功能的集成电路芯片嵌装在一个与信用卡一样大小的基片中，组装成“集成电路卡”，国际上称为“smart card”，我们译为“智能卡”。其最大特点是具有独立的运算和存储功能，在无源情况下，数据也不会丢失，数据安全性和保密性都非常好，成本适中。智能卡与计算机系统相结合，可以方便地满足对各种各样信息的采集、传送、加密和管理的需要。它在国外的许多领域，如银行、公路收费、水和煤气收费、海关车辆检查(使用射频卡，车辆通过时即已读写完毕)等方面都得到了广泛应用。

三、电子数据交换系统

（一）EDI 的含义

EDI 开始于 20 世纪 60 年代，EDI 是指商业贸易伙伴之间，将按标准、协议规范化和格式化的经济信息通过电子数据网络，在单位的计算机系统之间进行自动交换和处理，它是电子商业贸易的一种工具，将商业文件按统一的标准编制成计算机能识别和处理的数据格式，在计算机之间进行传输。

国际标准化组织于1994年确认了EDI的技术定义："根据商定的交易或电文数据的结构标准实施商业或行政交易从计算机到计算机的电子传输。"这表明EDI应用有它自己特定的含义和条件，即：

(1)使用EDI的是交易的双方，是企业之间的文件传递，而非同一组织内的不同部门。

(2)交易双方传递的文件是特定的格式，采用的是报文标准，目前即是联合国的UN/EDIFACT。

(3)双方各有自己的计算机系统。

(4)双方的计算机(或计算机系统)能发送、接收并处理符合约定标准的交易电文的数据信息。

(5)双方计算机之间有网络通信系统，信息传输是通过该网络通信系统自动实现的。信息处理是由计算机自动进行的，无须人工干预和人为的介入。

所传输的数据是指交易双方互相传递的具备法律效力的文件资料，可以是各种商业单证，如订单、回执、发货通知、运单、装箱单、收据发票、保险单、进出口申报单、报税单、缴款单等，也可以是各种凭证，如进出口许可证、信用证、配额证、检疫证、商检证等。

(二)EDI的特点

EDI作为一种全球性的具有巨大商业价值的电子化贸易手段及工具，具有以下几个显著的特点。

1. 单证格式化

EDI传输的是企业间格式化的数据，如订购单、报价单、发票、货运单、装箱单、报关单等，这些信息都具有固定的格式与行业通用性。而信件、公函等非格式化的文件不属于EDI处理的范畴。

2. 报文标准化

EDI传输的报文符合国际标准或行业标准，这是计算机能自动处理的前提条件。目前最为广泛使用的EDI标准是UN/EDIFACT(联合国标准EDI规则，适用于行政管理、商贸、交通运输)和ANSIX. 12(美国国家标准局特命标准化委员会第12工作组制定)。

3. 处理自动化

EDI信息传递的路径是计算机到数据通信网络再到商业伙伴的计算机，信息的最终用户是计算机应用系统，它自动处理传递来的信息。因此，这种数据交换是机—机和应用—应用，不需人工干预。

4. 软件结构化

EDI功能软件由五个模块组成，即用户界面模块、内部接口模块、报文生成与处理模块、标准报文格式转换模块和通信模块。这五个模块功能分明、结构清晰，形成了EDI较为成熟的商业化软件。

5. 运作规范化

EDI以报文的方式交换信息有其深刻的商贸背景，EDI报文是目前商业化应用中最成熟、有效、规范的电子凭证之一，EDI单证报文具有法律效力已被普遍接受。任何一个成熟、成功的EDI系统，均有相应的规范化环境作基础，如EDI存证系统、商贸伙伴的协议、管理法规与相应的配套措施。例如，联合国国际贸易法委员会制定了《电子贸易示范法草案》，国际海事委员会制定了《电子提单规则》，上海市制定了《上海市国际经贸电子数据交换管理规定》等。

四、全球定位技术

（一）GPS概述

GPS是利用导航卫星进行测时和测距，使地球上的任何用户都能确定自己所处的方位，是由一系列卫星组成的，它们24小时提供高精度的世界范围的定位和导航信息。准确地说，它是由24颗沿距地球12 000千米高度的轨道运行的NAVSTAR GPS卫星组成的，不停地发送回精确的时间和它们的位置。GPS接收器同时收听3～12颗卫星的信号，从而判断地面上或接近地面的物体的位置，以及它们的移动速度和方向等。近10年来，我国测绘等部门使用GPS的经验表明，GPS以全天候、高精度、自动化、高效益等显著特点，主要应用于大地测量、工程测量、航空摄影测量、运载工具导航和管制、地壳运动监测、工程变形监测、资源勘察、地球动力学等多种学科，从而给测绘领域带来了一场深刻的技术革命。

（二）GPS的组成

GPS主要包括三大部分，即空间部分——GPS卫星星座、地面控制部分——地面监控系统、用户设备部分——GPS信号接收机。

1. GPS卫星星座

GPS工作卫星及其星座由21颗工作卫星和3颗在轨备用卫星组成，记做(21+3)GPS星座。24颗卫星均匀分布在6个轨道平面内，轨道倾角为55°，各个轨道平面之间相距60°，即轨道的升交点赤经各相差60°。每个轨道平面内各颗卫星之间的升交角距相差90°，一轨道平面上的卫星比西边相邻轨道平面上的相应卫星超前30°。

2. 地面监控系统

对于导航定位来说，GPS卫星是一动态已知点。卫星的位置是依据卫星发射的星座——描述卫星运动及其轨道的参数算得的。每颗GPS卫星所播发的星历是由地面监控系统提供的。卫星上的各种设备是否正常工作，以及卫星是否一直沿着预定轨道运行，都要由地面设备进行监测和控制。地面监控系统的另一重要作用是保持各颗卫星处于同一时间标准——GPS时间系统。这就需要地面站监测各颗卫星的时间，求出时差。然后由地面注入站发给卫星，卫星再由导航电文发给用户设备。GPS工作卫星的地面监控系统包括1个主控站、3个注入站和5个监测站。

3. GPS 信号接收机

GPS 信号接收机能够捕获到按一定卫星高度截止角所选择的待测卫星的信号，并跟踪这些卫星的运行，对所接收到的 GPS 信号进行变换、放大和处理，以便测量出 GPS 信号从卫星到接收机天线的传播时间，解译出 GPS 卫星所发送的导航电文，实时地计算出监测站的三维位置，甚至三维速度和时间。

（三）GPS 技术的应用

GPS 广泛应用于铁路运输管理、军事物流、交通系统等领域，并对物流业的发展起着重要的推动作用。

1. 用于铁路运输管理

我国铁路开发的基于 GPS 的计算机管理信息系统，可以通过 GPS 和计算机网络实时收集全路列车、机车、车辆、集装箱及所运货物的动态信息，可实现列车、货物追踪管理。只要知道货车的车种、车型、车号，就可以立即从近 100 000 千米的铁路网上流动着的几十万辆货车中找到该货车，还能得知这辆货车现在何处运行或停在何处，以及所有的车载货物发货信息。铁路部门运用这项技术可大大提高其路网及其运营的透明度，为货主提供更高质量的服务。

2. 用于军事物流

GPS 首先是因为军事目的而建立的，在军事物流中，如后勤装备的保障等方面，其应用相当普遍。尤其是在美国，其在世界各地驻扎的大量军队无论是在战时还是在平时都对后勤补给提出很高的需求，在战争中，如果不依赖 GPS，美军的后勤补给就会变得一团糟。美军在 20 世纪末的地区冲突中依靠 GPS 和其他顶尖技术，以强有力的、可见的后勤保障，为“保卫美国的利益”做出了重要贡献。对此，我国引起了高度重视，我国军事部门也在运用 GPS。

3. 用于交通系统

GPS 导航系统与电子地图、无线电通信网络及计算机车辆管理信息系统相结合，可以实现车辆跟踪和交通管理等许多功能。

五、地理信息技术

（一）GIS 技术概述

地理信息系统(geographical information system，GIS)是多种学科交叉的产物，它以地理空间数据为基础，采用地理模型分析方法，适时地提供多种空间的和动态的地理信息，是一种为地理研究和地理决策服务的计算机技术系统。其基本功能是将表格型数据(无论它来自数据库、电子表格文件或直接在程序中输入)转换为地理图形显示，然后对显示结果浏览、操作和分析。其显示范围可以从洲际地图到非常详细的街区地图，显示对象包括人口、销售情况、运输线路以及其他内容。

（二）GIS技术的应用

1. GIS在仓库规划中的应用

由于GIS本身是把计算机技术、地理信息和数据库技术紧密结合起来的新型技术，其特征非常适合仓库建设规划，从而使仓库建设规划走向规范化和科学化，使仓库建设的经费得到最合理的运用。仓库GIS作为仓库管理信息系统中的一个子系统，它用地理坐标、图标的方式更直观地反映仓库的基本情况，如仓库建筑情况、仓库附近公路和铁路情况、仓库物资储备情况等；它是仓库管理信息系统的一个重要分支和补充。

作为仓库规划的GIS应用系统，它主要解决两个方面的问题：一是解决仓库建设的规划审批；二是必须能为规划师和上级有关部门提供辅助决策功能。从仓库整个的宏观规划来说，它还可以解决仓库的宏观布局问题。

2. GIS在铁路运输中的应用

市场是动态的，市场营销需要动态管理，货运和客运均为动态事件，它们与外界环境密切相关，并随着周围环境(如地理位置、城市规划、产业结构、宏观调控、政策法规等)的不断变化而变化。货运和客运的营销均需考虑地理因素的影响。GIS可以通过地理编码功能，将销售数据与地图建立联系，用户单击地图上的任意对象，可同时看到与该对象相关联的所有数据，如用户地址、月度运输计划、主要债务，以及用户、竞争对手分布图，甚至包括周边环境，如面积、工农业产值、矿产资源、人口分布、人口数量、收入水平等。运用GIS，利用上述环境信息数据，可以进行客货运销售分析，评估经济效益；或建立数学模型，预测货物流量和流向，并显示在地图上。用户可以根据预测结果，对运输模式及销售区域进行规划。此外，还可以对突发事件进行应急处理，如运用GIS实现救灾物资和装备的查询、调配、运输路线选择及运输方式协调等。

3. 车辆监控系统

车辆监控系统是集GPS、GIS和现代通信技术为一体的高科技系统。其主要功能是对移动车辆进行实时动态的跟踪，利用无线通信设备将目标的位置和其他信息传送至主控中心，在主控中心进行地图匹配后显示在监视器上。主控中心还能够对移动车辆的准确位置、速度和状态等必要的参数进行监控和查询，从而科学地进行调度和管理，提高运营效率。移动车辆如果遇到麻烦或者其安全受到侵害，可以向主控中心发送报警信息，及时得到附近保安部门的支援，所以车辆监控系统还能够提供车辆安全服务，其在智能交通系统(intelligent transport system，ITS)中的应用是相当广泛的。

车辆监控系统分为主控中心和移动车辆设备。公共的部分是移动通信装置和GPS定位装置。移动通信装置可以是大区制的集群系统设备、小区制的蜂窝设备，再利用无线和有线通信网将监控系统和现有的通信系统联结起来，从而能够实现各种各样的功能。

4. GIS在物流分析方面的应用

GIS在物流分析方面的应用，主要是指利用GIS强大的地理数据功能来完善物流分析技术。国外公司已经开发出利用GIS为物流提供专门分析的工具软件。完整的GIS

物流分析软件集成了车辆路线模型、最短路径模型、网络物流模型、分配集合模型和设施定位模型等。

六、数据库技术

（一）数据库概述

人类的一切活动都离不开数据，离不开信息。但是在不同的领域里，信息的含义有所不同。一般认为信息是数据、消息中所包含的意义。数据和信息有时可以混用，例如，数据处理也称为信息处理；有时必须分清，例如，不能把信息系统称为数据系统。

数据，通常是指用符号记录下来的可加以鉴别的信息。数据的概念包括两个方面：其一，数据内容是事物特性的反映或描述；其二，数据是符号的集合。数据在空间上的传递称为通信，在时间上的传递称为存储。

信息，是关于现实世界事物的存在方式或运动形态反映的综合，是人们进行各种活动所需要的知识。

数据与信息既有联系又有区别。数据是载荷信息的物理符号，或称为载体。数据能表示信息，但并非任何数据都能表示信息。同一数据也可能有不同的解释。因此，信息只是人们消化理解了的数据。信息是抽象的，不随数据设备所决定的数据形式而改变；而数据表示方式却具有可选性。

数据处理是指将数据转换成信息的过程。广义地讲，它包括对数据的收集、存储、加工、分类、检索、传播等一系列活动。狭义地讲，它是指对所输入的数据进行加工整理。其基本目的是从大量的、已知的数据出发，根据事物之间的固有联系和运动规律，通过分析归纳、演绎推导等手段，提取出对人们有价值、有意义的信息，作为决策的依据。由此可见，信息是一种被加工成特定形式的数据，这种数据形式对于数据接收者来说是有意义的。对数据加工可以相对比较简单，也可以相当复杂。简单加工包括组织、编码、分类、排序等；复杂加工可以复杂到使用统计学方法、数学模型等对数据进行深层次的加工。

数据是原料，是输入，而信息是产出，是输出结果。当两个或两个以上数据处理过程前后相继时，前一过程称为预处理。预处理的输出作为二次数据，成为后面处理过程的输入，此时信息和数据的概念就产生了交叉，表现出相对性。

（二）常用的数据库管理系统

数据库管理系统是企业整个管理信息系统的核心和基础，它的任务就是把系统中大量的数据按一定的模型组织起来，以便及时、准确地提供给用户。一个管理信息系统的各部分能否紧密地结合在一起，以及如何结合，关键在数据库。因此，只有对数据库进行合理的逻辑设计和有效的物理设计，才能开发出完善而高效的管理信息系统。

随着微机功能的日益强大，微机上的数据库管理系统的功能也越来越强大。现在已经有了许多在微型机上可以用的数据库管理系统软件，其中有不少可以在 Windows 系统或其他图形用户界面的操作环境中使用，有的可以在多种操作系统环境里运行。一些数据库管理系统还提供用于开发应用信息系统的软件开发工具，这些工具的功能也日臻完善。常见的微机数据库管理系统有在DOS环境中工作的dBASE(较新版本为版5)系统、FoxBase和FoxPro等，它们的一些新版本也可以在Windows上使用。在Windows系统上运行的还有Microsoft、Access等。目前较大型的、在许多硬件平台和操作系统上都能用的数据库管理系统主要有Oracle、Informix和SyBase等，这些系统也大都提供了微机上使用的版本。

不同的数据库管理系统有自己的特色。Oracle数据库产品线比较完整，从并发处理版本到支持移动计算版本，可以实现应用系统统一的体系结构。DB2数据库相对于Oracle数据库有较高的性能价格比，其对数据挖掘的支持有利于统计分析系统的开发；与Notes同为IBM的产品，双方有良好支持，方便业务系统与办公自动化系统的集成。对于中小型用户，SQI. Server比DB2和Oracle有更好的性能价格比。SQI. Server与NT集成紧密，对于熟悉NT的计算机管理人员来说，易于管理与维护，降低项目实施的难度。通过选择其中一种数据库软件，可以实现对物流信息的共享、收集、检索、筛选、管理等功能。

无论哪一种数据库软件，如果没有用它来建立数据库，即没有存入数据，就好像造了一个柜子，制定了一套周密的管理办法，指定了管理人员，但还没有往柜里藏进什么卡片或簿册那样，是不起什么作用的。因为它还不是一个数据库，而仅仅是一个数据库管理系统。当然，如果没有数据库管理系统，任何数据库都是建立不起来的。这就是说，数据库和数据库管理系统不是一回事，但它们之间有着依存关系。从认识上，应当明确它们的区别和联系，而在平时的对话中甚至书本和文章中，为了简便起见，二者不作严格区分，如把Microsoft Access称为Access数据库，或者更简单地称之为Access或数据库。

七、电子订货系统

电子订货系统(electric ordering system，EOS)是零售业与批发业之间通过增值网或互联网和终端设备以在线联结(on-line)方式将各种信息从订货到接单，用计算机进行处理的系统。

EOS系统并非单个的零售店与单个的批发商组成的系统，而是许多零售店与许多批发商组成的大系统的整体运作方式。EOS系统基本上是在零售的终端利用条形码阅读器获取准备采购的商品条形码，并在终端机上输入订货资料；利用电话线通过调制解调器传到批发商的计算机中；批发商开出提货传票，并根据传票，同时开出拣货单，实施拣货，然后依据送货传票进行商品发货；送货传票上的资料便成为零售商的应付账款资料及批发商的应收账款资料，并接到应收账款的系统中去；零售商对送到的货物进行检验后，便可以陈列与销售了。

EOS系统按应用范围可分为企业内的EOS系统(如连锁店经营中各个连锁分店与总部之间建立的EOS系统)、零售商与批发商之间的EOS系统以及零售商、批发商和生产商之间的EOS系统。EOS系统能及时准确地交换订货信息，它在企业物流管理中的作用如下：

(1)相对于传统的订货方式，如上门订货、邮寄订货、电话订货 、传真订货等，EOS系统可以缩短从接到订单到发出订货的时间，缩短订货商品的交货期，减少商品订单的出错率，节省人工费。

(2)有利于降低企业的库存水平，提高企业的库存管理效益，同时也能防止商品特别是畅销商品缺货现象的出现。

(3)对于生产厂家和批发商来说，通过分析零售商的商品订货信息，能准确判断畅销商品和滞销商品，有利于企业调整商品生产和销售计划。

(4)有利于提高企业物流信息系统的效率，使各个业务信息子系统之间的数据交换更加便利和迅速，丰富企业的经营信息。

企业在应用EOS系统时应注意：

(1)订货业务作业的标准化。这是有效利用EOS系统的前提条件。

(2)商品代码的设计。在零售行业的单品管理方式中，每一个商品品种对应一个独立的商品代码，商品代码一般采用国家统一规定的标准。对于统一标准中没有规定的商品则采用本企业自己规定的商品代码。商品代码的设计是应用EOS系统的基础条件。

(3)订货商品目录账册(order book)的制成和更新。订货商品目录账册的设计和运用是EOS系统成功的重要保证。

(4)计算机及订货信息输入和输出终端设备的添置以及EOS系统设计是应用EOS系统的基本条件。需要制定EOS系统应用手册并协调部门间、企业间的经营活动。

八、物流信息系统

(一)物流信息系统的定义及功能

1. 物流信息系统的概念

物流信息系统是企业管理信息系统的一个重要的子系统，是通过对与企业物流相关的信息进行加工处理来实现对物流的有效控制和管理，并为物流管理人员及其他企业管理人员提供战略及运作决策支持的人机系统。物流信息系统是提高物流运作效率、降低物流总成本的重要基础设施。

物流信息系统管理两类活动流中的信息，即调控活动流和物流运作活动流。

调控活动流是整个物流信息系统构架的支柱。战略、能力、物流、生产、采购等计划指导企业资源在从原材料采购到产成品送货过程中的分配与调度。上述计划在物流中的具体实施便构成企业主要的增值活动，而正是这些增值的活动为企业带来了利润。

物流运作活动中的信息流主要包括顾客订单和企业采购订单的接收与发送、处理，以及相关的货物运输调控。主要的物流运作活动包括订单管理与订货处理、分销运作、库存管理、货物运输、采购等。

2. 物流信息系统的主要内容

物流信息系统是由人员、设备和程序组成，为物流管理者执行计划、实施、控制等职能提供相关信息的交互系统。物流信息系统的信息来源于物流的环境，典型的综合物流信息系统有决策支持系统(decision support system，DSS)、运输信息系统、库存信息系统、配送信息系统和订单处理系统。

1)决策支持系统

信息科学应用于制造业、服务管理的领域就是决策支持系统。决策支持系统是管理信息系统的一种逻辑推广，在模型化与决策制定过程中起到辅助作用，它并不仅仅提供信息，一个决策支持系统允许管理者在给定资金或管理参数的情况下进行“如果怎么样，就……”的分析。一个决策支持系统也能联合多种多样的管理科学模型和图解。

2)运输信息系统

运输信息系统主要是处理各种运输问题。例如，开发的直达运输系统，其目的在于选择最接近用户的仓库，然后对用户实行快速直达运输。合理分配调运系统利用线性规划以最低流通费用为目标，用计算机作数据处理，取得了宏观及微观双重效益。

3)库存信息系统

库存信息系统是应用较为广泛的系统，也可以说是各种类型物资及物流管理信息系统的基础系统。无论进行哪种管理，库存信息都是首先要掌握和收集的。

4)配送信息系统

配送信息系统有一定的综合性，主要目的有：向各营业点提供配送物资的信息，根据订货查询库存及配送能力，发出配送指示，发出结算指示及发货通知；汇总及反馈配送信息。

配送信息系统也是国外开发较多、成效较大的物流信息系统，配送的成败决定着企业和经营部门对市场的占有和控制。

5)订单处理系统

一个企业从发出订单到收到货物的时间，称为订货提前期；而对于供货方，这段时间称为订货周期。这不过是购销双方对同一时间的不同称呼。在订货周期中，要相继完成4项重要活动，即订单传递、订单处理、订货准备和订货运输。这就是订单处理系统的流程。

3. 物流信息系统的主要功能

通过物流信息系统管理物流，可以有效地提高整个物流的灵活性。物流的灵活性是指一个企业的物流运行可以适应多种内部及外部环境的变化，如企业重组或兼并及各种形式的客户需求变化。

1)仓储管理

使用仓储管理系统(warehouse management system，WMS)可以管理仓库的收发、分拣、摆放、补货、移库、盘点等，同时WMS可以进行库存分析，与财务系统集成。更加先进的WMS还能帮助企业实现“逆向物流”(返修、回收等)，并适应企业产品“推迟”策略对配送中心的管理需求。

2)运输管理

使用运输管理系统(transportation management system，TMS)可以优化运输模式组合，如空运、陆运或水运等，寻求最佳的运输路线。TMS还可实现在途物品的跟踪，并在必要时调整运输模式，实现车队管理、运输计划、调度与跟踪、与运输商的电子数据交换(信息集成)等。

3)订单管理

订单管理系统是处理从客户(用料单位)处接受订单、准备货物、明确交货时间及交货期限、剩余货物管理等作业的系统。办理接受订单手续是交易活动的始发点，所有物流活动均从接受订单开始。为了迅速准确地将商品送到，必须准确迅速地办理接受订单的各种手续，高效有序地处理各种订单。

4)账务管理

财务管理包括应收账款管理、应付账款管理、费用稽核等。

5)客户关系管理

客户关系管理系统对客户和供应商进行全面管理，其不仅要保存客户、供应商的基本信息，而且要保存以往企业对客户和供应商对企业的服务、销售信息，还可以设置客户和供应商的商品信息。

6)代码及参数管理

实体代码化是信息系统的基础，代码设计与管理是信息系统的一个重要组成部分，设计出一个好的代码方案对于系统的开发和使用都极为有利。它可以使许多计算机处理(如某些统计、校对、查询等)变得十分方便，也使事务处理工作变得简单。同样地，系统设置的参数化使得系统变得灵活且易于维护。

7)报表管理

报表管理包括对采购、销售、配送、库存、成本毛利等与经营管理有关的业务报表的管理。

8)计划管理

计划管理在整个物流系统中承担着指导全局的重要作用，是物流业务控制与协调的中心，因此与其他功能模块之间存在着非常复杂的联系。计划管理包括采购计划、补货计划、配送计划等业务的管理。

9)信息管理

信息管理作为内外信息交流的吐纳口，是实现供应链管理的重要途径，主要承担着信息查询、信息下载和信息发布等功能，是企业协调内部各环节，联系企业与供应商、企业与客户的窗口。

10)资源管理

为了充分发挥人力和设备资源的潜力，改进劳动生产率，需要建立员工的培训系统和绩效评估系统，以及设备档案和技术性能评估系统。

(二)物流信息系统的系统分析

物流信息系统的分析是在开发中起决定作用的环节。物流信息系统的分析是以物流部门的生产、运输、储存、供应等工作为分析对象，分析物流信息输入、处理、储存、输出的流程与加工过程。它必须有较强的针对性，对软件的工作环境与人机界面作明确的规定，以确定研究对象和系统作用范围。在进行必要、全面的调查研究和系统分析的基础上，对物流管理部门的管理模式和信息数据交换流程作必要的抽象，经过去粗取精、去伪存真的取舍，进一步回答系统"要做什么"和"能够做什么"的问题，并用书面材料把分析结论表达出来，从而上升为一般的通用物流信息系统模型。

（三）物流信息系统的系统设计

根据系统分析阶段所获得的新系统的逻辑模型而建立新系统的物理模型，是管理信息系统的系统设计，系统设计是寻求解决办法、探索建立新系统的过程。系统分析阶段是解决管理信息系统"做什么"的问题；而系统设计阶段则是解决管理信息系统"怎么做"的问题。

（四）物流信息系统的系统实施

在系统设计完成之后，如何将原来纸面上的、类似于设计图的新系统方案转换成可执行的应用软件系统，将成为系统实施阶段的主要工作。一个好的设计方案，只有经过精心实施，才能带来实际效益。因此，系统实施阶段的工作对系统质量的好坏有着直接的影响。

（五）物流信息系统的安全管理

1. 系统安全性要求

(1)机密性要求。防止业务数据的非授权访问。

(2)完整性要求。保证业务数据的一致性和完整性，防止数据被非法修改或破坏。

(3)可用性要求。保证合法用户对业务数据和资源的使用不会被不正当拒绝。

(4)可控性要求。能控制使用资源的人或实体的使用方式。

2. 网络安全

由国际标准化组织提出的有关网络体系结构标准 ISO7498 OSI 参考模型，是目前国际上普遍遵循的计算机信息系统互联标准。该标准的第二部分，即 ISO7498-2 标准首次确定了 OSI 参考模型的信息安全框架，它包括五类安全服务以及提供这些服务所需的八大类安全机制，系统设计应能满足这些标准。考虑到这些设计需求，可以采用企业天网防火墙。

3. 信息安全

信息安全主要包括操作系统安全、数据库安全、应用系统安全。具体包括以下要求：

(1)系统应具有完善的多级授权措施。加强授权控制，如提供多级密码或硬件钥匙，通过设定数据库访问权限级别，确保用户不能访问工作权限范围以外的数据。

(2)对数据库账号的密码进行加密，防止用户跳过业务应用直接访问数据库。

(3)重要业务数据加密存放，防止非法数据库访问者查看到关键业务数据。

(4)身份验证功能。利用 CA 认证、口令验证等手段保证用户操作的合法性。提供多种数据加密手段，支持 RSA、DES 等加密算法，保障关键数据的安全。网络及数据库系统可进行访问控制，一些关键数据的交换应具有认证机制，数据在传输线路上采用加密传输。

(5)数据的备份与恢复。提供完善的数据库备份与恢复机制，保障数据库数据的安全。

(6)系统提供详细的记录日志。记录日志文件对任何被保护的数据资源，如系统文件、应用程序文件、数据库文件等的访问、拷贝或修改等操作都应记录下来。多级电子日志使操作人员的每一笔操作都留下记录，包括终端或工作站操作员日志、终端服务器日志、主机电子日志等。

九、物联网

（一）物联网的概念

物联网(internet of things，IOT)是指把所有物品通过射频识别等信息传感设备与互联网连接起来，实现智能化识别和管理的网络系统。具体地说，就是把感应器嵌入和装备到电网、铁路、桥梁、隧道、公路、建筑、供水系统、大坝、油气管道等各种物体中，然后将“物联网”与现有的互联网整合起来，实现人类社会与物理系统的整合，在这个整合的网络当中，存在能力超级强大的中心计算机群，能够对整个网络内的人员、机器、设备和基础设施实施实时的管理和控制，在此基础上，人类可以以更加精细和动态的方式管理生产和生活，达到“智慧”状态，提高资源利用率和生产力水平，改善人与自然间的关系。

物联网是通过对物体对象的感知而获取信息并借以实现对物体的使动或管理的网络系统。其中物体对象可以包括我们所希望的各种物体对象，不论它们处在什么地方，无论距离远近。对物体的使动，就是指挥控制这些物体对象按照我们的愿望进行活动，可以是近距离指挥，也可以是远距离遥控，从而实现为人所用、为人服务的目的。对物体的管理，是指对物体进行搜寻、检测、记录、统计、处理、指挥或控制等活动，实现对物体的品种、数量、质量、性能、空间时间位置及动作等的掌握处理。

（二）物联网的原理

从以上物联网的概念可以看出，物联网有三大功能模块，即全面感知、可靠传送和智能处理。因此，物联网在原理上包括以下三个基本组成部分：

一是传感网络，利用RFID、二维码、GPS、摄像头、传感器、传感器网络等感知、捕获、测量等技术手段随时随地对物体进行信息采集和获取。像RFID标码和读写器等，这些传感设备现在都已经有应用，但是相对来说比较简单。要真正地全面感知物体的一些特性、状态，还需要更全面、更敏感的感知技术，现在的传感器还不能全面满足物联网信息采集的要求。不但需要创造一些高性能的传感器件，还要解决低功耗、小型化和低成本的问题，只有朝着低能耗、低成本、小型化的方向发展，才可能实现物联网这样广泛领域的信息采集任务。

二是传输网络，即通过各种通信网络与互联网的融合，将物体接入信息网络，随时随地进行可靠的信息交互和共享。无所不在的泛在化无线通信网络是实现物联网最重要的设施。无线通信网络包括短距离的网络、局域网、城域网等。物联网的传感器技术为了达到节电的目的，需要采用一些短距离通信的技术。而物联网的泛在化又要求一定要有广域通信技术。第三代通信网络将为物联网提供安全有效的信息传递。

三是应用和业务，即通过手机、PC(personal computer，个人电脑)等终端设备实现所感知信息的应用服务，利用云计算、模糊识别等各种智能计算技术，对海量的跨地域、跨行业、跨部门的数据和信息进行分析处理，提升对物理世界、经济社会的各种活动和变化的洞察力，实现智能化的决策和控制。而且最重要的是要研究如何实现对海量信息的低成本处理。

物联网有两大特征，一是泛在化，二是智能化。

(1)泛在化。这表现在物联网的信息采集层传感器的泛在化，我们所关注的各种物体都需要安装电子代码 EPC 或传感器，构成传感器网络；还表现在通信层面的泛在化，即在信息采集以后要及时安全有效地传送到平台去做信息的分类、整理和应用，这都需要有一个泛在化的有限通信网络。

(2)智能化。物联网要处理的信息是海量的，应用途径、处理方法、处理流程也是千变万化的。这要求信息采集、信息传输、应用处理都要全面实现自动化、智能化，能够按照设定的作业流程，自动完成某些业务处理。不只是单一的孤立的信息采集和处理，而是上下流程协同，有关多方信息共享，都需要采用智能化的技术处理信息，才能最大限度地发挥物联网的作用。

(三)物联网的应用

物联网被称为继计算机、互联网之后世界信息产业的第三次浪潮。物联网一方面可以提高经济效益，大大节约成本；另一方面可以为全球经济的复苏提供技术动力。目前，美国、欧盟、中国等都把物联网作为信息化战略的重要内容，都在投入巨资深入研究和探索物联网。

植入一个“能说会道”的高科技感应器，没有生命的物体也能互相“传情达意”，构成一个比互联网更加智能的“物联网”，让人们享受到更加安全轻松的生活，这是物联网发展的目标。专家预测 10 年内物联网就可能大规模普及。物联网用途广泛，遍及智能交通、环境保护、政府工作、公共安全、平安家居、智能消防、工业监测、老人护理、个人健康等多个领域。专家预计，这一技术将会发展成为一个上万亿元规模的高科技市场，必将在将来对我们的生产和生活产生更大的影响，它会产生一些我们今天还想象不到的新的产物，并带来一些新的产业，提供更多的就业机会。

例如，利用无线 M2M(machine-to-machine)遥测技术进行电力检测分配。M2M 电力分配监测管理系统主要应用于现场监控和数据采集。为了保证电力完整而有效地分配，需要监控各个基电站的工作状况，而只要在基电站上安装一些传感器、收集模块和无线传输模块，就可以实现远程监控，而且能够及时发现故障并予以解决，在节省了人力、物力的同时又提高了工作效率。

在具体实践中，中国移动 M2M 平台目前注册用户已经达到 300 万人，在很多行业，如远程抄表、出租车管理、电梯安放等都采用了这些技术。

本章小结

本章主要介绍了电子商务物流和信息化物流常用技术的相关知识点。其具体包括：电子商务的概述、电子商务与物流的关系以及电子商务下的物流管理；计算机网络技术、自动识别技术、EDI、GPS、GIS以及数据库技术、EOS、物流信息系统和物联网。

本章思考题

1. 电子商务的应用范围是什么？
2. 简述物流在电子商务中的地位和作用。
3. 什么是物联网？
4. 简述EDI的特点。
5. GPS由哪儿部分组成？

参考文献

巴罗 R H. 2006. 企业物流管理——供应链的规划、组织和控制(第二版). 王晓东等译. 北京：机械工业出版社

白世贞，李楠. 2009. 物流管理学. 北京：化学工业出版社

鲍尔索克斯 D J，克劳斯 D J，库珀 M B. 2010. 供应链物流管理(原书第三版). 马士华，黄爽，赵婷婷译. 北京：机械工业出版社

陈水坤. 2004. 第三方物流的组织与管理. 苏州：苏州大学出版社

陈文若. 2004. 第三方物流. 北京：对外经济贸易大学出版社

程国全，王转，鲍新中. 2004. 现代物流网络与设施. 北京：首都经济贸易大学出版社

杜文，任民主. 2004. 第三方物流. 北京：机械工业出版社

方景芳. 2009. 现代物流系统分析与设计. 北京：机械工业出版社

方仲民. 2003. 物流系统规划与设计. 北京：机械工业出版社

高自友，孙会君. 2003. 现代物流与交通运输系统. 北京：人民交通出版社

海峰. 2006. 区域物流论：理论、实证与案例. 经济管理出版社

郝聚民. 2002. 第三方物流. 成都：四川人民出版社

贾争现. 2009. 物流配送中心规划与设计. 北京：机械工业出版社

科伊尔 J，巴蒂 E，兰利 Jr J. 2003. 企业物流管理：供应链视角(第七版). 文武等译. 北京：电子工业出版社

朗 D，刘凯，张晓东. 2006. 国际物流：全球供应链管理——物流与供应链管理系列. 北京：电子工业出版社

李云清. 2004. 物流系统规划. 上海：同济大学出版社

连桂兰. 2004. 如何进行物流成本管理. 北京：北京大学出版社

刘昌祺. 2004. 物流配送中心设施及设备设计. 北京：机械工业出版社

刘联辉. 2004. 配送实物. 北京：中国物资出版社

刘娜. 2004. 物流配送. 北京：对外经济贸易大学出版社

罗毅，王清娟. 2008. 物流装卸搬运设备与技术. 北京：机械工业出版社

牛鱼龙. 2003. 第三方物流：模式与运作. 深圳：海天出版社

沙骏. 2008. 物流信息管理. 上海：上海交通大学出版社

施先亮，王耀球. 2010. 供应链管理. 北京：机械工业出版社

宋华. 2004. 电子商务物流与电子供应链管理. 北京：中国人民大学出版社

宋华. 2007. 物流成本与供应链绩效管理. 北京：人民邮电出版社

孙明贵. 2009. 物流管理学. 北京：北京大学出版社

唐连生，李滢棠. 2011. 库存控制与仓储管理. 北京：中国财富出版社

王长琼. 2007. 逆向物流. 北京：中国物资出版社

王长琼. 2009. 物流系统工程(第二版). 北京：中国财富出版社

王槐林，刘明菲. 2006. 物流管理学(第二版). 武汉：武汉大学出版社

王转. 2010. 物流系统工程(第二版). 北京：高等教育出版社

徐杰，鞠颂东. 2009. 采购管理. 北京：机械工业出版社

徐勇谋. 2005. 国际物流. 上海：上海财经大学出版社

许胜余. 2002. 物流配送中心管理. 成都：四川人民出版社

颜佑启 . 2004. 物流系统规划 . 长沙：湖南大学出版社
杨军，赵继新 . 2010. 采购管理 . 北京：高等教育出版社
叶梅 . 2008. 仓储管理 . 北京：清华大学出版社
张可明 . 2004. 物流系统分析 . 北京：清华大学出版社，北京交通大学出版社
张三省 . 2007. 仓储与运输物流学 . 广州：中山大学出版社
张晓冬 . 2010. 系统工程 . 北京：科学出版社
真虹，张婕姝 . 2007. 物流企业仓储管理实务 . 北京：中国财富出版社
真虹，朱云仙 . 2004. 物流装卸与搬运 . 北京：中国物资出版社
周启蕾 . 2005. 物流学概论 . 北京：清华大学出版社
周溪召 . 2003. 物流系统工程 . 上海：上海财经大学出版社
朱隆亮，谭任绩 . 2003. 物流运输组织管理 . 北京：机械工业出版社
邹辉霞 . 2004. 供应链物流管理 . 北京：清华大学出版社